V&R

Irit Wyrobnik

Korczaks Pädagogik heute

Wertschätzung, Partizipation und Lebensfreude in der Kita

Mit 6 Abbildungen

Vandenhoeck & Ruprecht

Für meinen Mann und meinen Bruder – zwei Ärzte,
die sich unermüdlich für die Menschen einsetzen

Bibliografische Information der Deutschen Nationalbibliothek:
Die Deutsche Nationalbibliothek verzeichnet diese Publikation in der Deutschen Nationalbibliografie; detaillierte bibliografische Daten sind im Internet über https://dnb.de abrufbar.

Umschlagabbildung: © Fiedels/Adobe Stock
Abbildungen 1–4: © polona.pl (S. 22, 24, 29, 37)
Abbildungen 5 u. 6: Abdruck mit freundlicher Genehmigung des Ghetto Fighters' House Archive, Israel (S. 134, 135).

Satz: SchwabScantechnik, Göttingen
Druck und Bindung: Hubert & Co. BuchPartner, Göttingen
Printed in the EU

Vandenhoeck & Ruprecht Verlage | www.vandenhoeck-ruprecht-verlage.com

ISBN 978-3-525-70305-2

Inhalt

Einleitung

In diesem Buch möchte ich Sie mit Janusz Korczaks Pädagogik, die er vor allem im ersten Drittel des 20. Jahrhunderts entwickelte und lebte, vertraut machen. Dabei soll nicht nur Korczaks Leistung zu jener Zeit gewürdigt, sondern auch gezeigt werden, wie sein pädagogisches Denken und Handeln Spuren hinterlassen hat und noch bis heute nachwirkt, also zeitlos ist. Korczak gilt als einer der bedeutendsten Pädagogen und als Vorreiter der Kinderrechte. Im Mittelpunkt meines Zugangs zu seinem Werk stehen sein Bezug zur frühen Kindheit und die Relevanz seiner Pädagogik für Kindertageseinrichtungen. Gemeint sind damit vorrangig Krippe, Kindergarten und Hort, aber auch andere Institutionen der Kinder- und Jugendhilfe wie etwa Kinderheime.

Welche Haltung hat Korczaks Pädagogik geprägt und auf welche Weise betrifft dies unsere heutige Arbeit in der Kita? Basierend auf meiner wissenschaftlichen Arbeit zu Korczak werde ich schildern, welche Vorstellungen er von Erziehung und Bildung hatte und welche Methoden er entwickelte, um in seinen Wirkungsstätten zwischenmenschliche Beziehungen wertschätzend zu gestalten, eine von Partizipation geprägte Lebenswelt zu formen sowie Lebensfreude zu fördern.

Korczak, der nicht nur Pädagoge, sondern auch Arzt und Schriftsteller war, hat – was bisher vielleicht weniger bekannt war – sehr viel über jüngere Kinder geforscht, diese beobachtet und in seinen Werken beschrieben. In seinem pädagogischen Hauptwerk »Wie liebt man ein Kind«, dessen erster Teil »Das Kind in der Familie« im Jahr 1919 erschienen ist, widmet er den Beschreibungen von Kindern im Säuglings- und Kleinkindalter viel Raum. Wie Sie sehen: ganze hundert Jahre vor unserer Zeit. Manche Dinge, die Korczak damals schon forderte, sind hierzulande erst viel später rechtlich verankert worden, wie etwa durch das »Gesetz zur Ächtung der Gewalt in der Erziehung«, welches am 6. Juli 2000 vom Deutschen Bundestag beschlossen wurde.

Auf welche Etappen lassen Sie sich nun bei der Lektüre ein? Im Folgenden möchte ich Ihnen in groben Zügen einen kleinen Vorgeschmack auf das Kommende verschaffen. Zunächst wird im ersten Kapitel aufgezeigt, wie aktuell

Korczak gegenwärtig wieder ist – und dies in Kontrast zu der Tatsache, dass seine Schriften lange Zeit keine angemessene Beachtung fanden. Danach folgt ein biografischer Einblick: Wer war dieser Mann? Wann hat er gelebt? Welche Träume hatte er, welche Motivation, welche Berufung? Dies wird zu Beginn des zweiten Kapitels vertieft, mit einem intensiven Blick auf seine eigene frühe Kindheit.

Anschließend lasse ich Sie an seinen Erfahrungen und Tätigkeiten im Bereich der frühen Kindheit teilhaben. Hierzu gehörten seine Arbeit in einem Kinderkrankenhaus ebenso wie die Beobachtung von Kindern in der Sommerkolonie Różyczka und sein Engagement in der Erzieherausbildung[1]. Dabei kristallisiert sich bereits sein Verständnis von frühkindlicher Bildung heraus, das in einem weiteren Unterkapitel genauer ausgeleuchtet wird.

Im nächsten Abschnitt widme ich mich unterschiedlichen Schriften Korczaks, die über einen Zeitraum von 37 Jahren erschienen sind und in denen er sich aus verschiedenen Perspektiven mit der frühen Kindheit beschäftigt. Dadurch erhalten Sie in chronologischer Reihenfolge einen detaillierten Einblick in sein Werk, seien es »Fabeln für die Jüngsten«, Studienergebnisse zur Säuglingspflege, seine Forschung zu Sympathie und Antipathie in Kindergruppen oder eher poetische Texte wie »Bobo«, das »Wiegenlied« und »Die Einsamkeit des Kindes«. Anhand von Zitaten aus Korczaks Originalschriften können Sie nachvollziehen, wie er bereits vor hundert Jahren jüngere Kinder, ihr Verhalten, ihre Bedürfnisse und ihre Interaktionen mit ihren nächsten Bezugspersonen beschrieb. Wie in einem Kaleidoskop präsentieren sich diese verschiedenen Facetten von Korczaks wissenschaftlichem und literarischem Schaffen. Sie zeigen uns seine Auffassung zum damaligen Aufwachsen von Kindern in und außerhalb der Familie.

Manchmal werden Sie schmunzeln, weil sich vieles anscheinend gar nicht verändert hat. An anderen Stellen sind Sie vermutlich froh zu sehen, wie weit wir schon vorangeschritten sind, z. B. in der Kindermedizin. Daher sollten Sie sich bei der Lektüre immer wieder diese zeitliche und räumliche Distanz bewusst machen.

Im dritten Kapitel werden Sie Korczaks Vorstellungen vom Erziehungsgeschehen kennenlernen. Ausgehend von seinen pädagogischen Hauptschriften, darunter »Wie liebt man ein Kind« (1919/1920) oder »Das Recht des Kindes

---

1 Korczak verwendet z. B. in Bezug auf Personen, die in pädagogischen Einrichtungen arbeiten, meist die männliche Form »Erzieher«. Aus Lesbarkeits- und Vereinfachungs- bzw. Zitiergründen wird diese Formulierung häufig beibehalten. Wenn vom »Erzieher« die Rede ist, schließt das jedoch alle pädagogisch tätigen Menschen in Vergangenheit und Gegenwart immer mit ein. Wird dagegen die weibliche Form verwendet, sind natürlich ebenso alle erzieherisch tätigen Menschen stets mitgedacht und -gemeint. Dies gilt auch für andere Bezeichnungen.

auf Achtung« (1929), erfolgt hier ein Einblick in die Aufgaben und die Haltung der pädagogischen Fachkraft – wie wir sie heute nennen würden – und in die Rolle, die sie für die ihr anvertrauten Kinder innehat. Aber Korczaks Bild vom Kind ist nicht weniger interessant. Er hat Kinder in erster Linie im »Hier und Jetzt« und nicht nur als künftige Menschen betrachtet, folglich zuallererst ihre Gegenwartsbezogenheit und ihre Individualität betont. Schließlich geht es in diesem Kapitel auch um Korczaks Bild von der Kindergruppe.

Nachdem Sie auf dieser Reise durch die Korczak-Pädagogik dann schon mehrere Stationen durchlaufen haben und gewiss bereits einige Querverbindungen zu Ihrer Arbeit herstellen konnten, sind Sie bestens gerüstet für das vierte Kapitel. Dieses soll eine Synthese aus allem bisher Ausgeführten bilden, denn hier geht es darum, die Dimensionen *Wertschätzung, Partizipation* und *Lebensfreude* für die Kita auszuloten und fruchtbar zu machen. Im Mittelpunkt steht die Frage, wie diese Begriffe, Haltungen und »Rechte« als Grundlagen für die Arbeit in gegenwärtigen Kindertageseinrichtungen dienen können.

Dabei wird ausgehend von Korczaks Beobachtungen und Befunden auf die pädagogische Arbeit in Kindertageseinrichtungen eingegangen, z. B. auf die Bedeutung von Herzensbildung, Empathie, Achtung, Verantwortung, Selbstdisziplin, Beschwerdemöglichkeiten, Freude, Heiterkeit, Humor und Glück. Themenrelevante Anregungen für den Kita-Alltag stehen, deutlich gekennzeichnet, jeweils am Ende eines Unterkapitels. Sie finden dort konkrete Vorschläge und Hinweise sowie Empfehlungen für die pädagogische Arbeit mit Kindern. Diese fungieren keineswegs als schlichte und allgemeingültige Ratschläge oder gar Rezepte, die eins zu eins kopiert oder umgesetzt werden könnten. Sie sind vielmehr als erste Impulse gedacht, um daraus weitere und vor allem eigene Wege zu entwickeln, die einer wertschätzenden, partizipativen und heiteren Atmosphäre in der Kita förderlich sind. Diese Anregungen führen somit das weiter, was Ihnen auf früheren Lese-Etappen schon begegnet ist: Bezüge zur heutigen Pädagogik in Kitas sowie zu neueren wissenschaftlichen Erkenntnissen.

Nun bleibt mir nur noch, Ihnen »gute Reise« zu wünschen – beginnend mit Korczaks Biografie und seinem frühpädagogischen Wirken über seine Vorstellungen von Erziehung bis hin zu den konkreten Dimensionen pädagogischen Handelns in der Kita. Was könnten Sie für diese Reise »einpacken«? Ich hätte da einige Tipps: Aufmerksamkeit, Aufgeschlossenheit, Neugier, Sinn für Humor; ferner: etwas Proviant, falls Sie längere Zeit am Stück lesen möchten, einen Notizblock und einen Bleistift – oder, wenn Sie dieses Buch als E-Book lesen: die passende Helligkeitseinstellung, keine Ablenkung durch Kurznachrichten oder E-Mails – und als kleine Spielerei kann ich den Gebrauch der Suchtaste empfehlen, mit der Sie den Text auf für Sie wichtige Begriffe durchsuchen können.

Janusz Korczak war sowohl ein bedeutender als auch ein humorvoller Pädagoge. Scheuen Sie sich daher nicht, während Ihrer Reise einmal zu lächeln, ganz nach seinem letzten zu Lebzeiten veröffentlichten Buch, dessen Titel übersetzt so viel heißt wie: Pädagogik mit Augenzwinkern – nicht ganz ernsthaft, also humorvoll, scherzhaft, leicht.

Dieses Buch zu schreiben, hat mir große Freude bereitet. Ich danke allen, die mich auf meinem Weg begleitet und unterstützt haben: meiner Familie, insbesondere meinem Mann, unseren Töchtern und meinen Eltern, sowie Prof. Dr. Friedhelm Beiner, Dr. Michael Kirchner, Prof. Dr. Micha Brumlik, Marta Ciesielska, Ruth Achlama und Yvonne Goldammer. Außerdem danke ich dem Verlag Vandenhoeck & Ruprecht für das erneute Vertrauen.

Prof. Dr. Irit Wyrobnik

1 Wer war Janusz Korczak und warum ist seine Pädagogik wieder so aktuell?

1.1 Aktualität von Janusz Korczak

Warum Korczak? Weshalb in der Kita? Und wieso gerade heute? Korczaks Pädagogik, seine ethische Grundhaltung und seine Erziehungsphilosophie sind heute aktueller denn je. Im frühkindlichen Bildungssystem – und hier insbesondere im Kitabereich – können sie eine bedeutende Rolle spielen, die zu Beginn beleuchtet werden soll. Vorher jedoch möchte ich den Blick auf die UN-Kinderrechtskonvention richten, deren dreißigjähriges Bestehen wir am 20. November 2019 gefeiert haben.

Die UN-Kinderrechtskonvention – 1989 von fast allen Vertragsstaaten der Vereinten Nationen unterzeichnet – hat eine lange Vorgeschichte und ist der bisher bedeutendste Meilenstein in der Geschichte der Kinderrechte. Diese Geschichte ist noch lange nicht an ihrem Ende angelangt, was die Diskussionen über die Verankerung von Kinderrechten in Gesetzen oder auch die mangelnde Umsetzung der Kinderrechte in vielen Staaten zeigen. Stichwort: Kinder in Kriegen und Konflikten, Kindeswohlgefährdung, Kinderarbeit, Kindersoldaten. Das »Gebäude« der UN-Kinderrechtskonvention besteht aus drei Säulen: Schutz, Förderung und Partizipation, d. h. aus Schutzrechten, Bildungs- und Förderungsrechten sowie Partizipationsrechten (vgl. Maywald 2019a, S. 371). Die Artikel der Konvention lassen sich diesen drei Säulen zuordnen.

Wenn wir nun fragen, wie das alles mit Janusz Korczak zusammenhängt, so ist hier für den Anfang Folgendes zu konstatieren: Die Kinderrechtskonvention der Vereinten Nationen ist zwar nicht allein sein Verdienst, dennoch kann er als ein sehr bedeutender Vorreiter oder, wie Manfred Liebel sagt, als ein »Pionier der Kinderrechte« (Liebel 2013a) angesehen werden. Außerdem lohnt es, diese Konvention und die Schriften Korczaks parallel zu lesen (Kerber-Ganse 2009).

Korczak hat bereits am Vorabend des 20. Jahrhunderts geschrieben: »Kinder werden nicht erst Menschen, sie sind es bereits« (SW, Bd. 9, S. 50)[2] und hat

2 Korczaks Werke werden in diesem Buch nach den von Friedhelm Beiner et al. herausgegebenen »Sämtlichen Werken« (SW) stets mit Angabe des Bandes (Bd.) und der Seitenzahl (S.) zitiert.

darauf seine ganze Pädagogik aufgebaut. Auf diesem Credo basieren die später von ihm formulierten Grundrechte des Kindes, wie er sie bereits in der ersten Auflage von »Wie liebt man ein Kind« (1919) aufgestellt hat, etwa »das Recht des Kindes, das zu sein, was es ist«, und »das Recht des Kindes auf den heutigen Tag« (SW, Bd. 4, S. 45). Diese hat er ein Jahrzehnt später, 1929, in »Das Recht des Kindes auf Achtung« (SW, Bd. 4, S. 383 ff.) wieder bekräftigt. Korczak hat in der letzten zu seinen Lebzeiten erschienenen Auflage von »Wie liebt man ein Kind« (1929) das Recht des Kindes auf Partizipation und Gehör hinzugefügt bzw. es als das »erste und unbestreitbare Recht des Kindes« bezeichnet, »seine Gedanken auszusprechen und aktiven Anteil an unseren Überlegungen und Urteilen in Bezug auf seine Person zu nehmen« (SW, Bd. 4, S. 45). Dies schrieb er wohlgemerkt sechzig Jahre vor Verabschiedung der UN-Kinderrechtskonvention. Partizipation hat Korczak darüber hinaus nicht nur gefordert, sondern in seinen Kinderheimen, z. B. im Dom Sierot (»Haus der Waisen«), gemeinsam gelebt und umgesetzt. Dies geschah auf der Basis von konstitutionell verankerten Selbstverwaltungseinrichtungen, die Kinder und pädagogisches Personal gleichermaßen umfassten.

Korczak hat jedoch nicht allein *Partizipationsrechte* für Kinder gefordert und sich für diese stark gemacht. In seinem Leben und Werk haben auch die *Schutzrechte* eine nicht zu unterschätzende Rolle gespielt. Unmissverständlich trat er als Arzt, Pädagoge und Schriftsteller, d. h. in Wort und Tat, für den Schutz von armen, kranken und verwaisten Kindern ein und sah dies als eine der wichtigsten Aufgaben von Erziehenden an. Dieses Engagement war seine Antwort auf die sich ihm stellende *Soziale Frage* des 19. Jahrhunderts (vgl. Wyrobnik 2020a) und das ist einer der Gründe, weshalb Michael Winkler (2012) ihn zu den Klassikern der Sozialpädagogik zählt. Korczak mache »die Bedeutung der gesellschaftlichen Verhältnisse für das Aufwachsen der Kinder und die Bedeutung der Kinder für die Entwicklung von Gesellschaft zum Thema« (S. 44 ff.). Er hat also – laut Winkler – die gesellschaftlichen Verhältnisse, »Strukturen der Ungleichheit etwa, Armut und Elend« (S. 45), genau analysiert und ihre Bedeutung für das Aufwachsen und die Entwicklung von Kindern in den Blick genommen.

Kinder – so Korczak – brauchen unseren Schutz, jedoch ohne dass dabei ihre Freiheit, ihr Autonomiestreben und ihr Drang nach Selbständigkeit unterbunden werden. Sein Lebensmotto lässt sich damit zusammenfassend so beschreiben: für Kinder zu sorgen und sie zu (be)schützen, aber auch dafür Sorge zu tragen, dass sie lebenstüchtig werden und sich schlussendlich selbst helfen bzw. für ihre Interessen einstehen können. Es ging ihm darum, ihre Entwicklung zu fördern und sie zu einer »eigenverantwortlichen und gemeinschaftsfähigen Persönlichkeit« zu erziehen, wie es z. B. im § 1 Absatz 1 des SGB VIII (Sozialgesetzbuch, achtes Buch) heißt. Insbesondere wird dies durch seine jahrzehntelange Arbeit und Sorge für Waisenkinder in Warschau sowie durch seine unbeugsame Haltung im Warschauer Ghetto bis hin zu dem bekannten, traurigen Ende deutlich (→ Kap. 1.3).

Schließlich haben Kinder das *Recht auf Bildung und Förderung*. Wie aus Zeitzeugenberichten und aus Korczaks Theorie und Praxis selbst bekannt ist, lag ihm die Bildung der ihm anvertrauten Kinder sehr am Herzen. In den von ihm betreuten Heimen bot er ihnen eine Gegenwart, um ihnen eine Zukunft zu ermöglichen. Er wollte sie auf das Leben vorbereiten und stellte gemeinsam mit den anderen Erzieherinnen und Kindern eine Ersatzfamilie oder man könnte auch sagen eine »Ersatzdorfgemeinschaft«, eine kleine »Polis« für sie dar. In dieser Gemeinschaft sollten sie ein soziales und gerechtes Zusammenleben üben. Bildung verstand Korczak dabei zum einen als Bildung des Herzens und des moralischen Verstandes, im Sinne einer Ausbildung von Empathie (→ Kap. 4.1), zum anderen entdeckte er bei den Kindern und Jugendlichen ganz lebenspraktische oder künstlerische Talente und förderte diese gezielt. Ehemalige Zöglinge, die den Zweiten Weltkrieg und den Holocaust überlebt haben, berichteten immer wieder darüber.

Warum ist Korczak darüber hinaus so aktuell? Die UN-Kinderrechtskonvention ist zwar ein Maßstab, an dem zu orientieren sich sehr viele Staaten verpflichtet haben, gleichzeitig gelingt die Umsetzung der Kinderrechte noch nicht überall. Janusz Korczak hat jedoch Rechte für Kinder nicht nur postuliert, sondern auch versucht, sie tagtäglich zusammen mit den pädagogischen Mitarbeiterinnen und den Kindern in den Waisenhäusern, wie z. B. dem Dom Sierot in Warschau, zu leben und umzusetzen. Davon zeugen auch Berichte wie derjenige von Shlomo Nadel, den Lea Lipiner (2015) in Form einer Biografie veröffentlicht hat. Nadel gehörte zu denjenigen Zöglingen von Korczaks Waisenhaus, die dieses schon frühzeitig verlassen konnten und dadurch den Holocaust überlebten.

Korczak hat Partizipation mithilfe unterschiedlicher Institutionen der Selbstverwaltung umgesetzt, und zwar bereits hundert Jahre vor der Reformulierung des § 45 im SGB VIII. Im Rahmen des Bundeskinderschutzgesetzes aus dem Jahr 2012 wurde dort u. a. die Anwendung »geeignete[r] Verfahren der Beteiligung sowie der Möglichkeit der Beschwerde in persönlichen Angelegenheiten« als Voraussetzung für die Betriebserlaubnis von Einrichtungen der Kinder- und Jugendhilfe festgelegt – hundert Jahre nach der Eröffnung des Dom Sierot (1912) als Waisenhaus für jüdische Kinder in Warschau. In dieser Hauptwirkungsstätte von Korczak gab es unterschiedliche Institutionen und Verfahren, um die einzelnen Kinder zu schützen und ihnen Teilhabe und Mitbestimmung zu ermöglichen: u. a. das Kameradschaftsgericht als Beschwerdeinstanz, das Parlament und die Kinderkonferenzen als Selbst- und Mitbestimmungsinstanzen sowie Aushänge und Zeitungen als Informationsinstanzen. Diese Elemente dienten dazu, das Zusammenleben zu erleichtern und partizipativ zu gestalten.

Welche Tendenzen in Bezug auf die Kinderrechte gibt es heute in Deutschland? Die Stärkung der Kinderrechte ist mittlerweile Bestandteil der Landesverfassungen mehrerer Bundesländer. Das Land Hessen hat z. B. seine Bürger im Rahmen der Landtagswahl 2018 u. a. dazu aufgefordert, darüber abzustimmen, ob Kinderrechte explizit in seine Verfassung aufgenommen und damit gestärkt werden sollten. Der Vorschlag erfuhr große Zustimmung und führte zu einer Verfassungsänderung. Ein weiteres Beispiel dafür ist der laut neuem rheinland-pfälzischen KiTa-Zukunftsgesetz (Teil 2, § 7) einzuführende Beirat, der Bestandteil jeder Kita in Rheinland-Pfalz sein sollte. In diesem soll auch die im pädagogischen Alltag gewonnene Perspektive der Kinder berücksichtigt und durch eine pädagogische Fachkraft eingebracht werden.

Seit einiger Zeit wird zusätzlich geplant, Kinderrechte explizit im Grundgesetz zu verankern. Korczak wäre diese Entwicklung mehr als recht gewesen, forderte er doch bereits vor hundert Jahren dazu auf, Kindern nicht nur eine scheinbare Partizipation zu gewähren, sie also nicht halbherzig zu beteiligen, sondern ihnen im Sinne einer echten, ernsthaften Partizipation zu ihren Rechten zu verhelfen, ihnen Gehör zu verschaffen und eine Stimme zu geben. Ob Gesetze wirklich dazu beitragen können, die Situation zu verändern und Kinderrechte in der Tat zu stärken, steht auf einem anderen Blatt. Eines tun sie und die damit verbundenen Diskussionen aber gewiss: Sie erhöhen die Aufmerksamkeit für dieses wichtige Thema und führen ggf. bei manchen Menschen einen Bewusstseinswandel herbei.

Wenn wir uns mit der Aktualität von Korczak und seiner Pädagogik befassen, sind jedoch weitere Aspekte zu berücksichtigen. Die Diskussion wäre nämlich unvollständig, würde man nicht darauf eingehen, was *nicht* mehr aktuell, was widersprüchlich oder gar überholt an Korczaks Pädagogik ist. Denn Janusz Korczak soll in diesem Buch keinesfalls verherrlicht werden. Es wäre also ein Missverständnis, zu glauben, man könne alle seine vor allem im ersten Drittel des 20. Jahrhunderts niedergeschriebenen Überlegungen eins zu eins in die heutige Zeit übertragen.

Korczaks Erfahrungen als Arzt und Pädagoge bzw. als Erzieher und seine darauf sowie auf intensivem wissenschaftlichen Studium basierenden theoretischen Betrachtungen entstammen selbstverständlich einem völlig anderen Kontext: einer anderen Zeit, einem anderen Raum, anderen politischen und gesellschaftlichen Verhältnissen. Dies muss bei einer Übertragung seiner Gedanken immer Berücksichtigung finden. Außerdem muss stets beachtet werden, dass wir Korczaks Texte in der Regel nicht im polnischen Original lesen, sondern in der einen oder anderen deutschen Übersetzung. Durch Übersetzungsfehler kann es dazu kommen, dass Korczak an mancher Stelle missverstanden wird. Dies hat unter Umständen zur Folge gehabt, dass einige seiner Vorschläge für unsere heutigen Ohren fremd klingen, wenn er beispielsweise Kinder ab und zu nach verschiedenen »Typen« charakterisiert. Ebenso wenig kann man heute die teils diskriminierend anmutenden Bezeichnungen in seinem Kinderbuch »König Maciuś der Erste« nachvollziehen, die zur damaligen Zeit bestehende Stereotype über »Schwarze« und »Weiße« widerspiegeln. Dies hat u. a. Manfred Liebel (2013b) bemerkt, differenziert beleuchtet und kritisch betrachtet. Liebel äußert sich nach einer Analyse des Kinderbuches folgendermaßen dazu:

> »Korczak hat mit seinem Verständnis der Freiheits- und Selbstbestimmungsrechte der Kinder eine ungemein wichtige Bresche in das überkommene dominante und bevormundende Verhältnis von Erwachsenen zu Kindern und ein paternalistisches, einseitig auf Schutz ausgerichtetes Verständnis der Kinderrechte geschlagen. Aber dieses Verständnis müsste wohl mit Blick auf die möglichen Formen und Reichweiten der ›Befreiung‹ und ›Selbstbestimmung‹ von Kindern, die rassistisch diskriminiert werden und/oder in ›nicht-weißen‹ oder ›postkolonialen‹ Kontexten aufwachsen, erneut durchdacht und weiterentwickelt werden. Dies ist eine große, bislang nicht eingelöste Herausforderung für ein emanzipatorisches und kultursensibles Verständnis der Kinderrechte und eine entsprechende Praxis.« (S. 127)

Ferner muten Korczaks »Plebiszite der Zuneigung und Abneigung« (1934), sozusagen »Volksabstimmungen« innerhalb von Kindergruppen, die er in seinen Heimen, in der Kolonie Różyczka oder im Kindergarten des Nasz Dom durchgeführt hat (→ Kap. 2.3), auf den ersten Blick etwas ungewöhnlich an. Doch, wie Sobecki (2008) festhält, ist er einer der Ersten, »die die Struktur von Kindergruppen mit Hilfe von soziometrischen Methoden untersuchte[n]« (S. 204), was heutzutage für die Arbeit in der Kita ebenfalls wieder vorgeschlagen und praktiziert wird (vgl. Dollase 2015).

Dass Korczaks Pädagogik trotz des anderen zeitlichen Kontextes, aus dem sie stammt, eine hohe Aktualität besitzt, zeigt schließlich sein Verhältnis zu den Medien. Korczak lebte selbstverständlich in einer Welt, in der von Digitalisierung noch keine Rede war. Fernsehen, Computer, Handys, ganz zu schweigen vom Internet – das alles existierte noch nicht. Gleichwohl gab es auch zur damaligen Zeit »neue« Medien. In Bezug darauf scheint in seinen Texten abermals eine geradezu moderne Haltung durch. Denn Korczak stand neuen medialen Entwicklungen stets aufgeschlossen gegenüber und nutzte sie gewinnbringend. Dies lässt sich sowohl an den Titeln seiner Beiträge ablesen, wie z. B. »Kino – Radio – Programme für Kinder«, »Zeitung – Kino – Buch« oder »Radio für Kinder« (SW, Bd. 9, S. 335 ff.), als auch an der praktischen Umsetzung, etwa in Form einer der ersten und bekanntesten Zeitungen für Kinder und Jugendliche, der »Kleinen Rundschau«. Diese von 1926 bis zum Kriegsbeginn 1939 mit großer Reichweite erscheinende wöchentliche Beilage zur großen jüdischen Zeitung »Unsere Rundschau« hat Korczak begründet und herausgegeben.

In den bisherigen Ausführungen hat sich bereits angedeutet, welche Rolle Korczaks Leben und Werk noch heute für die Kindheit im Allgemeinen spielen. Er war ein wichtiger Vorläufer der o. g. Entwicklungen und ein Pionier der Kinderrechte. Wie wurden seine Schriften theoretisch und praktisch rezipiert? Welche Resonanz hat Korczak in den vergangenen Jahren vor allem in der (Früh-)Pädagogik erfahren? Diesen Fragen gehe ich im folgenden Kapitel nach.

1.2 Resonanz auf Korczak in der neueren (früh-)pädagogischen Theorie und Praxis

In der deutschsprachigen Erziehungswissenschaft ist seit einiger Zeit eine zunehmende Resonanz auf Janusz Korczaks Werk zu beobachten. Dies ist zuallererst der von Friedhelm Beiner et al. ab 1996 herausgegebenen Gesamtausgabe seiner Werke in neuer Übersetzung zu verdanken, die seit 2010 in 16 Bänden vollständig vorliegt. Korczaks Werk umfasst neben seinen bekannten pädagogischen Schriften, wie z. B. »Wie liebt man ein Kind« und »Das Recht des Kindes auf Achtung«, noch viele weitere pädagogisch relevante Texte. Darunter ragt der neunte Band der »Sämtlichen Werke« heraus, ein einzigartiges Dokument über Korczaks pädagogische Theorie und Praxis. Die nun verfügbare Gesamtausgabe seiner Werke, die auch literarische, autobiografische, sozialmedizinische und sozialkritische Veröffentlichungen enthält, hat zu einem erneuten und frischen Blick auf seine Schriften herausgefordert und neue Perspektiven eröffnet.

Dies hat sich in unterschiedlichen wissenschaftlichen Veröffentlichungen niedergeschlagen, wie die folgende Auswahl zeigt: Manfred Liebel (2013a) hat den Tagungsband »Janusz Korczak – Pionier der Kinderrechte« herausgegeben; Ulrich Bartosch, Agnieszka Maluga, Christiane Bartosch und Michael Schieder (2015) haben den Sammelband »Konstitutionelle Pädagogik als Grundlage demokratischer Entwicklung« veröffentlicht. Von Michael Langhanky (2017) ist »Auf der Suche nach einem anderen Wir« erschienen und Michael Kirchner (2013a) und Rolf Göppel (2004) haben Korczak als Kinder- und Kindheitsforscher betrachtet. Darüber hinaus sind besonders die folgenden Sammelbände von Rosemarie Godel-Gaßner und Sabine Krehl (2013a) »Facettenreich im Fokus« und von Siegfried Steiger, Agnieszka Maluga und Ulrich Bartosch (2017) »Der Blick ins Freie« zu erwähnen sowie die Monografien von Silvia Ungermann (2006) »Die Pädagogik Janusz Korczaks«, Friedhelm Beiner (2008) »Was Kindern zusteht«, Malgorzata Sobecki (2008) »Janusz Korczak neu entdeckt« und von Sigurd Hebenstreit (2017) »Janusz Korczak. Leben – Werk – Praxis«.

Somit lässt sich festhalten, dass die im Jahr 1996 von Friedhelm Beiner und Silvia Ungermann konstatierte relativ geringe Beachtung von Korczaks Werk in der Erziehungswissenschaft (Beiner/Ungermann 1996) nun, ein Vierteljahrhundert später, so nicht mehr vorliegt. In erziehungswissenschaftlichen Monografien und Fachartikeln tastet man sich in Deutschland langsam wieder an Korczak heran, was u. a. der neuen Quellenlage zu verdanken ist. Im Kita-Kontext wird er vor allem genannt, wenn von Partizipationsansätzen (Knauer/Hansen/Sturzenhecker 2016, S. 35 ff.; Stamer-Brandt 2012) oder vom Kinderrechteansatz (Maywald 2019c, S. 24) die Rede ist.

Nichtsdestotrotz bleibt zu beobachten, dass wissenschaftliche Handbücher, Kompendien, Einführungen und Lexika zur Frühpädagogik oder zur Geschichte des Kindergartens ihn im Rahmen einer Behandlung pädagogischer Ansätze kaum berücksichtigen. Immerhin findet er im »Deutschen Bildungsserver« (DB 2017) und in einigen neueren Schul- und Lehrbüchern zur Ausbildung von Erzieherinnen, Sozialassistentinnen und Kinderpflegerinnen Erwähnung, und zwar, wenn es um pädagogische Ansätze geht. Beispielsweise wird ihm in »Erziehen, bilden und begleiten. Die sechs Lernfelder für Erzieherinnen und Erzieher in Ausbildung, Studium und Beruf« (Böcher 2017) im Kapitel »Didaktisch-methodische Handlungsansätze« neben anderen Klassikern der Frühpädagogik ein kurzer Abschnitt gewidmet. In »Erziehen – Bilden – Betreuen im Kindesalter«, einem Lehrbuch für Lernende an Berufsfachschulen (Neumann/Niederwestberg/Wenning 2019) wird er im Kapitel »Erziehungskonzepte im gesellschaftlichen Wandel« neben Fröbel, Montessori, Steiner, Pikler und der Reggio-Pädagogik aufgeführt. Nicht zuletzt enthält ein Arbeitsbuch für den Pädagogikunterricht mit dem Titel »Leitideen und Konzepte bedeutender Pädagogen« (Thesing 2014) ein Kapitel zu ihm genauso wie das Wörterbuch »Kita von A bis Z« (Günther/Fritsch/Trömer 2016).

Im Gegensatz zur erneuten Aufmerksamkeit gegenüber Korczaks Werk in der allgemeinen Erziehungswissenschaft und Sozialpädagogik bzw. in der Kindheitsforschung findet der Bezug auf ihn in Werken zur Pädagogik der frühen

Kindheit also bisher nur zaghaft statt. Dies kann man bezüglich der (früh-)pädagogischen *Praxis* ebenfalls konstatieren. Zwar gibt es Schulen und Kindergärten, die nach ihm benannt sind, jedoch geht dies nur in wenigen Fällen mit einer tatsächlichen Umsetzung seiner Pädagogik einher. Mit Blick auf das frühkindliche Bildungssystem in Deutschland lässt sich feststellen, dass es zwar viele Kindertagesstätten gibt, die einen partizipativen oder demokratischen Ansatz verfolgen, wozu sie auch per Gesetz verpflichtet sind, dass sich aber sehr wenige Einrichtungen dabei explizit auf Janusz Korczak und seine Pädagogik beziehen – und dies, obwohl Letztere »wichtige Anstöße geben [könnte] […] in den unterschiedlichsten pädagogischen Feldern, von der Erziehung in den Familien über die Erziehung in Krippen, Kindergärten und Schulen bis hin zu Heimen und sozialpädagogischen Einrichtungen« (Beiner 2013, S. 26).

Ein weiteres Beispiel ist der Deutsche Kita-Preis, der seit einigen Jahren gute Qualität und Qualitätsbildungsprozesse in Kitas würdigt. Hier gibt es vier Qualitätsdimensionen, die als Kriterien für die Auswahl der Preisträger gelten: *Kindorientierung, Sozialraumorientierung, Partizipation* und *Lernende Organisation* (DKP 2020a). Unter *Kindorientierung* stößt man auf folgende Formulierung: »Pädagogische Fachkräfte finden in der Gestaltung ihrer pädagogischen Arbeit eine Balance zwischen dem ›Recht des Kindes auf den heutigen Tag‹ und einer Orientierung am späteren Leben« (DKP 2020b).

»Das Recht des Kindes auf den heutigen Tag« – eine originäre Formulierung von Korczak – wird an dieser Stelle zwar zitiert, aber ohne Korczak zu erwähnen oder sich gar auf ihn zu beziehen. Es sollen hierbei keinerlei Missverständnisse aufkommen: Es ist gut, dass dieses »Recht des Kindes auf den heutigen Tag« als Allgemeingut in unser pädagogisch-kulturelles Gedächtnis, in den pädagogischen Alltag und das Verständnis von »guter Kindheit« eingegangen ist; es ist darüber hinaus zu begrüßen, dass der Deutsche Kita-Preis *Partizipation* als Qualitätsdimension und als wichtiges Auswahlkriterium ansieht, z. B. in der Formulierung: »Die Kita beteiligt Kinder aktiv an der Gestaltung des Kita-Alltags und der Räume sowie an der Planung und Umsetzung von Projekten« (DKP 2020a).

Es ist überdies richtig gewesen, Beteiligung von Kindern und Jugendlichen rechtlich zu verankern, wie es etwa im § 8 Absatz 1 des SGB VIII der Fall ist, und es war schließlich überfällig, im Bundeskinderschutzgesetz von 2012 nicht nur Partizipationsverfahren, sondern auch Beschwerdeverfahren für pädagogische Einrichtungen einzufordern (vgl. § 45 Absatz 2 Nr. 3 SGB VIII). Letztlich ist es sehr zu begrüßen, wenn solche Verfahren für die Kita entwickelt, angewendet und empirisch untersucht werden (vgl. Hansen/Knauer 2016, S. 47 ff.; Richter/Lehmann/Sturzenhecker 2017). Wenn aber eine überaus wichtige und in vielen Fällen eindeutige Quelle dieser Konzepte und Orientierungen häufig übergangen, übersehen oder – wie beim Deutschen Kita-Preis – nur als »Aufhänger« benutzt wird, so handelt es sich schlicht und ergreifend um eine Vereinnahmung von Korczak bei gleichzeitiger Nichtsichtbarmachung. Das bedarf einer Bewusstmachung. Denn es ist nicht angemessen, sich Korczaks Ideen zu bedienen, ohne ihn gebührend zu erwähnen, oder sich zumindest am Rande auf ihn zu beziehen.

Eines sollte bereits deutlich geworden sein: Es geht hier nicht darum, eine neue »Korczak-Pädagogik« zu etablieren – mit festgelegten und konkret anwendbaren Methoden. Schon gar nicht geht es um eine Verbreitung von pädagogischen Rezepten à la Korczak; dagegen hat er sich selbst stets gesträubt. Er wollte nie als schlichter »Ratgeber« fungieren und hat keine »Schulen« gegründet. Vielmehr geht es darum, die Zeitlosigkeit vieler seiner pädagogischen Ideen bzw. seiner Haltung aufzuzeigen.

Wer war nun Korczak eigentlich wirklich? Was hat ihn zu diesem Menschen gemacht? Wie kam er zu seinen Ideen und Werken und was haben diese mit seinem Lebenslauf zu tun? Bevor auf seine Pädagogik intensiver eingegangen und insbesondere seine Bedeutung für die frühe Kindheit und ihre Einrichtungen herausgearbeitet wird, möchte ich daher nun seine Biografie in den Blick nehmen.

1.3 Biografischer Einblick

Janusz Korczaks Leben lässt sich kurz und knapp darstellen, wie es etwa in Einführungen in sein Werk der Fall ist, die meist mit einer biografischen Notiz versehen sind – oder als umfassende Biografie. Davon existieren gleich mehrere (u. a. Mortkowicz-Olczakowa 1961; Lifton 1995; Pelzer 2002; Waaldijk 2002; Dauzenroth 2002). Darüber hinaus wurde sein Leben und Werk in unzähligen künstlerischen Darstellungen verarbeitet und so im kulturellen Gedächtnis der Menschheit verankert: in Gemälden, Skulpturen, Theaterstücken und Filmen und nicht zuletzt in der Literatur – in Romanen und Kinder- und Jugendbüchern. Beispielsweise ist hier der Jugendroman »Mojsche und Rejsele« hervorzuheben, durch den die Autorin Karlijn Stoffels (1999) die Erinnerung an Korczak wachhält, ohne ihm zu huldigen (vgl. Wyrobnik 2004, S. 36–51).

An dieser Stelle möchte ich sein Leben nicht in einem gewöhnlichen chronologischen Überblick darstellen, sondern vielmehr einige wichtige biografische Eckdaten präsentieren, um dann auf die Bedeutung seiner Hauptwirkungsbereiche einzugehen. Seiner eigenen Kindheit, insbesondere den ersten Lebensjahren, ist später nochmals ein gesondertes Kapitel gewidmet (→ Kap. 2.1), weshalb nun nicht ausführlich darauf Bezug genommen wird.

Janusz Korczak wurde als Henryk Goldszmit am 22. Juli 1878 oder 1879 in Warschau geboren, als zweites Kind von Józef Goldszmit und Cecylia Goldszmit, geb. Gębicka. Er hatte eine ältere Schwester namens Anna. Es handelte sich um eine Familie, die stark mit der jüdischen Tradition verbunden war, aber bereits der »Haskala« (jüdische Aufklärung) nahestand, und die dementsprechend versucht hat, sich als *jüdisch* und *polnisch* zu verorten (vgl. Langhanky 1993, S. 80). Die damit verbundenen Identitätskonflikte gingen vor allem an Korczaks Vater nicht spurlos vorüber. Dieser machte sich einen Namen als Anwalt, u. a. für Scheidungsangelegenheiten. Korczaks genaues Geburtsjahr ist nicht bekannt, was ihm zeit seines Lebens zu schaffen gemacht hat. Sein Vater hatte es nämlich – womöglich bewusst – »versäumt«, sich rechtzeitig um eine Geburtsurkunde zu kümmern.

Korczak hieß als Kind mit Vornamen also Henryk. Man wollte durch die Vergabe polnischer Vornamen Teil der polnischen Gesellschaft werden. Henryk wurde in Warschau groß, einer Stadt, die er liebte und die er später immer wieder pries und als seine Heimat bezeichnete. In den ersten Jahren wuchs er recht behütet auf. Die Familie verfügte über ein gutes Einkommen, das sogar ein Kindermädchen bzw. eine Hausangestellte ermöglichte. Korczak war ein »Salonkind«, wie auch einer seiner Romane hieß. Dieses »Kind des Salons« (SW, Bd. 1, S. 195 ff.) durfte teils nicht mit den Kindern der Straße spielen – ein Motiv, das er in späteren Schriften, insbesondere in seiner Kinderliteratur, wiederholt verarbeitet hat: das überbehütete Kind, das man aus Angst um sein Leben nicht leben lässt und welches demnach kein »Recht auf den heutigen Tag« hat.

Das Leben der Familie änderte sich jedoch abrupt, als der Vater sich zunehmend verschuldete und darüber hinaus psychisch erkrankte. Letztlich erfuhr es einen jähen Einbruch, als er – nach mehreren Einweisungen in psychiatrische Anstalten – verstarb. Korczak war zu diesem Zeitpunkt ca. 17 Jahre alt und musste dann als Nachhilfelehrer mit zum Unterhalt der Familie beitragen. Durch den Tod des Vaters verschlechterten sich die finanziellen Verhältnisse der Familie rapide. So musste sie z. B. in eine kleinere Wohnung umziehen und alle Wertgegenstände verkaufen. Korczak, der in seiner Kindheit relativ sorgenfrei und behütet aufgewachsen war, erlebte in seiner Jugend aufgrund dieser Krise Armut und Existenzängste. Viel später, in seinen »Lebensregeln«, schreibt er, dass er beides erlebt hat: »Ich war reich, als ich klein war, und später war ich arm, ich kenne also das eine wie das andere. Ich weiß, dass man so oder so anständig und gut, aber auch reich und sehr unglücklich sein kann« (SW, Bd. 3, S. 323).

Im Folgenden werde ich die drei wesentlichen Schwerpunkte von Korczaks Leben beleuchten: sein Wirken als Schriftsteller, Arzt und Pädagoge. Gleichzeitig möchte ich verdeutlichen, dass alle drei Tätigkeiten für ihn nicht nur Berufe, sondern auch Berufungen waren.

Korczak als Schriftsteller

Janusz Korczak war, was in vielen Darstellungen immer wieder in den Hintergrund gerät, zeitlebens schriftstellerisch tätig. Er begann sehr früh, professionell zu schreiben bzw. sich als Schriftsteller zu betätigen. Der Schriftstellerei verdankt er letztlich seinen Namen »Janusz Korczak« – ein Pseudonym, das entstand, als er 1898 mit einem Theaterstück an einem literarischen Wettbewerb teilnahm. Er reichte seinen Text als »Janasz Korczak« ein. Diesen Namen hatte er in der »Geschichte von Janasz Korczak und der schönen Schwertfegerstochter« des Schriftstellers Kraszewski entdeckt. Korczaks Stück, das – der Beschreibung der Jury nach – vom Verlust des Vaters handelte, aber nicht erhalten geblieben ist, wurde 1899 ausgezeichnet (vgl. SW, Bd. 16, S. 26 f.). Beim Drucken schlich sich jedoch ein Fehler ein und »Janasz« wurde in »Janusz« verwandelt– ein Vorname, den Korczak zeitlebens beibehielt, auch wenn er hin und wieder mit »Henryk Goldszmit« unterschrieb.

Korczak schrieb schon früh, d. h. bereits in den letzten Jahren des 19. Jahrhunderts, in verschiedenen Zeitungen und Zeitschriften: in der volksbildnerischen Zeitung »Leihbibliothek für alle«, ferner in »Głos« (»Stimme«) und »Kolce« (»Stacheln«), einer satirischen Zeitschrift. Durch seine ersten Romane »Kinder der Straße« (1901) und »Kind des Salons« (1906) wurde er einem breiteren Publikum als Schriftsteller bekannt. Die ersten Texte waren oft kurzweilig oder sozialkritisch bzw. aufklärerisch. Korczaks Kritik an sozialen Missständen scheint in diesen Schriften bereits ebenso durch wie sein Interesse an pädagogischen Fragen. Das Schreiben wurde seine große Leidenschaft.

Sein wichtigstes Buch, die Tetralogie »Wie liebt man ein Kind« (lange Zeit bekannt als »Wie man ein Kind lieben soll«; vgl. SW, Bd. 4), verfasste er größtenteils während des Ersten Weltkriegs. Dessen erster Teil, »Das Kind in der Familie« (→ Kap. 2.3), erschien 1919. 1920 veröffentlichte er dann alle vier Teile des Buches, das nun auch »Das Internat«, »Sommerkolonien« und »Dom Sierot« enthielt, unter dem Gesamttitel »Wie liebt man Kinder«. Dieses Werk fand zu Lebzeiten Korczaks noch 1929 in einer zweiten Auflage in Polen unter dem Titel »Jak kochać dziecko« (»Wie liebt man ein Kind«) Verbreitung. Es wurde später – vor allem durch viele weitere Auflagen und Übersetzungen – international bekannt und gilt mittlerweile als ein Hauptwerk der Pädagogik

(Stenger 2011). »Das Recht des Kindes auf Achtung« (1929) (→ Kap. 4.1) und »Fröhliche Pädagogik« (1939) (→ Kap. 4.3) sind weitere wichtige pädagogische Schriften. Korczak machte sich als Arzt und Pädagoge aber auch in Fachzeitschriften einen Namen.

Abschließend muss die Kinder- und Jugendliteratur erwähnt werden, so etwa seine Kinderromane »König Maciuś der Erste« (1923) und »König Maciuś auf der einsamen Insel« (1923), die in Deutschland viel später, erst lange nach dem Zweiten Weltkrieg, erschienen und zuerst als »König Hänschen I.« und »König Hänschen auf der einsamen Insel« bekannt waren. Darüber hinaus stammen von ihm weitere Kinderbücher, wie »Kajtuś, der Zauberer« (1935) oder »Der Bankrott des kleinen Jack« (1924), ein Buch, in dem er wirtschaftliche Fragen für Kinder aufbereitete (vgl. SW, Bd. 12). Etwas weniger bekannt sind Korczaks kürzere Textstücke für jüngere Kinder, wie etwa die »Fabeln für die Jüngsten« (1901/1902) und das »Wiegenlied« (1938) (→ Kap. 2.3).

Abb. 1: Janusz Korczak (Henryk Goldszmit), Ausschnitt aus der Postkarte

Janusz Korczak war zu Beginn der 1930er Jahre in Polen ein sehr bekannter, ja berühmter Schriftsteller. Im Jahr 1933 wurde er im Rahmen der »Woche des polnischen Buches« als Romanautor und Publizist besonders geehrt. Das Hauptkomitee der »Woche des polnischen Buches« gab in jenem Jahr eine Postkarte mit einem Porträtfoto von ihm heraus.

Es wurde im Jahr 1928 aufgenommen und gehört zur Serie II »Zeitgenössische polnische Schriftsteller«. Auf der Bildseite dieser Postkarte sind u. a. einige von Korczaks bis dahin veröffentlichten Werken aufgeführt: »Kinder der Straße«, »Albernes Zeug«, »Kind des Salons«, »Bobo«, »Wie liebt man ein Kind«, »Die Józeks, Jasieks und Franeks«, »Die Mojscheks, Joscheks und Sruleks«, »Ruhm« und »König Maciuś der Erste«.

Einige seiner Bücher wurden bereits zu Lebzeiten in andere Sprachen übersetzt, die meisten jedoch erst viele Jahre nach seinem Tod. Die Schriften Korczaks – insgesamt mehr als zwei Dutzend Bücher und über 1000 Artikel – stehen nun in der deutschen Gesamtausgabe seiner Werke vollständig zur Verfügung. Die so komplett vorliegenden »Sämtlichen Werke« Korczaks gestatten einen einzigartigen Einblick in sein Leben und pädagogisches Wirken, sind aber zudem ein bedeutsames und eindringliches Zeitdokument zur Geschichte der ersten Hälfte des 20. Jahrhunderts – spiegeln sie doch fast ein halbes Jahrhundert literarischen Schaffens wider: von 1896 bis 1942.

Korczak als Arzt

Korczak studierte ab 1898 in Warschau Medizin und schloss dieses Studium 1905 ab. In den folgenden Jahren reiste er nach Berlin (1907/1908), Paris (1909) und London (1911), um sich u. a. pädiatrisch weiterzuqualifizieren und in diesen damaligen »Zentren der Kinderheilkunde« (SW, Bd. 8, S. 296) zu studieren. Ungefähr eineinhalb Jahre bildete er sich also zusätzlich in Kinder- und Jugendmedizin, wie wir heute sagen würden, fort. Korczak war Arzt mit Leib und Seele. Nach seiner Ausbildung arbeitete er von 1905 bis 1912 im Berson-Bauman-Kinderspital in Warschau (→ Kap. 2.2). Unterbrochen wurden diese ärztlichen Tätigkeiten nur von den bereits genannten Auslandsaufenthalten und seiner Einberufung in den Kriegsdienst (1905/1906). In seinem Tagebuch »Pamiętnik« hält er seine Erinnerungen fest und berichtet von seiner privatärztlichen Tätigkeit, bei der er arme Kinder sehr günstig, manchmal sogar unentgeltlich behandelte und von reichen Familien dagegen »Professorenhonorare« forderte (vgl. SW, Bd. 15, S. 336 ff.). Nicht ohne Selbstironie schreibt er dort: »Für die Konsultationen am Tage bei den Reichen in den reichen Straßen ließ ich mir bis zu drei und fünf Rubel zahlen. Eine Dreistigkeit [...]. Ich, der Spitalsarzt, das Mädchen für alles, das Aschenputtel des Berson-Spitals« (S. 337). Korczak kann somit mit Fug und Recht als eine Art medizinischer Anwalt des Kindes angesehen werden, als ein »Robin Hood« in Warschaus Straßen, der die Welt verbessern wollte, indem er die Zustände veränderte. Bei der Betrachtung von Korczaks ärztlicher Tätigkeit ist zu beachten, dass zur damaligen Zeit, zu Beginn des 20. Jahrhunderts, ganz andere medizinische Voraussetzungen und Rahmenbedingungen herrschten. Die Kindersterblichkeit war hoch und das Elend teils sehr groß. Diese Umstände prägten auch Korczaks Arbeit und seine Schriften.

Eines der ersten großen Lebensziele von Korczak, der sich als Arzt übrigens meist Henryk Goldszmit nannte, war es, kranken Kindern zu helfen und diese zu retten. Dabei merkte er, dass seine ärztliche Tätigkeit in den damaligen Verhältnissen nur ein Tropfen auf dem heißen Stein war. Er wollte mehr tun, als »lediglich« Kinder zu heilen. Er strebte an, die Bedingungen, unter denen Kinder aufwachsen und leben, grundsätzlich zu verbessern bzw. zu reformieren. Zu Recht bezeichnet Sobecki (2008) ihn daher als einen »Erziehungsreformer«. So ist es nicht verwunderlich, dass er sich in der Gesellschaft »Hilfe für Waisen«

Abb. 2: Dom Sierot (dt. »Haus der Waisen«), Krochmalna-Straße 92, Warschau

engagierte, die später, 1912, zur Gründung des Waisenhauses Dom Sierot führte. Korczak gab zu dieser Zeit seine offizielle Arzttätigkeit auf, um sich ganz dem Kind zu widmen.

Nicht zu vergessen ist hierbei, dass er im Ersten Weltkrieg als Lazarettarzt gedient und während all der Jahre in den Waisenhäusern seinen Arztkittel nicht »abgelegt« hat. Nicht umsonst wurde er im Dom Sierot »der Doktor« genannt. In dieser Einrichtung kümmerte er sich in den Zeiten, in denen er sich regelmäßig dort aufhielt, um die medizinischen Belange der Kinder: Bei der Aufnahme in das Waisenhaus untersuchte er sie gründlich. Kranke Kinder kamen auf eine »Isolierstation«, die – solange Korczak selbst im Waisenhaus wohnte – neben seinem Zimmer im Dachgeschoss gelegen war. Überdies versuchte er durch einen gesunden Lebensstil, Kinder gesund zu erhalten und kranke Kinder wieder gesund zu machen. Hierzu trugen im Dom Sierot eine passende Ernährung, eine großzügige Raumgestaltung, viel Licht, Luft, Bewegung und Freizeitaktivitäten sowie Sommerfreizeiten bei – wie z. B. in der Sommerkolonie des Dom Sierot in Gocławek.

Arzt war Korczak bis zum Schluss, als er sich um die hungernden und sterbenden Kinder im Warschauer Ghetto kümmerte. Er bettelte um Essen, sammelte Vorräte, wo von solchen noch die Rede sein konnte, und versuchte Kindern, wenn es nicht mehr anders ging, einen würdevollen Tod zu ermöglichen. Seine medizinische Tätigkeit drückte sich jedoch nicht ausschließlich praktisch aus. Er veröffentlichte eine große Anzahl an Aufsätzen in medizinischen Fachzeitschriften, etwa pädiatrische Arbeiten zur Säuglingspflege (SW, Bd. 8, S. 79–136), die den damaligen Stand der Forschung wiedergaben und verarbeiteten (→ Kap. 2.3).

Korczak als Pädagoge

»Ich bin Arzt von Beruf, Pädagoge aus Zufall, Schriftsteller aus Leidenschaft und Psychologe aus Notwendigkeit« – so zitiert Betty Jean Lifton (1995) Korczak in ihrer Biografie (S. 169). Janusz Korczak interessierte sich schon sehr früh für Fragen, die Erziehung, Bildung und Betreuung von Kindern bzw. das Aufwachsen allgemein betreffen. Das begann bereits mit seiner Tätigkeit als Nachhilfelehrer im jugendlichen Alter und setzte sich fort in seinem Einsatz für öffentliche und kostenlose Büchereien sowie in der Arbeit in den Sommerkolonien – Ferienaufenthalte auf dem Land für arme Kinder aus Warschau. Sein pädagogisches Engagement mündete schließlich in der Leitung zweier Waisenhäuser in Warschau, von denen das Dom Sierot (ab 1912) seine Hauptwirkungsstätte war. Eine Nebenwirkungsstätte, für die er sich ebenfalls sehr stark einsetzte, war das Waisenhaus Nasz Dom (»Unser Haus«), ab 1919 ein Heim für polnische Kinder aus Arbeiterfamilien, das hauptsächlich Maria (Maryna) Falska unter Berücksichtigung seiner Ideen leitete (vgl. Beiner 2015, S. 59 ff.; Godel-Gaßner/Krehl 2013b, S. 49 ff.).

Seine pädagogischen Aktivitäten reflektierte er in unterschiedlichen Texten. Korczak hat schon relativ früh in seinem Leben wichtige pädagogische Werke verfasst, in denen er primär das Wohl von Kindern und ihre Rechte in den Vordergrund rückte. Er sah ihre Nöte, die Ungerechtigkeit(en) und die Diskriminierung, die Erwachsene Kindern gegenüber walten ließen, und begehrte dagegen auf. Heute würde man sagen: Er kämpfte gegen den »Adultismus« (Ritz 2017; Richter 2013; Liebel 2020, S. 22 ff.). Sein Band »Das Recht des Kindes auf Achtung« (1929) stellt nichts anderes dar.

Diesen Kampf führte er jedoch nicht nur durch Schriften und Proklamationen, sondern er setzte sich durch aktives Handeln dafür ein, dass Kinder ein besseres Leben, eine gerechtere Gegenwart und eine aussichtsreichere Zukunft haben. In den von ihm betreuten Internaten, wie dem Dom Sierot und zeitweise auch im Nasz Dom, gelang ihm dies, indem er Kindern einen sicheren Hafen bot sowie Institutionen der Selbstverwaltung ins Leben rief. Hierbei ist auch sein Engagement in der Erzieherausbildung (→ Kap. 2.2) zu erwähnen. Korczak hat bereits viele Jahrzehnte vor der UN-Kinderrechtskonvention (1989) aktive Partizipation (vor)gelebt und die Kinder und Jugendlichen an wesentlichen Entscheidungen beteiligt. So ist z. B. Artikel 12 der UN-Kinderrechtskonvention zur »Berücksichtigung des Kindeswillens« bereits damals durch das Kameradschaftsgericht des Heims eingelöst worden (→ Kap. 4.2).

Korczak setzte also seine Theorien und Visionen in die Tat um und versuchte gemeinsam mit Stefania Wilczyńska (vgl. Sachs 1989), der Haupterzieherin im Dom Sierot, Maria (Maryna) Falska, der Leiterin des Nasz Dom (vgl. Beiner 2015, S. 59 ff.) und Bursisten bzw. Praktikanten, eine neue Pädagogik zu verwirklichen, die die Rechte der Kinder achtete (vgl. Godel-Gaßner/Krehl 2013b, S. 49 ff.). Dies war damals revolutionär und fand nicht nur Befürworter. Doch für die Kinder, die meistens mehrere Jahre auf der »Insel« Dom Sierot in der Krochmalna-Straße 92 verbrachten, war diese Zeit häufig eine Art Erlösung, wie es Jossi Nadel am Rande einer internationalen Korczak-Konferenz in Tel Aviv im Winter 2019 über seinen Vater berichtete. Korczak habe seinen Vater, Shlomo Nadel, in das Waisenhaus aufgenommen und ihm dadurch das Leben gerettet. Darüber hinaus habe er eine ethisch-moralische Grundlage für Nadels Leben gelegt, von der dieser noch lange zehrte: während des Zweiten Weltkriegs sowie nach dem Überleben des Holocaust und der Gründung einer Familie in Israel (vgl. Lipiner 2015).

Wenn man bei Korczak vor allem an den *Pädagogen* denkt, sollten jedoch seine beiden anderen Berufe, Arzt und Schriftsteller, nicht geringgeschätzt werden. Denn diese übte er mit nicht weniger Leidenschaft aus, weshalb sich zusammenfassend festhalten lässt, dass er zeit seines Lebens stets *Pädagoge, Arzt* und *Schriftsteller* geblieben ist.

Korczaks Leben: facettenreich, aber nicht leicht

Korczak musste am 20. September 1940 einen »Fragebogen zur erstmaligen Meldung der Heilberufe« (SW, Bd. 15, S. 437–439) für die deutsche NS-Verwaltung in Warschau ausfüllen. Dort bezeichnete er sich als Arzt und die Frage nach einer »Anerkennung für ein Sonderfach« beantwortete er mit: »Pädologe – Pädiater«. Auf die Frage »Üben Sie Lehrtätigkeit aus?« reagierte er mit »Ja« und gefragt nach der Art dieser Lehrtätigkeit, schrieb er: »Beobachtung des Kindes« (SW, Bd. 15, S. 439). Der mit »Goldszmit« unterschriebene Fragebogen ist einerseits ein Dokument, das Korczak speziell für die Naziverwaltung ausfüllte, gleichzeitig verschafft es mit bemerkenswerter Offenheit Einblick in die von ihm ausgeübten Berufe bzw. »Berufungen«.

Ergänzend bleibt zu erwähnen: Jenseits seiner drei »Hauptberufe« übernahm er vor Ausbruch des Zweiten Weltkriegs viele andere Funktionen, etwa als Sachverständiger beim Gericht, als Hochschullehrer, als Chefredakteur bzw. Herausgeber der bedeutenden Kinderzeitung »Kleine Rundschau« (1926–1939; SW, Bd. 14, S. 13–576) und als Radiosprecher in den »Radioplaudereien des alten Doktors«. Wir haben es demzufolge mit einer sehr vielseitigen und facettenreichen Persönlichkeit zu tun, welche die Praxis *und* die Theorie kannte, die jedoch nicht im »stillen Kämmerlein« oder in einem Elfenbeinturm saß, sondern zu aktuellen gesellschaftlichen und sozialen Themen Stellung bezog. Bei alldem ist noch zu berücksichtigen, dass Korczak diese Tätigkeiten häufig widrigen Umständen zum Trotz und unter erschwerten Bedingungen ausübte, z. B. trotz Geld- und Zeitmangel oder in Krisen- und Kriegszeiten.

Manfred Liebel und Urszula Markowska-Manista (2017) haben dies plastisch beschrieben und durch Analyse seiner Lebensgeschichte die Resilienz bzw. die Widerstandskraft von Korczak herausgearbeitet. Mithilfe von autobiografischen Dokumenten, wie etwa von Korczaks Tagebüchern, gelingt es ihnen aufzuzeigen, wie ein Mensch, der sowohl in Kindheit und Jugend als auch im Erwachsenenalter stets mit unterschiedlichen Belastungen konfrontiert war und teils unter unvorstellbaren Bedingungen als Schriftsteller, Arzt und Pädagoge gearbeitet hat, es schaffte, nicht nur selbst stark zu bleiben, sondern auch einer großen Zahl an Kindern – meist Waisen – zu Stärke und Widerstandskraft zu verhelfen.

Liebel und Markowska-Manista haben hierzu verschiedene Lebensstationen von Korczak untersucht und benennen mögliche Schutzfaktoren: positive frühkindliche Erfahrungen, wie etwa die wertschätzende Anerkennung durch die Großmutter (→ Kap. 2.1), seine schriftstellerische Tätigkeit und die stetige Unterstützung durch vertraute Menschen. In ihrem Fazit heben Liebel und Markowska-Manista hervor, wie Korczak selbst extremen Belastungen standhielt und »zugleich andere Menschen, im vorliegenden Fall Kinder, ermutigen [konnte], großen Schwierigkeiten zu begegnen« (Liebel/Markowska-Manista 2017, S. 105). Gleichzeitig warnen sie davor, Resilienz als Allheilmittel zu betrachten. Resilienz vermag eben nicht alles – was uns dazu auffordert, »zusammenzustehen und gemeinsam für eine Welt zu sorgen, in der eine Barbarei, wie sie Korczak erleben und erleiden musste, nicht wieder geschehen kann« (S. 106).

In diesem kurzen Einblick in Korczaks Leben musste selbstverständlich vieles unerwähnt bleiben (vgl. Kirchner 2013b). Darunter fallen z. B. seine Schweizreise (1898) und seine Reisen ins damalige Palästina (1934 und 1936). Manches davon wird jedoch in den weiteren Verlauf des vorliegenden Bandes einfließen. Zum Abschluss möchte ich noch kurz auf Korczaks letzten Weg eingehen.

Das tragische Ende von Janusz Korczak ist immer wieder Thema in Biografien und wissenschaftlichen Arbeiten: sein Zusammenbleiben mit den Kindern und Erziehenden im Warschauer Ghetto, der Gang zum Umschlagplatz und die Begleitung der Kinder sowie die Ermordung in Treblinka im August 1942. Dieses Ende ist ein nicht wegzudenkender Bestandteil seines Lebens und hat sich in das Gedächtnis der Menschheit eingebrannt. Er blieb bis zum Schluss bei den Kindern und wer seine Schriften und sein Leben kennt, wird dies als seiner Haltung ganz entsprechende Konsequenz verstehen (vgl. Lewin 1998, S. 137 f.) und nicht – wie so oft geschehen – als außergewöhnliche Besonderheit. Gleichzeitig besteht jedoch durch diese Fixierung auf sein Ende einerseits die Tendenz, Korczak als Helden zu verherrlichen, und andererseits die Gefahr, dass all das, was vorher in seinem Leben geschehen ist, was er also geleistet hat, demgegenüber in den Hintergrund gerät. Der Zeitzeuge Alexander Lewin (1998) schlägt daher vor, »Korczaks ganzes Leben, sein gesamtes Wirken und nicht nur die letzten Jahre« (S. 149) zu betrachten:

> »Die Legende der letzten drei Lebensjahre, das Bild des letzten Weges, den er mit den Kindern und dem Personal gegangen ist, dürfen nicht Jahrzehnte pädagogischen Wirkens überlagern.« Auch wenn es nicht zu diesem Ende gekommen wäre – so Lewin weiter – »wäre Korczak derselbe Mensch gewesen, und die Hinterlassenschaft seines Lebens hätte dieselbe Bedeutung. Denn Korczak war in jeder Lebenslage, und ganz besonders in Extremsituationen, immer sich selbst und seinen Prinzipien treu.« (Lewin 1998, S. 149)

Dementsprechend wichtig ist es, besonders all das, was vor Beginn des Zweiten Weltkriegs geschehen ist, zu beachten, was den Großteil seines Lebens ausmachte, damit das tragische Ende Korczaks nicht seine zentrale Lebensleistung überlagert – seine Pädagogik der Wertschätzung, Partizipation und Lebensfreude, wie sie im Folgenden entfaltet wird.

2 Janusz Korczak und die frühe Kindheit – in Leben und Werk

2.1 Korczaks eigene frühe Kindheit

Da es in diesem Buch vor allem um Janusz Korczaks Bedeutung für die frühe Kindheit und ihre Institutionen geht, soll nun ein Blick auf seine eigenen ersten Lebensjahre geworfen werden. Eine solche Perspektive lohnt darüber hinaus aus folgendem Grund: Es ist durchaus interessant, auf die Kindheit von Menschen zu schauen, die sich dann als Erwachsene – wie Korczak – mit ebendieser auseinandergesetzt bzw. sie zum Lebens- und Forschungsmittelpunkt gemacht haben. Nicht ohne Grund stellt Korczak seinem wichtigsten Kinderbuch »König Maciuś der Erste« eine Kinderfotografie von sich selbst voran, die ihn als ungefähr zehnjährigen Jungen zeigt.

In der Begründung dazu schreibt er, dass er in diesem Alter selbst all das erleben wollte, was in dem Buch beschrieben wird, und dass

> »es darauf ankommt, wann ich wirklich König sein wollte, und nicht – wann ich über König Maciuś geschrieben habe. Und ich denke, dass es überhaupt besser ist, Photos von Königen, Weltreisenden und Schriftstellern zu zeigen, bevor sie erwachsen und alt sind, denn sonst – könnte man denken, sie seien von Anfang an klug, und niemals klein gewesen. Und die Kinder dächten, sie selbst könnten keine Minister, Weltreisenden und Schriftsteller werden, aber das stimmt doch gar nicht.« (SW, Bd. 11, S. 9)

Abb. 3: Korczak als Kind

Wie hat die frühe Kindheit von Janusz Korczak, der zu dieser Zeit noch Henryk Goldszmit hieß, ausgesehen? Welche Ereignisse und Erlebnisse haben diesen Abschnitt geprägt? Bei Recherchen über diese Lebensphase von Korczak kann man auf diverse Biografien zurückgreifen. In diesen finden Korczaks erste Lebensjahre meist Erwähnung, jedoch werden sie je nach Fokus und jeweiliger Forschungsfrage unterschiedlich stark ausgeleuchtet. Daher beziehe ich mich in den folgenden Ausführungen zu seiner frühen Kindheit zunächst einmal auf seine autobiografischen Werke – wohl wissend, dass auch diese durch nachträgliche »Einfärbungen« und nostalgische Rückblicke geprägt sein können. Es geht demnach im weiteren Verlauf um die sogenannte Vorschulzeit Korczaks, die Jahre von 1878/1879 bis ca. 1885. Wie äußert er sich zu dieser Lebensphase? Woran konnte er sich noch selbst oder durch überlieferte Erzählungen erinnern? Eine der wichtigsten Quellen dafür ist eine Schrift namens »Pamiętnik«, Korczaks Tagebuch aus dem Warschauer Ghetto (1942). Wir finden es unter dem Titel »Tagebuch – Erinnerungen« im fünfzehnten Band der »Sämtlichen Werke« (SW, Bd. 15, S. 295–377).

Bevor ich auf die autobiografischen Eintragungen im »Pamiętnik« eingehe, möchte ich eine Aussage aus einem Brief Korczaks an einen Jungen namens Dan Golding voranstellen, den er am 5. Dezember 1934 geschrieben und ins damalige Palästina geschickt hat. In diesem Brief wünscht er dem Jungen viel Glück und erwähnt dabei Folgendes: »So viele verschiedene Papiere sind mir abhandengekommen, aber den Brief eines Rabbiners, der mich gesegnet hat, als ich geboren wurde, habe ich noch. Als er ihn schrieb, wusste er nicht, dass dieser Brief noch fünfzig Jahre nach seinem Tod leben würde« (SW, Bd. 15, S. 31). Korczak betont hier seine jüdische Herkunft, die schon bei der Geburt eine wichtige Rolle in seinem Leben gespielt hat.

In seinem Tagebuch äußert sich Korczak 1942 – bereits seit längerem im Warschauer Ghetto – zu vielen Abschnitten seines Lebens und zieht Bilanz. Gleich auf den ersten Seiten befindet sich ein Eintrag mit Bezug zur frühen Kindheit. Hierbei geht er auf sein Verhältnis zum Vater und zur Großmutter mütterlicherseits ein:

> »Nicht umsonst hat mich Vater in meiner Kindheit eine Schlafmütze und einen Trottel genannt, und in stürmischen Augenblicken sogar einen Esel und Idioten. Allein die Großmutter hat an meinen Stern geglaubt. Sonst aber – war ich ein Faulpelz, eine Heulsuse, ein Tölpel […], ein Idiot und zu nichts zu gebrauchen. […] Sie hatten recht. Gleichermaßen. Halb und halb. Großmütterchen und Papa« (SW, Bd. 15, S. 301).

Nun erscheinen also wichtige Bezugspersonen des jungen Henryk, wobei der Vater im Gegensatz zur Großmutter das Selbstbewusstsein des Jungen offenbar nicht sonderlich gestärkt hat, da er ihn als Nichtsnutz betitelte. Aber es gab da jemanden, der an seinen »Stern« glaubte: die Großmutter. Somit existierte eine

Person, die ihn bewunderte, förderte und stärkte. Interessant ist, dass Korczak beiden recht gibt: dem Vater und der Großmutter gleichermaßen; er leugnet also nicht, dass er als Kind sensibel war, manchmal etwas verträumt und nicht sehr praktisch veranlagt. Korczak konnte sich als Kind stundenlang mit sich selbst beschäftigen: »Klötze (Bausteinchen) bekam ich mit sechs Jahren; ich hörte auf, damit zu spielen, als ich vierzehn war« (SW, Bd. 15, S. 364). Über seine Oma schreibt er:

> »Großmutter gab mir Rosinen und sagte: ›Du Philosoph.‹ Angeblich gestand ich dem Großmütterchen schon damals in einem vertrauten Gespräch meinen kühnen Plan zur Umgestaltung der Welt. Alles Geld wegwerfen, nicht mehr und nicht weniger. Wie wegwerfen und wohin und was danach, dass wusste ich wohl nicht. Man muss das nicht allzu streng beurteilen. Ich war damals fünf und das Problem beschämend schwer: Was tun, damit es keine schmutzigen, zerlumpten und hungrigen Kinder mehr gibt, mit denen ich nicht spielen darf, im Hof, wo unterm Kastanienbaum, in einer blechernen Bonbonbüchse, in Watte eingepackt, mein erster mir nahestehender und geliebter Toter beerdigt liegt, wenn auch nur ein Kanarienvogel.« (SW, Bd. 15, S. 301)

Wir sehen hier weitere Eigenschaften der Großmutter: Sie verwöhnt Henryk mit Rosinen und nennt ihn in weiser Voraussicht einen Philosophen. Diese nahe Bezugsperson erkannte sehr früh, welche Fähigkeiten in dem Jungen steckten. Als Beispiel wird sein Plan von der Abschaffung des Geldes angeführt. Der erst fünfjährige Henryk machte sich bereits Gedanken über die soziale Ungleichheit und wie sie sich beseitigen lässt – freilich zunächst auf seine eigene Situation bezogen: Wenn es kein Geld mehr gäbe, würde es auch nicht mehr »arm« und »reich« geben, alle wären gleich – so in der kindlichen Logik – und er, das wohlbehütete Salonkind, könnte mit den Kindern der Straße auf dem Hof spielen.

Doch in diesem Abschnitt klingt bereits ein anderes, sehr wichtiges, vielleicht das zentrale Ereignis seiner frühen Kindheit an: der Tod des Kanarienvogels. Nicht nur ist sein geliebtes Haustier gestorben, sondern es dämmert ihm dabei auch zum ersten Mal, dass er »anders« sein könnte als die anderen, anders als die Mehrheit der Menschen in seiner Umgebung:

> »Sein Tod warf die geheimnisvolle Frage nach der Konfession auf. Ich wollte ein Kreuz auf sein Grab stellen. Das Dienstmädchen sagte, nein, das sei ein Vogel, etwas sehr viel Niedrigeres als ein Mensch. Sogar zu weinen sei Sünde. Soweit das Dienstmädchen. Schlimmer freilich war, dass der Sohn des Hausmeisters befand, der Kanarienvogel sei Jude. Und ich. Ich sei auch Jude, er aber sei Pole, Katholik. Er im Paradies, ich hingegen würde, sofern ich keine unanständigen Ausdrücke gebrauchte und daheim Zucker stähle,

> den ich ihm gehorsam brächte – nach meinem Tod in etwas kommen, das zwar nicht die Hölle sei, aber es sei dort finster. Und ich hatte Angst in einem dunklen Zimmer. Der Tod. – Der Jude. – Die Hölle. Das schwarze jüdische Paradies. – Übergenug, um mir Gedanken zu machen.« (SW, Bd. 15, S. 301 f.)

Was lässt sich daraus folgern? An dieser Stelle tauchen zum einen wichtige Identitätsfragen auf, zum anderen wird deutlich, in welcher Umgebung Henryk lebte, wie er dachte und fühlte. Er wird bereits als kleiner Junge durch den Tod seines Kanarienvogels mit der Tatsache konfrontiert, dass das Leben endlich ist und dass er jüdisch ist – etwas, was ihm davor nicht bewusst war, weil es vermutlich in seiner Familie keine sonderliche Rolle spielte. Henryk wollte sogar ein Kreuz auf das Grab des Vogels stellen, was uns zweierlei offenbart: zum einen seine Beziehung zu dem Kanarienvogel, den er nach dessen Tod so würdigen wollte, wie er es von Beerdigungen her kannte. Dem Kanarienvogel auf diese Weise die letzte Ehre zu erweisen, wäre also für ihn eine logische Konsequenz gewesen. Zum anderen dachte er offenbar überhaupt nicht daran, dass er in religiöser Hinsicht irgendwie anders als seine Umgebung sein könnte. Er wusste bis zu diesem Zeitpunkt anscheinend nicht, dass es so etwas wie Religionen gibt, die Menschen voneinander unterscheiden können.

Das Dienstmädchen – pädagogisch unbedarft – verbietet ihm plump seine Trauer, indem sie dieses Tier als etwas ganz Niedriges darstellt, das weder ein Begräbnis noch ein Weinen bzw. Trauern verdiene, was ihrer Ansicht nach sogar eine Sünde darstelle. Sie zieht vielmehr eine klare Grenze zwischen Mensch und Tier und erkennt Henryks Beziehung zum Kanarienvogel nicht an.

Der Sohn des Hausmeisters, ebenfalls ein Kind oder Jugendlicher, geht noch weiter: Der Kanarienvogel sei gar kein Christ, sondern Jude – wie Henryk – und er dagegen, der Sohn des Hausmeisters, Pole und Katholik. Letzterer käme ins Paradies, Henryk dagegen – wie alle Juden nach dieser Sichtweise – in etwas undefinierbar »Dunkles« und selbst das sei noch an die Bedingung geknüpft, dass Henryk keine unanständigen Worte gebrauche und ihm Zucker liefere. Dann – so konsequent weitergedacht – käme er, obwohl er Jude sei, zumindest nicht in die Hölle. So weit die Aufklärung über Antisemitismus bzw. den Judenhass oder die schon damals existierende Abneigung eines Teils der polnischen Bevölkerung gegenüber Juden, die der Sohn des Hausmeisters wohl aus seinem Umfeld übernahm.

Es ist nicht verwunderlich, dass dies dem kleinen Henryk Angst bereitete: Denn er realisierte hier vielleicht zum ersten Mal und leider auf sehr schmerzliche Weise, dass er anders war als die meisten Kinder in seiner Nachbarschaft, dass ihn etwas von ihnen unterschied bzw. dass er zumindest als anders wahrgenommen wurde: Er wurde abgewertet, weil er Jude war. In den Augen des

Hausmeistersohns stand Henryk auf einer niedrigeren Stufe, wie sich aus der Darstellung dessen, was Juden nach dem Tod angeblich erwarte, schließen lässt. Der Junge nannte »Pole« und »Katholik« als Kriterien, die ihn von einem Juden unterschieden, d. h., dass er den jungen Henryk nicht als Polen bzw. als Angehörigen der polnischen Nation betrachtete. Vielmehr wurde dieser als etwas völlig Fremdes angesehen, das auf die Gnade des gleichzeitig polnischen und katholischen Jungen angewiesen sei, ja, mehr noch: von ihm abhängig sei.

Das war ein Erlebnis, das sich in die Seele des jungen Henryk eingebrannt hat und daher noch Jahrzehnte später in seinem Ghetto-Tagebuch wieder auftaucht – ein Kristallisationspunkt seiner Kindheit. Denn die Kanarienvogel-Szene setzte wahrscheinlich seiner bis dahin unbeschwerten Kindheit ein Ende bzw. bedeutete einen jähen Einschnitt. Auf einmal merkt ein Kind, dass es nicht dazugehört oder als nicht dazugehörend bezeichnet wird. Wie kann sich das auf das Selbstbewusstsein dieses Kindes auswirken? Wird es gebückt, als Außenseiter, als Angehöriger einer Minderheit durchs Leben gehen? Wie schwer muss ihn diese Aussage eines anderen Kindes getroffen und geprägt haben?

Eine Auseinandersetzung mit dieser Thematik, also mit dem *Jude*- und *Pole-Sein*, hat Korczak jedenfalls sein ganzes Leben lang begleitet. Ihm war sein Außenseiterstatus dabei durchaus bewusst, aber er knickte niemals ein. Nein, im Gegenteil: Korczak hat sich stets als Jude *und* Pole gesehen (vgl. Langhanky 1993, S. 79 f.; Kirchner 2013b, S. 14). Er diente im polnischen Militär als Arzt bei unterschiedlichen Einsätzen und war sehr stolz auf seine Stadt Warschau und sein polnisches Heimatland, weshalb er zu Recht als ein polnischer Patriot bezeichnet werden kann. Bekannt ist beispielsweise, dass er zu Beginn des Zweiten Weltkriegs eine polnische Militäruniform anzog und im Ghetto »der einzige Jude in Warschau« war, »der das Tragen der Armbinde mit dem Davidstern offiziell ablehnte«, so Michał Zylberberg in einer Erinnerung an Korczak (Zylberberg 1999, S. 508). Er wollte sich demnach niemals als Jude »abstempeln« bzw. stigmatisieren lassen. Nichtsdestotrotz bekannte er sich jedoch zu seiner Religion, was sich etwa daran zeigte, dass im Waisenhaus die jüdischen Feiertage, beispielsweise das Pessachfest, gefeiert wurden (vgl. Lipiner 2015, S. 65 f.). Zu diesen schrieb er auch Artikel für die »Kleine Rundschau«, z. B. »Chanukka- und Purim-Szenen« (SW, Bd. 14, S. 577–625). Darüber hinaus trug er zu bestimmten Anlässen im Dom Sierot die Kopfbedeckung *Kippa* und veranstaltete sogar jüdische Gottesdienste (vgl. Zylberberg 1999, S. 518).

Was können wir weiterhin aus dem Tagebuch über Korczaks frühe Kindheit erfahren? Er äußert sich zum Erziehungsstil bzw. zu den Erziehungsmethoden seiner Eltern, insbesondere zu autoritären Verhaltensweisen seines Vaters: »Er zog uns [Henryk und seine Schwester] an den Ohren, dass es schmerzte, trotz strengster Kritik von Seiten der Mama und der Großmama, ›Wenn das Kind taub wird, hast du es dir zuzuschreiben.‹« (SW, Bd. 15, S. 318). Er nennt seinen Vater an dieser Stelle einen »nicht sonderlich solide[n] Pädagogen«. Korczaks Pädagogik entwickelte sich dementsprechend eher in Abgrenzung zur »Pädagogik« seines Vaters. Trotzdem war der Vater für ihn eine wichtige Bezugsperson, und zwar bereits in der frühen Kindheit. Davon zeugt folgende Szene, in der Henryk nach einer kurzen Fiebererkrankung »noch am dritten Tag im Bett« liegt und die Mutter den Vater streng zurechtweist, weil er auf den Jungen mit »kalte[n] Hände[n]« zugeht (SW, Bd. 15, S. 319):

> »Vater verließ fügsam das Zimmer und warf mir im Hinausgehen einen verschwörerischen Blick zu. Ich antwortete ihm mit einem verstohlen schalkhaften Blick, der etwa besagte: ›Alles in Ordnung.‹ Ich glaube, wir fühlten beide, dass letztlich nicht sie – Mama, Großmama, die Köchin, meine Schwester, das Dienstmädchen und Fräulein Maria (für die Kinder) – [...] regierten, sondern wir, die Männer.« (SW, Bd. 15, S. 319 f.)

Schließlich teilt Korczak sein Leben in Abschnitte von je sieben Jahren ein und resümiert diese erste Kindheitsphase in seinem Tagebuch folgendermaßen: »Wenn ich mein Leben zurückverfolge, dann gab mir das siebte Jahr das Gefühl für den eigenen Wert. Ich bin. Ich habe ein Gewicht. Eine Bedeutung. Man sieht mich. Ich kann. Ich werde« (SW, Bd. 15, S. 344). Dem Korczakforscher Friedhelm Beiner ist daher bei folgender Aussage beizupflichten: »Trotz aller problematischen und aufregenden Erlebnisse in der Kindheit erfährt der kleine Henryk aber in seiner Familie doch auch viel Zuwendung und Selbstbestätigung, so dass er sein erstes Lebensjahrsiebt später sehr positiv resümieren kann« (SW, Bd. 16, S. 19)[3].

2.2 Korczaks Erfahrungen und Lehrtätigkeiten im Bereich der frühen Kindheit

Korczak hat sowohl in pädagogischen Einrichtungen gearbeitet, die auf Kinder im Vorschulalter ausgerichtet waren, als auch durch Vorträge und Publikationen in Fachzeitschriften an der Erzieherinnenausbildung aktiv mitgewirkt. Daher kann man seiner folgenden rückblickenden Einschätzung, er habe »nicht einen einzigen ordentlichen Monat an einer Wiege verbracht« und sei »nur dann und wann, durch *Kinderkrankheiten,* mit kleinen Kindern zusammengetroffen«, nur

3 In wenigen Fällen stammen Zitate aus den »Samtlichen Werken« nicht von Korczak selbst, sondern von den Herausgebern, worauf - wie an dieser Stelle - im Fließtext hingewiesen wird.

bedingt folgen (SW, Bd. 9, S. 367). Hier schmälert er seinen Beitrag in Bezug auf Erziehung, Bildung und Betreuung junger Kinder. Denn wie noch zu zeigen sein wird, hat er sich in vielen Texten, etwa in »Das Kind in der Familie« (1919), direkt an die Mütter gewandt und deren Beziehung zu ihrem neugeborenen Kind bzw. Säugling oder Kleinkind thematisiert. In medizinischen und pädagogischen Fachzeitschriften hat er sich gleichfalls dem »Vorschulalter« gewidmet. Nicht zuletzt hat er – basierend auf seinen Beobachtungen – Studien zur »Zuneigung und Abneigung in Kindergruppen« (1933/1934) durchgeführt und diese veröffentlicht (→ Kap. 2.3).

Zuerst möchte ich jedoch der Frage nachgehen, welche praktischen Erfahrungen Korczak mit dieser Altersgruppe gesammelt hat. Die Hauptadressatengruppe im Waisenhaus Dom Sierot waren ohne Frage die sieben- bis vierzehnjährigen Kinder und Jugendlichen. Ist er jüngeren Kindern wirklich nur im Zusammenhang mit »Kinderkrankheiten« begegnet? Zugegeben: Er hatte selbst keine Kinder, konnte also nicht die Entwicklung des eigenen Nachwuchses für längere Zeit beobachten und beispielsweise in Tagebüchern dokumentieren, wie manch andere Wissenschaftler zu jener Zeit. Nichtsdestotrotz lassen sich gleich an mehreren Stellen seines Werks Spuren seiner Tätigkeit in Einrichtungen der frühen Kindheit entdecken.

Als er sich am 9. Februar 1942 im Warschauer Ghetto für eine einmonatige Tätigkeit als Erzieher in einem anderen Internat bewirbt, weil er den dort herrschenden katastrophalen Zuständen Abhilfe verschaffen will, wird dieses Gesuch an das Personalbüro des Judenrates (vgl. SW, Bd. 15, S. 211 ff.) zu einer Art Lebenslauf. Darin äußert er sich sowohl zu seinem Gesundheitszustand und zu verschiedenen Charaktereigenschaften als auch zu seiner Ausbildung, seinen Kenntnissen, Erfahrungen, Lehrmeistern, Lektüren und Reisen. Das liest sich zwar nicht wie ein Testament, zu dessen Abfassung ihn manche aufgefordert hatten (SW, Bd. 15, S. 211), aber doch wie ein »Lebensfilm« im Zeitraffer. Denn er führt dort seine ehemaligen Kriegseinsätze und Arbeitsgebiete auf. Dort können wir u. a. lesen: »Etwa ein halbes Jahr in Heimen für ukrainische Kinder bei Kiew« (SW, Bd. 15, S. 215). In Kiew konnte er darüber hinaus in einem Montessori-Kindergarten hospitieren und dort Beobachtungen durchführen, die in seine Schrift »Erziehungsmomente« (1919) mündeten (→ Kap. 2.3).

Zwei Jahre vor diesem Schreiben, im September 1940, muss Korczak einen Fragebogen »zur erstmaligen Meldung der Heilberufe« für die NS-Verwaltung ausfüllen (SW, Bd. 15, S. 437–439) und trägt bei der Frage nach der Art der Lehrtätigkeit »Beobachtung des Kindes« ein. In der Tat hatte er viele Gelegenheiten, jüngere Kinder zu beobachten, also Säuglinge, Kleinkinder sowie Kinder im Kindergartenalter, und sich mit anderen darüber auszutauschen bzw. die hierbei gesammelten Erkenntnisse zum Thema seiner Forschung und Lehre zu machen. Wo boten sich ihm Chancen dazu und welche Erfahrungen machte er in frühpädagogischen Einrichtungen? Wie trug er schließlich zur Fort- und Weiterbildung von dort tätigen Erzieherinnen bei?

Berson-Bauman-Kinderspital

Korczak hat mehrere Jahre als Stationsarzt im Berson-Bauman-Kinderspital in Warschau gearbeitet (1905–1912). Darüber schreibt er später rückblickend: »Sieben Jahre mit Unterbrechungen als einziger örtlicher Arzt am Spital in der Śliska-Straße« (SW, Bd. 15, S. 215). Dieses jüdische Kinderspital beruhte auf dem Vermächtnis zweier Familien und wurde bereits 1878 eröffnet. Dem Krankenhausstatut nach war es für jüdische Mädchen und Jungen »nicht älter als 13 Lebensjahre« (SW, Bd. 7, S. 470) bestimmt, die dort eine kostenlose Versorgung erhielten. »Das Spital verfügte über die Abteilungen Innere Medizin, ansteckende Krankheiten und Chirurgie (mit einem Operationssaal). Es bot vor allem jungen Ärzten eine Arbeitsstätte und die Möglichkeit der Weiterbildung. Das Ärzteteam bestand aus Medizinern, die größtenteils eigene wissenschaftliche Forschungen durchführten« (Ungermann 2006, S. 85). Es gab neben dem stationären Teil auch eine Ambulanz (vgl. SW, Bd. 16, S. 47), in der »unentgeltliche Konsultationen ohne Konfessionsunterschied« (SW, Bd. 7, S. 470) möglich waren. Korczak arbeitete sowohl auf den Stationen als auch in der Ambulanz und erhielt für seine Arbeit »eine Wohnung mit zusätzlichen Leistungen, zweihundert Rubel jährlich in vier Raten«, ergänzt um seine privatärztliche Tätigkeit und »ein paar Groschen« für das »Artikelschreiben« (SW, Bd. 15, S. 338). Im Krankenhaus kümmerte er sich ferner um die Sauberkeit und die Desinfektion sowie um die Sammlung an Büchern, die er katalogisierte (vgl. Ungermann 2006, S. 85).

Im Berson-Bauman-Spital hat Korczak zweifellos viele Erfahrungen mit sehr jungen Kindern gesammelt, was in seinen damals erscheinenden Schriften zum Ausdruck kommt. So vermitteln seine »Bilder aus dem Spital« aus den Jahren 1908–1909 (SW, Bd. 8, S. 11–29) einen lebendigen Eindruck von der damaligen Tätigkeit als junger Arzt. Dort schildert er die Zustände im Spital, so etwa die teils miserablen Lebensbedingungen, unter denen ein Teil der Warschauer Bevölkerung litt und die häufig zu diversen Krankheiten bei den Kindern führten. Gleichzeitig berichtet er über die Machtlosigkeit der Ärzte bzw. deren Sisyphusarbeit bei der Aufklärung der Eltern, etwa wenn es um Hygiene ging. Darüber hinaus wurde er dort zwangsläufig mit Leid und Tod konfrontiert. Seine vor allem 1909–1911 verfassten pädiatrischen Arbeiten zur Säuglingspflege zeugen ebenso wie seine Erzählung »Bobo« (1914) von jener Zeit (→ Kap. 2.3).

Sommerkolonie Różyczka

Abb. 4: Sommerkolonie Różyczka (dt. »Röschen«), Gocławek

In den Sommerkolonien, in denen Korczak ab 1904 einige Saisons als Gruppenerzieher arbeitete, betreute er wahrscheinlich auch schon jüngere Kinder. Erst recht begegnete er dieser Altersgruppe während seiner Aufenthalte in der Sommerkolonie »Różyczka« (»Röschen«), die 1921 in Gocławek entstand. Diese Kolonie war für die Kinder des Dom Sierot zur Erholung gedacht, »diente aber auch Kindern aus anderen Erziehungseinrichtungen, z. B erziehungsschwierigen Vorschulkindern aus Warschauer Heimen, als Erholungsort für 4-wöchige Landaufenthalte« (SW, Bd. 9, S. 243). Auf Różyczka bezieht Korczak sich in einem Text über Kinder im Vorschulalter, der im Sommer 1925 erschien und den er folgendermaßen einleitet: »Mit Kindern von drei bis fünf Jahren kam ich zum ersten Mal vor zwei Jahren in einer Sommerkolonie zusammen« (SW, Bd. 9, S. 243). Damit ist wohl gemeint, dass er dort zum ersten Mal Kinder dieser Altersgruppe über einen längeren Zeitraum beobachten konnte. Er äußert sich ziemlich drastisch über Kinder, die offenbar aufgrund ihrer Vorerfahrungen »geistig verkrüppelt, moralisch angefault«, d. h. verwundet, »ins

Leben gehen« (SW, Bd. 9, S. 246), und geht auf die Bedeutung der Erziehung in der frühen Kindheit ein:

> »Aus der Nähe beobachtete ich einige Kindergartenzöglinge in meinem Internat. Es brauchte lange Monate, ja – in einem Fall – Jahre, damit die Wunden der frühesten Kindheit heilten. Ich kann den Wert der Erziehungsmethode von Montessori nicht beurteilen. Aber ihr unsterbliches Verdienst wird es bleiben, dass sie die Probleme der Kinder dieses Alters zur Sprache gebracht hat, für die die Pflege durch Kindermädchen – ganz gleich welcher Art – als ausreichend erschien. Es wäre lächerlich, Straf- oder Besserungsanstalten für fünfjährige Frevler zu verlangen. Aber auch für die frevelhafte Jugend fordern wir Heilanstalten. In größerem Maße sind sie für die Jüngsten vonnöten. Denn diese Gruppe ist völlig hilflos, denn sie kann sich nicht selber schützen, denn das Fürsorgepersonal kann, versteht und weiß sie nicht zu lenken, sondern nimmt einzig und allein zu der Methode Zuflucht, ihnen einen Klaps zu versetzen und sie in eine dunkle Zelle zu sperren.« (SW, Bd. 9, S. 246)

Korczak interessierte sich also für diese Altersgruppe und beobachtete das Verhalten von drei- bis fünfjährigen Kindern, wodurch er zu verschiedenen Schlussfolgerungen gelangte: zum einen, dass es offenbar Traumata in frühester Kindheit gibt, die nur sehr schwer heilen, zum anderen, dass man die Kinder bei diesem Heilungsprozess unterstützen müsse, womöglich durch Unterbringung in spezifischen pädagogischen Einrichtungen (»Heilanstalten«). Das sogenannte Fürsorgepersonal könne sich nicht anders helfen, als die Kinder einzusperren oder mit Gewalt zur Ruhe zu bringen. An anderer Stelle sprach sich Korczak jedoch ebenfalls für eine befristete Isolation in einer vorbereiteten Umgebung aus – eine Art »Auszeit« für Kinder, und zwar für diejenigen, die sich anderen Kindern gegenüber stets störend, aggressiv und gewalttätig verhalten (vgl. SW, Bd. 9, S. 429).

Bei der folgenden Beschreibung bezieht sich Korczak womöglich ebenfalls auf die Sommerkolonie Różyczka. Sie stammt aus dem Artikel »Die Klage«, der 1926 in der Zeitschrift »Vorschulerziehung« veröffentlicht wurde. Darin geht er auf das Thema »Strafen« ein und darauf, weshalb sie als Reaktion auf Beschwerden im Kindergarten teilweise unvermeidbar seien. Die Kinder waren laut Korczak Strafen – oder nennen wir es lieber Sanktionen – von ihren bisherigen Erfahrungen her gewohnt und haben daher die folgende »Disziplinarmaßnahme« nicht akzeptiert: »In der Sommerkolonie habe ich an die Jüngsten (3–6 Jahre) Bonbons ausgeteilt. Wer brav war (wenige Striche im Klassenbuch), erhielt ein buntes Bonbon, wer ungezogen war, bekam zur Strafe ein weißes.

Manche waren beleidigt und wollten weiße Bonbons nicht annehmen, sie weinten und fürchteten sich vor dem weißen Bonbon« (SW, Bd. 9, S. 317). Korczak versuchte also, die den Kindern bekannten Konsequenzen bzw. Strafen abzumildern: »Übeltäter« sollten ebenfalls Bonbons erhalten, aber eben weiße. Doch die Kinder waren anderes gewohnt und verstanden diese pädagogische Modifizierung nicht, woraufhin die Pädagogen auf ihnen vertraut erscheinende Sanktionen zurückgreifen mussten, ohne dass es jedoch zu Freiheitsentzug oder Gewalt gekommen wäre: Ein abgelegener Baum im Wald und ein auf Sand gemaltes Quadrat sollten die »Kammer« symbolisieren, in die die Kinder »in Warschau zur Strafe immer [...] eingesperrt wurden« (SW, Bd. 9, S. 317).

Różyczka war nicht nur eine Sommerkolonie für die Bewohner des Dom Sierot und anderer Heime, sondern es gab dort obendrein einen Lehrbauernhof, der zur Selbstversorgung diente und auf dem die Zöglinge die Grundlagen der Landwirtschaft erlernen konnten. Die Kinder wurden zu Beginn bis Mitte der 1920er Jahre in der »Różyczka« durch Mitarbeiterinnen der Burse betreut, die nach Korczaks Methoden arbeiteten. Bei den Bursisten handelte es sich in dieser Zeit mehrheitlich um ehemalige Zöglinge des Dom Sierot ab 14 Jahren, die sich weiter im Waisenhaus aufhalten durften, sofern sie dieses pädagogisch unterstützten. Sie arbeiteten hierfür drei bis vier Stunden täglich und erhielten im Gegenzug freie Kost und Logis. So konnten sie ihre (Schul-)Ausbildung beenden und dem Team vom Dom Sierot weiter behilflich sein.

In der Kolonie Różyczka, deren Gast Korczak in den Sommermonaten war, entstand »später auch ein Kindergarten« (SW, Bd. 16, S. 153). Dieser wurde 1928 gegründet und von Ida Merżan geleitet (vgl. Ungermann 2006, S. 115). Zu jener Zeit erschien Korczak – laut Merżan – dort jedoch seltener. Wenn er kam, untersuchte er stets die Kinder, gab dem Personal alltagspraktische Ratschläge und Hinweise, beobachtete die pädagogische Arbeit, mischte sich aber selten direkt ein. Vielmehr trieb er mit den Kindern auch Schabernack: So kaufte er ihnen beispielsweise ihre ausgefallenen Milchzähne ab, die sie in wattierten Streichholzdosen zu ihm brachten – für 50 Groschen pro Zahn (vgl. Merżan 1987, S. 80). Schließlich führte Korczak gemeinsam mit Ada Poznańska 1933/1934 u. a. in der Internatseinrichtung der Różyczka eine Studie zur »Zuneigung und Abneigung in Kindergruppen« durch, auf die im weiteren Verlauf noch eingegangen wird (→ Kap. 2.3).

Ausbildung von Kindergärtnerinnen

Parallel zu der Gründung der Sommerkolonie Różyczka, d. h. ab Anfang bis Mitte der 1920er Jahre, wird Korczak in der Aus- und Weiterbildung von

Erzieherinnen aktiv. Ihn interessieren zunehmend Fragen der frühen Kindheit, die also die jüngsten Kinder betreffen. So wiederholt er 1921 in seinem Vortrag »Der Frühling und das Kind« eindringlich seine Aufforderung, die Situation der Kinder und Jugendlichen zu verbessern (SW, Bd. 5, S. 25), die Missachtung und Gewalt ihnen gegenüber zu reflektieren und einzustellen bzw. ihre Rechte zu stärken.

Korczak beteiligte sich etwa ab 1922/1923 an der Ausbildung von Kindergärtnerinnen, wie sie damals hießen. Hiervon zeugt ein sehr interessanter Bericht von Ida Merżan, die während ihrer Ausbildung zur Kindergärtnerin Korczak zum ersten Mal begegnete. Sie schildert, wie er 1926 in einem Vortrag zur »Pädologie« alle Teilnehmerinnen darum bat, ihre eigenen Kindheitserinnerungen aufzuschreiben (Merżan 1999, S. 191). Aus diesen Rückblicken auf Kindheitserlebnisse folgerte er, wie schlecht es Kindern in dieser Welt ergeht: »Er lehrte uns auch, dass sich das Kind von Erwachsenen nicht nur in der Quantität von Gefühlen und Gedanken unterscheidet, sondern auch in ihrer Qualität« (SW, Bd. 16, S. 157). Korczak – so Merżan – sammelte nach jedem Vortrag Fragen, die er zu Beginn der darauffolgenden Lehrveranstaltung beantwortete. Hierbei war ihm offenbar die Interaktion bzw. der Dialog mit seinem Publikum sehr wichtig, weshalb er die Fragen der Auszubildenden stets ernst nahm und sie besprach.

Es lässt sich bereits jetzt erkennen, dass ihm bei der Ausbildung der künftig im Kindergarten tätigen Fachkräfte die Selbstreflexion als wichtiges Mittel am Herzen lag. Unter Einbeziehung der eigenen, von den Auszubildenden selbständig reflektierten Kindheitserfahrungen sollte die Basis für eine positiv ausgerichtete Erziehung und damit auch für eine bessere Kindheit der ihnen anvertrauten Kinder gelegt werden.

Dieses System setzte er ab 1923 in der »Burse« fort, in die ab 1925 auch junge Menschen, die keine Zöglinge des Dom Sierot waren, zur Erzieherausbildung zugelassen werden konnten. In der Burse lag ein Schwerpunkt auf dem Vorschulalter, aber die Ausbildung richtete sich auch an Erzieherinnen, die auf Kinder im Schulalter vorbereitet wurden, z. B. Zöglinge des Dom Sierot. Festhalten sollte man allerdings, dass das pädagogische Prinzip der Bursen »Lernen aus Erfahrung« lautete (SW, Bd. 16, S. 159). Es bestand aus einer kontinuierlichen Theorie-Praxis-Verknüpfung: Die Bursisten – täglich mit der erzieherischen Arbeit konfrontiert – dokumentierten ihre Beobachtungen und reflektierten sie mithilfe der Heimleitung. So sollten sie auf ein eigenverantwortliches pädagogisches Handeln vorbereitet werden (vgl. SW, Bd. 16, S. 159). Ida Merżan resümiert das, was sie von Korczak gelernt hat, folgendermaßen: »Dem Doktor persönlich verdanke ich viel. Er lehrte mich, das Kind vernünftig zu lieben, es zu erkennen, seine Eigenschaften wahrzunehmen, von ihm zu fordern, es nicht zu schonen, wenn es etwas Schlechtes getan hat. Dank Korczak wurde ich Pädagogin« (Meržan 1999, S. 208).

Frühkindliche Bildung

Korczak war in der Ausbildung von Kindergärtnerinnen aktiv und verfolgte parallel dazu aufmerksam Neuerscheinungen zur Erziehung in der frühen Kindheit. So verfasste er etwa ein Vorwort zur Broschüre »Im Kindergarten« (1929), die »psychologische Skizzen« über Kleinkinder enthielt, und bezeichnete diese als ein »wertvolles Dokument« (SW, Bd. 9, S. 584).

> »Ja – Vierjährige. Die Autorin hat es schon entdeckt: Da ist der Träumer, der Kecke, ein aggressives Kind und ein stilles, und ein ängstliches. Sie hat auch schon den Ernst entdeckt: Beim Einfädeln der Nadel, beim Kampf ums Brot, bei einer schöpferischen Bemühung. Die junge Erzieherin kann noch staunen. Und sie freut sich, dass sie in diesem exotischen, erst neu entdeckten, niemandem vorher bekannten Reich, herrscht. So hat sich Maeterlinck gefreut, als er der Biene begegnete.« (SW, Bd. 9, S. 584 f.)

Korczak beschreibt in diesem Text zunächst die Individualität von Kindern (→ Kap. 3.2) und wie anstrengend es für sie ist, etwas selbst zu bewältigen, etwas zu erkämpfen oder zu erschaffen. Er betont das Staunen der jungen Erzieherin, die diese Bemühungen von Kindern entdeckt. Genauso habe sich Maeterlinck, ein Verfasser naturphilosophischer Schriften, gefreut, als er »Das Leben der Bienen« – so auch der Titel eines seiner Bücher – erforschte. Ähnlich hat Korczak sich einmal über den Insektenforscher Fabre geäußert: »Du, Erzieher, sei ein Fabre in der Welt der Kinder!« (SW, Bd. 4, S. 248; vgl. Kirchner 2013c).

Unter diesem Blickwinkel hätte er sich wohl sehr an den Bildungs- und Lerngeschichten erfreut, wie sie heute zur Beobachtung von Kindern in der Kita eingesetzt werden: Ausgehend von den beobachtbaren Selbstbildungsprozessen der Kinder sind die pädagogischen Fachkräfte dazu aufgefordert, Lerngeschichten zu entdecken, zu dokumentieren und die Kinder darauf aufbauend spezifisch zu fördern bzw. Bildungsangebote für sie bereitzustellen (vgl. Leu et al. 2007).

Korczak hat gebührend gewürdigt, was Maria Montessori für die Phase der frühen Kindheit geleistet hat. Andere Wegbereiter der Pädagogik der frühen Kindheit, wie etwa Friedrich Fröbel, schätzte er ebenso. Ende des 19. Jahrhunderts gab es in Polen bereits erste Kindergärten nach dem Vorbild des Fröbel'schen Kindergartens (von 1840). Der Name »Fröbel« erscheint häufig in seinen Texten, oft im Verbund mit anderen wichtigen pädagogischen

Persönlichkeiten wie Pestalozzi und Rousseau. Wie intensiv er sich mit Fröbels Schriften beschäftigt hat, lässt sich heute nicht mehr nachvollziehen. Bemerkenswert ist allerdings folgende Aussage aus dem Jahr 1900, in der Korczak das Fröbel-Material mit den dazugehörigen Spielgaben erwähnt. An dieser Stelle kommt auch seine Einstellung zu Bildungsprozessen in der frühen Kindheit zum Ausdruck:

> »Es gibt Lehrbücher, die der Vorschulphase gewidmet sind; und zwar viele. Wir finden dort die Beschreibung von Spielzeug, Spielen, Vergnügungen; wir finden Noten und Texte für Singspiele für Kinder; wir finden Muster für Spielzeuge aus Erbsen, Stöckchen, Ton und Papier; Muster für Zeichnungen, Muster, nach denen man Häuschen und Mosaike aus Plättchen und Würfeln legen kann; wir finden Muster zum Ausschneiden, Flechten, Ausstechen, Aufkleben und Sticken. Wir finden dort Themen für Geschichten, Unterhaltungen, Plaudereien. In Warschau gibt es eine Leihstelle für Zubehör zum Fröbelunterricht. Wir haben indessen kein Pädagogikmuseum, wohin die Eltern mit den Kindern gehen könnten, um naturkundliche Ausstellungsstücke, Muster von hergestellten Artikeln und Maschinenmodelle zu betrachten, wo sie sich über die Erstellung eines kleinen häuslichen Museums informieren könnten, das bei der Entwicklung der Kinder im Vorschulalter hervorragende Dienste würde leisten können.« (SW, Bd. 9, S. 100 f.)

Wieder einmal denkt Korczak seiner Zeit voraus. Er stellt dar, welche zahlreichen Möglichkeiten zur Förderung von Kindern im Vorschulalter bereits bestehen bzw. klärt darüber auf. Ein besonderes Augenmerk legt er dabei auf die Fröbelmaterialien, die sogenannten Spielgaben, die er teilweise umschreibt. Gleichzeitig beklagt er das Fehlen eines »Pädagogikmuseums«. Was für ein – im Jahre 1900 (!) ausgesprochener – Gedanke: pädagogische Museen, die Eltern mit ihren Kindern besuchen – als Vorbild für ein eigenes kleines »Museum« mit Bildungsmaterialien zu Hause, zur Förderung der Kinder. Lange bevor die ersten »Hands-on«-Museen und Kindermuseen gang und gäbe geworden sind, läutet Korczak damit die museumspädagogische Arbeit ein und macht auf ihr Potenzial für Kinder im Kindergartenalter aufmerksam (vgl. Ruempler-Wenk/Schad 2016).

Wie hat Korczak darüber hinaus in seinen Schriften zu Säuglingen, Kleinkindern und zu Kindern im Kindergartenalter Stellung genommen? Im Folgenden möchte ich zur Beantwortung dieser Frage eine Reihe von ausgewählten Texten betrachten.

2.3 Korczaks Schriften zur frühen Kindheit

Zur Lebensphase der frühen Kindheit hat Korczak sich an vielen Stellen und in unterschiedlichen Publikationsformen geäußert, so etwa in »Wie liebt man ein Kind«. Dort spricht er im Buchteil »Das Kind in der Familie« (SW, Bd. 4, S. 7–138) über den Umgang von Müttern mit ihren Kleinkindern und nimmt dabei Stellung zu Fragen der Ernährung, des Stillens, des Schlafes und der Bekleidung von Säuglingen. In seinen Schriften wandte er sich jedoch nicht allein an die Familien. Er veröffentlichte Artikel in pädiatrischen Zeitschriften, richtete sich an Erzieherinnen und Ärzte, Kinderkrankenschwestern und Hebammen und nicht zuletzt an die Kinder selbst. Nun soll ein exemplarischer Einblick in diese Schriften erfolgen, darunter pädiatrische Artikel für die Allgemeinheit, aufklärerische Texte und wissenschaftlich-poetische Studien sowie kurze literarische Stücke für die Jüngsten. Durch die chronologische Reihenfolge der präsentierten Schriften ergibt sich ein spannungsreicher Wechsel zwischen unterschiedlichen Textarten und Zielgruppen.

Fabeln für die Jüngsten (1901/1902)

Noch im Jahr 1938 bemerkt Korczak, dass es an »Literatur für die Jüngsten« fehle (SW, Bd. 9, S. 360). Er bezieht sich dabei auf seine Beobachtung, dass die jüngsten Kinder, die ihre ersten Literacy-Erfahrungen durch Bilderbücher, Geschichten, Reime und Lieder sammeln, nicht genügend literarische Anregungen erhalten. Korczak spricht sich somit für das aus, was heute als »Emergent Literacy« (Kümmerling-Meibauer 2011) bezeichnet wird. Er selbst verfasste viele Bücher und Kurzgeschichten für Kinder. Bei seiner Kritik kann es sich also nicht um eine rückschauende und alleinige Selbstkritik handeln. Sehr früh hat er nicht nur literarische Texte für Kinder geschrieben, die bereits selbst lesen können, sondern sich auch für Literatur für die Jüngsten stark gemacht. Als ungefähr 23-Jähriger verfasst er seine »Fabeln für die Jüngsten« (1901/1902), wie er sie nannte. Bei diesen handelt es sich tatsächlich um Korczaks erste Veröffentlichungen für Kinder (vgl. SW, Bd. 13, S. 500), die im Wochenblatt »Familienabende« erschienen sind. In einer Reihe von zwölf Fabeln (vgl. SW, Bd. 13, S. 115 ff.) versucht er, sich in die Lebens- und Gefühlswelten von kleinen Kindern hineinzuversetzen und – ohne zu moralisieren – lehrreiche Inhalte zu vermitteln. Ganz getreu seinem damals nicht lange zurückliegenden Credo, dass Kinder nicht erst Menschen werden, sondern bereits welche sind, schafft er eine Literaturform, die auf sie zugeschnitten ist und die – wie Beiner und Ungermann kommentieren – eine »Sonderstellung« in seinem Werk einnimmt

(SW, Bd. 13, S. 501). Damit bringt er zum Ausdruck, dass auch schon die Jüngsten erste literarische Erfahrungen machen können.

Korczak fügt sich hier in die Reihe von Pädagogen wie Fröbel (»Mutter- und Koselieder«) ein, die von der Relevanz solcher Texte für Kinder überzeugt waren, jedoch auch erkannten, dass eine frühe Lesesozialisation nur über die Vermittlung durch die Familie, z. B. durch das Vorlesen oder das gemeinsame Singen, gelingen kann. Dies ist wohl mit ein Grund, weshalb er die kurzen Fabeln in der Zeitschrift »Familienabende« veröffentlichte. Ihn bewegte dabei sicherlich der Gedanke, die Kinder über die erwachsenen Bezugspersonen zu erreichen.

Worum geht es in Korczaks Fabeln? Ihre Titel vermitteln einen ersten Eindruck: »Was sagen die Spielsachen?«, »Das liebste Geschenk«, »Ein Schwätzchen«, »Der Umzug«, »Beim Tischler«, »Wie heißt der?«, »Das Bonbon«, »Meine Freunde«, »Was das Herzchen sagte«, »Kazios Schüler«, »Im Garten« und »Hania«. Diese Fabeln sind alle über einen Zeitraum von insgesamt ca. eineinhalb Jahren erschienen, und zwar meistens unter der Signatur »Janusz«, also Korczaks Vornamen. Sie sind sehr kurz und umfassen maximal zwei Seiten, manchmal sind sie lediglich eine halbe bis eine Seite lang. Dies ist wohl der durchschnittlichen Dauer der Konzentrationsfähigkeit junger Kinder geschuldet. Korczak wollte diese nicht mit langen Texten überstrapazieren. Die kurzen Stücke sind häufig durch Dialoge geprägt und enthalten – wie für Fabeln typisch – anthropomorphe, vermenschlichte Figuren, wie sprechende Tiere oder Spielzeuge. Meist gelingt es dem Autor, eine Geschichte, die eine Lehre enthält bzw. aufklärerischen Charakter hat, in kürzester Form zu erzählen. Dabei werden verschiedene Tugenden, wie Aufrichtigkeit oder Mut, allerdings auch Gewissensfragen behandelt. Insgesamt sind alle diese Fabeln sehr fantasievoll, kreativ und unterhaltend. Korczak folgt also mit seinen Fabeln in hohem Maße den allgemeinen Regeln dieser Literaturgattung, wie auch an der Fabel »Was sagen die Spielsachen?« exemplarisch sichtbar wird.

In dieser geht es um ein Mädchen namens Jania, das Puppen, Bilderbücher, Porzellangeschirr und einen Ball besitzt, diese Spielsachen allerdings weder pflegt noch ordentlich aufbewahrt. Vieles ist daher schon »sehr kaputt« (SW, Bd. 13, S. 115). Dann erfolgt ein Perspektivenwechsel und es wird deutlich, was die Spielsachen über diese Unordnung so »denken«. Sie beschweren sich in ihrem wechselseitigen Dialog über Jania und deren Umgang mit ihnen. Der Ball äußert sich beispielsweise folgendermaßen: »Mir hat Jania ein Loch in den Kopf gemacht, und jetzt ärgert sie sich, dass ich nicht so hoch hüpfe. Aber sagt doch selbst, kann man denn mit einem Loch im Kopf hüpfen?« (SW, Bd. 13, S. 115). Und so geht es dann weiter. Die Spielsachen klagen sich gegenseitig ihr Leid und tauschen sich über Jania und die durch sie verursachten Schäden aus.

Das Buch beklagt ebenfalls, dass Jania mit ihm nicht besonders pfleglich umgegangen sei. Der Puppe fehlen sogar schon ein Auge und ein Arm usw. Wie beendet Korczak diese Fabel? »Und alle Spielsachen beklagten sich und waren auf Jania wütend, obwohl Jania ein ganz liebes und gutherziges Mädchen ist, sie kann eben nur nicht ihre Spielsachen in Ordnung halten« (SW, Bd. 13, S. 115). Was tut der junge Autor hier? Was möchte er den Kindern mit dieser Fabel zeigen oder vermitteln? Oder will er sie nur unterhalten und amüsieren?

Wahrscheinlich von allem etwas. Korczak verpackt die Botschaft dieser Fabel in eine amüsante und entwicklungsgemäße literarische Form, in einen »Dialog der Spielsachen«. Er nutzt die Tatsache, dass in der frühen Kindheit die Grenzen zwischen Realität und Imagination teils noch verschwommen sind, und gestaltet seine kurze Fabel dementsprechend. Charakteristisch für ihn ist jedoch, dass er sie nicht mit erhobenem Zeigefinger beendet, ganz im Gegenteil: Jania wird zum Schluss als ein »ganz liebes und gutherziges Mädchen« beschrieben und insofern wird wieder eine Lanze für sie gebrochen. Psychologisch betrachtet, würden sich also Kinder, auf die diese Verhaltensweisen von Jania zutreffen, nicht von der Geschichte abwenden, sondern sich mit Jania und zum Teil auch mit den Spielsachen identifizieren. Dabei würden sie sowohl unterhalten als auch zum Nachdenken über die Pflege und Aufbewahrung von Spielsachen angeregt werden – so wohl der dahinterstehende Gedanke Korczaks. Auch im später von ihm geleiteten Waisenhaus Dom Sierot legte Korczak großen Wert auf Ordnung, Sauberkeit sowie Wertschätzung und Pflege des Eigentums der Kinder, wofür alle gemeinsam die Verantwortung trugen (→ Kap. 4.2).

Pädiatrische Arbeiten zur Säuglingspflege (1909–1911)

Bereits früh, schon gegen Ende seines Medizinstudiums, verfasst Korczak gesundheitspolitische Artikel. Seine pädiatrischen Schriften zur frühen Kindheit, zum Säuglings- und Kleinkindalter, stammen vor allem aus den Jahren 1909–1911, d. h. aus seiner Zeit als Kinderarzt im Berson-Bauman-Spital in Warschau. Die meisten Beiträge erscheinen in pädiatrischen und volksbildnerischen Zeitschriften (SW, Bd. 8, S. 79–136). Diese frühen Arbeiten haben insbesondere die Säuglingspflege zum Thema, was nicht verwundert, denn zur damaligen Zeit herrschte eine hohe Kindersterblichkeit und die Ärzte suchten nach Mitteln und Wegen, um diese zu reduzieren.

Korczak signiert seine in den Zeitschriften »Medizin und ärztliche Chronik« oder »Pädiatrische Rundschau« erschienenen medizinischen Beiträge mit »H. Goldszmit«, also seinem ursprünglichen Namen. Sie tragen Titel wie »Kleinkindwaage in der privaten Praxis« (1909), »Die Bedeutung des Stillens von

Kleinkindern« (1910), »Stilltechnik bei Säuglingen« (1910), »Die Wandlung in den Auffassungen zur natürlichen Ernährung im Verlauf von vier Jahren« (1910), »Der Sonntag des Arztes« (1911) oder »Ein Beitrag zur Technik der Säuglingsuntersuchung« (1911). Bereits an den genannten Titeln lässt sich sein Interesse an der Verbesserung der Lebensumstände und Entwicklungsbedingungen für Kinder dieser Altersgruppe ablesen. Ein gemeinsamer Tenor der Arbeiten ist das Lob der natürlichen Ernährung, d. h. der Muttermilch, die er gegen andere Methoden wie Fertignahrung oder Ernährung des Säuglings durch Ammen verteidigt.

In Bezug auf die Bedeutung der Muttermilch und des Stillens von Säuglingen beruft er sich auf die zur damaligen Zeit einschlägigen und zukunftsweisenden Erkenntnisse unterschiedlicher medizinischer Koryphäen. Er spricht sich gegen eine Legendenbildung aus, die Muttermilch für schädlich hält (vgl. SW, Bd. 8, S. 87). Insbesondere wendet er sich dabei an die polnische Bevölkerung und bedauert, dass die internationalen Erkenntnisse zur natürlichen Ernährung mit Muttermilch im eigenen Land noch nicht solche Anerkennung erfahren hätten (vgl. SW, Bd. 8, S. 119). Muttermilch sei gewissermaßen die »sauberste und nahrhafteste« Milch, habe ein einzigartiges Eiweiß sowie »keimtötende Eigenschaften und verdauungsfördernde Fermente« (SW, Bd. 8, S. 87). In seinen Artikeln erweist er sich als ein klarer Verfechter der natürlichen Ernährung (vgl. SW, Bd. 8, S. 90). Interessanterweise nimmt er damit Erkenntnisse der aktuellen medizinischen Forschung zur Muttermilch vorweg, deren Bedeutung heute nicht mehr angezweifelt wird.

Korczak befasst sich in seinen Texten demgemäß auch mit dem Stillen und der Stilltechnik. Über die Frage, ab wann, wie häufig und wie lange gestillt werden solle, gab es schon damals heftige Diskussionen. Der junge Arzt wendet sich gegen strikte Anweisungen, rät zur Flexibilität und zur Verwendung der Waage als wichtiges Hilfsmittel für die natürliche Ernährung. Ohne Säuglingswaage seien alle Bemühungen umsonst. Die Waage gebe Auskunft darüber, wie viel der Säugling tatsächlich zu sich genommen hat, jenseits von Spekulationen. Sie sei daher für den Arzt ein wichtiges, objektives Instrument, um davon ausgehend den Säugling weiter zu untersuchen und Schlüsse zu ziehen bzw. Empfehlungen auszusprechen (vgl. SW, Bd. 8, S. 81 ff.; S. 112).

Korczak geht auch auf die Säuglingsberatung ein. Letztere könne für den Arzt »ein Lichtblick, ein Feiertag« sein und er spricht dabei vom Säugling als dem »dankbarste[n] Patient[en] der ganzen Internistik« (SW, Bd. 8, S. 120). Denn es gehe darum, die »normale Entwicklung des künftigen Menschen« (SW, Bd. 8, S. 120) zu lenken und zu unterstützen, also zur Gesunderhaltung von Kindern beizutragen, und nicht darum, Krankheiten zu heilen (vgl. SW, Bd. 8, S. 120).

Schließlich hat er eine Vision: »Es ist Sonntag. Nachmittag. In allen Spitälern der Stadt, in den Wartezimmern der Ärzte in Kleinstädten und Dörfern – führen Hunderte von Mitgliedern der Liga zur Durchsetzung natürlicher Ernährung – kostenlose Beratungen für Säuglinge durch« (SW, Bd. 8, S. 120). Bei der Fürsorge für den Säugling gehe es um die Senkung der Sterblichkeit, aber auch um die Reduzierung von Krankheiten und Behinderungen bei Kindern (vgl. SW, Bd. 8, S. 122): »Ein Kind hat das Recht auf Fürsorge nicht nur als statistische Zahl, sondern als Individuum, nicht nur im Namen des Allgemeinwohls, sondern auch im Namen der Würde des einzelnen Menschen« (SW, Bd. 8, S. 122). Korczak macht weitere Vorschläge, die letztlich alle eines zum Ziel haben: die Bedeutung der natürlichen Ernährung und der damit verbundenen Stillmethoden bewusst zu machen, und zwar zum Wohle des Kindes, damit es sich davon ausgehend besser entwickeln kann.

In seinem »Beitrag zur Technik der Säuglingsuntersuchung« aus dem Jahr 1911 geht er dann noch auf die grundsätzliche Frage ein, auf welche Art und Weise Ärzte sich bei der medizinischen Untersuchung Säuglingen gegenüber zu verhalten haben. Zunächst einmal sei jeder richtige Arzt auch immer ein Psychologe, der einen Säugling aufmerksam beobachten und langsam kennenlernen müsse. Der Arzt soll sich – so Korczak – mit dem Säugling bekannt machen und eine Art »Small Talk« betreiben, damit das Baby sich an ihn gewöhnt. Hierbei sei es wichtig, auf die Gestik und Mimik bzw. die nonverbalen Zeichen der Säuglinge zu achten. Bei einem älteren Säugling müsse man »Ausdrücke verwenden, die er versteht« (SW, Bd. 8, S. 134). Korczak lässt sich hier als ein früher Verfechter einer »an das Kind gerichteten Sprache« (KGS) verstehen (vgl. Szagun 2010, S. 174). Bei dieser wird so gesprochen, dass es der Entwicklung von Kindern entspricht, z. B. durch langsameren Rhythmus, höhere Tonlage und spezielle Betonung einzelner Wörter. Ferner dürfe der Arzt die Untersuchung weder mit kalten Händen noch mit schnellen Bewegungen durchführen, die das Kind erschrecken könnten: »Bevor sich der Arzt mit dem kleinen Kranken nicht bekannt gemacht hat – sollte er die Finger von ihm lassen« (SW, Bd. 8, S. 133). Korczak stellt abschließend fest, dass der Kinderarzt Säuglinge erfolgreich untersuchen könne, wenn er es nicht versäume, »mit dem Säugling Freundschaft zu schließen« (SW, Bd. 8, S. 136).

Bereits in diesen sozialmedizinischen Schriften zur Untersuchung, Pflege und Ernährung von Säuglingen klingen bei Korczak teils auch poetische Formulierungen und eine phänomenologische Betrachtungsweise an – ein Versuch, sich in die Lebenswelt von Säuglingen hineinzuversetzen. So spricht er beispielsweise davon, dass der Säugling »gewisse Erscheinungen als gute Geister – vorsichtiger ausgedrückt – als wohltuende, fürsorgliche Kräfte, andere als böse, feindliche« (SW, Bd. 8, S. 132) beurteilt, eine Ausdruckweise, die er einige Jahre später, 1914, in »Bobo« erneut verwendet.

Bobo (1914)

In der Schrift »Bobo«, die den Untertitel »Studie – Erzählung« trägt (SW, Bd. 3, S. 7–25), kommt Korczaks Interesse für Säuglinge und Kleinkinder am deutlichsten zum Ausdruck. In einer narrativ-poetischen Sprache zeichnet er die Wahrnehmungswelt und Entwicklung eines exemplarischen Babys in seinem ersten Lebensjahr nach. In dieser kurzen Erzählung verdichten sich Korczaks Gedanken zur Gefühlswelt eines Säuglings. Es ergeben sich Parallelen zur heutigen Entwicklungspsychologie sowie zur Säuglings-, Hirn- und Bindungsforschung. Was diese Forschungsrichtungen erst Jahrzehnte später unter Berufung auf empirische Studien belegen konnten, hat Korczak bereits 1914 in einer poetischen Sprache vorweggenommen.

Mithilfe von starken, einprägsamen Metaphern nähert sich Korczak in »Bobo« dem Wesen eines Säuglings. Er versucht sich in diesen imaginär hineinzuversetzen, ihn aus der Innenperspektive zu beschreiben und diese Sichtweise seiner Leserschaft nahezubringen. Von den frühesten nebelhaft-verschwommenen Wahrnehmungen bis zum ersten Wort beschreibt er die Entwicklung eines Säuglings und stellt damit Bobos schrittweises Erschließen der Welt dar. Diese narrative Studie lässt sich als eine Fortführung von Arbeiten wie Korczaks »Beitrag zur Technik der Säuglingsuntersuchung« (SW, Bd. 8, S. 129 ff.) verstehen. Das Leben eines Säuglings liefere im Grunde Stoff für einen vielbändigen Roman (vgl. SW, Bd. 3, S. 10), einen solchen wolle jedoch keiner lesen und drucken, und so konzentriert er seine Geschichte auf siebzehn Seiten. Der Arzt scheint in diesem Text ebenso hindurch wie der Pädagoge und der Poet. Korczak erweist sich hiermit auch als ein Vorläufer von Säuglingsforschern wie Daniel N. Stern, der in seinem »Tagebuch eines Babys« (1991; engl.: »Diary of a Baby«, 1990) der inneren Wahrnehmungs-, Gefühls- und Denkwelt eines Babys (»Joey«) ein ganzes Buch gewidmet hat.

Korczak nennt den Säugling, über den er diese Erzählung schreibt, »Bobo«. Bobo ist also das exemplarische Kind, das stellvertretend für andere steht: andere Babys, andere Menschen – eigentlich für alle Menschen. Das Wunder des Lebens beginne nicht erst mit Bobos Geburt. »Längst hat sein Herz die Arbeit aufgenommen, die niemals enden wird, die Bobos Herz dem Herzen seines Sohnes, Enkels und Urenkels weitergeben wird, wie Bobo das Herz des Großvaters und Urgroßvaters empfangen hat« (SW, Bd. 3, S. 11). Korczak betont hier wie auch an anderen Stellen die Generationenkette und die Veranlagung. Auch macht er sich Gedanken über Bobos Leben vor der Geburt und beschreibt ihn beinahe so, als wäre er eine Wiedergeburt, als hätte er bereits längst, jedoch nur in anderen Formen existiert (vgl. SW, Bd. 3, S. 11). Sehr eindrucksvoll schildert er Bobos Geburt bzw. seinen ersten Atemzug: »Leg den Finger auf die Lippen und schweig, denn du siehst ein Wunder. Versuche, möglichst wenig zu tun, weil du nichts weißt, weil du nichts verstehst – du hegst und erwägst deinen eigenen Zweifel, und ein dichter Wald von Fragen ohne Antworten und von Problemen wächst empor« (SW, Bd. 3, S. 12). Im Anschluss daran beschreibt er den Schlaf des Babys, seine ersten Wahrnehmungen, seine Gedankenbilder und Gefühle.

Die erste Phase von Bobo nach der Geburt sei eine Art Schlaf: Es gebe einen schwarzen und toten Schlaf, wenn nichts geschieht, und einen braunen und leisen, wenn etwas geschieht (vgl. SW, Bd. 3, S. 12). Bobo müsse sich erst einmal von der Geburt erholen, aber »unter seiner Schädeldecke, im Gehirn« würden bereits die ersten »Gedankenbilder« entstehen, für die Korczak folgende Worte findet: »sonderbare Schmetterlinge, aus einem feinen Gespinst gewirkt, über das farbige Bilder hingleiten, wechselnd von Station zu Station, sich zu Familien und Völkern verflechtend« (SW, Bd. 3, S. 13). Fast zärtlich beschreibt er, was der Hirnforscher Wolf Singer (2003) als »Verknüpfungsarchitektur der Nervenstränge« (S. 97) bezeichnet hat.

So ungelenk und ungeschickt Bobo die Milch anfangs noch trinke, so dürfe uns dies nicht darüber hinwegtäuschen, dass wir ein Wunder vor uns haben und dass er mehr vermag »als die raffinierteste Maschine« und »doch viel, viel weniger als ein Küken, das, kaum aus dem Ei geschlüpft, der Mutter hinterherläuft und schon ein Korn pickt; weniger als eine winzige Raupe, die bedächtig über das Blättchen einer Waldpflanze gleitet« (SW, Bd. 3, S. 14). Korczak spricht hier die physische Hilflosigkeit, Abhängigkeit und Verletzlichkeit des Säuglings an, der noch lange unseren Schutz sowie unsere Wärme und Fürsorge benötigt, das, was ihn nach Adolf Portmann (1956) – auch im Vergleich zu verschiedenen Tierarten – zum »›sekundäre[n]‹ Nesthocker« (S. 55) macht. Ohne die Liebe und Unterstützung von Erwachsenen ist der Säugling nicht lebensfähig und kann nicht selbständig werden.

Auf der anderen Seite betont Korczak den Genius, der in jedem Kind steckt: »Wie ein Blitz durchläuft Bobo die Jahrhunderte und Jahrtausende der Entwicklung menschlichen Denkens. Nicht mehr lange, und er übertrifft das schlauste Tier und beginnt – physisch labil, hilflos, was das Leben angeht – sich durch den Geist mit dem Genius des Menschengeschlechts zu verbrüdern« (SW, Bd. 3, S. 15). Bereits in seinem »Beitrag zur Technik der Säuglingsuntersuchung« geht er auf den Genius des Kindes ein.

> »Mir ging es nur darum, darauf hinzuweisen, dass sich der Pädiater durch die Hilfslosigkeit und das Unvermögen eines Säuglings nicht beirren lässt. Selbst der jüngste Säugling, der noch unbeholfener als ein Käfer ist, der vorsichtig über ein Hälmchen krabbelt – hat bereits Fünkchen des menschlichen Genius in sich. Wenn man das allerdings nicht berücksichtigt, kann man Fehler begehen« (vgl. SW, Bd. 8, S. 135).

Korczak lenkt uns auf den Geist, den Verstand und die Wahrnehmung des Säuglings, die ununterbrochen arbeiten. Durch den Verweis auf die Gehirntätigkeit will er offenbar damals landläufige Auffassungen vom schlafenden Verstand des Säuglings korrigieren: »Aber keines Menschen Verstand ist in keiner Lebensphase so wach wie Bobos in der jetzigen. [...] Bobos Verstand arbeitet in der Stille mit unheimlicher Stärke; und nichts, was heute in ihm ist, gleicht dem von gestern« (SW, Bd. 3, S. 15). Auf diese Weise möchte er seinem Lesepublikum vermitteln, dass Säuglinge aktiv sind, auch wenn ihr Verstand zunächst »zu schlafen« scheint. Ergebnisse der Hirnforschung nimmt Korczak somit in einer eindrücklichen Sprache vorweg. Statt wie heute von Synapsenbildung, Neuronen und der Plastizität des Gehirns zu sprechen, verwendet er allgemeinverständliche Metaphern, um auch Laien über die enormen Leistungen des Gehirns und die besondere Aufnahmefähigkeit von Kleinkindern aufzuklären.

Damit einhergehend bezeichnet Korczak das Kind immer wieder als Forscher. Der Forschergeist des Kindes arbeite unermüdlich, er ruhe nie und sei nie untätig, selbst im Schlaf nicht. Jeden Tag ändere sich Bobos Geist, jeden Tag mache er neue Fortschritte. Die Neugier des Kindes sei sehr groß. Mehrfach findet dabei das Wort »Erstaunen« Verwendung, etwa wenn der Säugling auf einmal sehen kann und dabei von den vielen Reizen der ihn umgebenden Welt überflutet wird. An dieser Stelle beginnt Bobos Leben als Forscher, als jemand mit einem unbändigen Wissensdurst. Es ist der Ausgangspunkt für die unablässige Arbeit von Bobos nicht ruhendem Verstand.

Bobos Lernprozess beschreibt Korczak als eine große Reise: »Die Straße mit ihrem Lärm, der Garten mit seinem Grün, fremde Wohnungen und fremde Gestalten, das sind ferne, unbekannte Länder, die er auf langen, mehrjährigen Reisen besucht« (SW, Bd. 3, S. 23). Durch seine »Forschungsreisen« lernt Bobo immer mehr, er differenziert sein Wissen, wundert sich, rätselt und bastelt sich ein erstes Weltbild zusammen (vgl. SW, Bd. 3, S. 19). Korczaks Bobo entwirft und verwirft Theorien und Gedankengebäude und bildet so seine Weltsicht. Der Entwicklungspsychologe Martin Dornes, Autor des Buches »Der kompetente Säugling« (1993), äußerte sich hierzu in einem Gespräch mit Donata Elschenbroich.

> »In diesem Sinne ist der Säugling wirklich wie ein Wissenschaftler, der getrieben ist von dem Bedürfnis nach geistiger Durchdringung und Erfassung der Welt. Säuglinge testen schon in ihrer frühen Exploration eines Objekts Hypothesen über die Welt. Ein Säugling kann ein Mobile, das mit einem Bändel an seinem Fuß verbunden ist, durch eine Beinbewegung in Gang setzen. Nach verschiedenen Durchgängen bemerkt er, dass er es ist, der das Mobile bewegt. Diese Erkenntnis elektrisiert ihn förmlich, und er probiert es immer wieder. Man kann nun das Experiment verändern und das Bändel am anderen Fuß befestigen. Was er gerade über die Welt gelernt hatte, funktioniert nun nicht mehr! Er probiert weiter. Nach kurzer Zeit bemerkt er, dass es mit dem anderen Fuß geht, und beginnt von Neuem. Das Entscheidende dabei ist: Der Säugling macht eine Kontingenzerfahrung. Er bemerkt einen Zusammenhang zwischen dem, was er tut, und dem, was sich in der Welt verändert.« (Dornes, zit. nach Elschenbroich 2005, S. 46 f.)

Korczak beschreibt außerdem, wie Bobo sein Gesicht der Mutter zuwendet, wie er an ihrer Brust saugt und ihre Liebe verspürt (vgl. SW, Bd. 3, S. 13). Alles wolle das Baby aufsaugen und mit seinem Mund erfahren. Er führt aus, wie Bobo die Welt mit seinem Mund erforscht – nicht nur, um zu saugen und Muttermilch zu trinken, sondern, um die Welt kennenzulernen: »Ein anderes Mal, ein wenig später, fiel ein breiter warmer Sonnenstrahl auf sein Kissen. Bobo fing an, ihn zu suchen und die Lippen zu bewegen, er wollte die Brust der Sonne erhaschen, wollte Sonne saugen. Ein andermal, bedeutend später, wollte Bobo, als die Kinderwärterin ein Wiegenlied summte, das Lied saugen« (SW, Bd. 3, S. 13). Korczaks Einsichten sind mittlerweile von der Entwicklungspsychologie bestätigt worden. Das Saugen beispielsweise ist ein bedeutendes motorisches Verhaltensmuster bei Neugeborenen und Säuglingen in den ersten Wochen und Monaten und ein wichtiger Verhaltensindikator (vgl. Rauh 2008, S. 164 f.):

> »Die Veränderung in den spontanen Saugschüben des Kindes als Reaktion auf einen (vertrauten oder neuen) Stimulus ist ein Indikator für Erregung oder Langeweile. Nach einem ersten aufmerksamen Zuwenden zum Stimulus (Orientierungsverhalten) ohne Saugen ›verdaut‹ das Kind die neue Information durch heftige Saugstöße. Noch beliebter ist die direkte Kopplung der Saugaktivität an einen Stimulus, so dass das Kind sich ein Bild oder eine Bilderfolge, einen Ton oder eine Tonfolge und Sprachlaute selbst ›herbeisaugen‹ und so sein steigendes oder sinkendes Interesse an diesem Ereignis ausdrücken kann.« (Rauh 2008, S. 165)

Korczak zeichnet ferner nach, wie Bobo seiner Hände gewahr wird, und zwar nicht im Sinne eines bewussten Wahrnehmens, sondern indem er merkt, dass diese ihm wie ein »brüderlicher Schatten« (SW, Bd. 3, S. 17) zu Diensten sind, ihm beim Erreichen von Zielen, wie etwa beim Greifen nach einem Gegenstand, behilflich sind. Doch er bezeichnet nicht nur Bobos Hände als gute Kräfte, sondern zeigt auch auf, wie der Säugling neu entdeckte Gegenstände in seiner Umgebung als »gut« oder »böse« einstuft und wie er sich hierzu bei der Mutter rückversichert. Bobo wolle, »ehe er Vertrauen fasst, herausfinden, ob da ein guter oder böser Geist erschienen ist, und er sieht die Mutter erstaunt, prüfend und fragend an« (SW, Bd. 3, S. 20). Aus bindungstheoretischer Sicht kann das so beschrieben werden: »Im Ausdruck und in der Reaktion der Bindungsperson erkennt ein kleines Kind, wie sein Verhalten emotional beurteilt wird« (Grossmann/Grossmann 2007, S. 158).

Schließlich gibt es noch weitere »gute Geister«. Allen voran seine nächsten Bezugspersonen: die Eltern. Diese guten Geister gilt es stetig zu erforschen und ihr gegenseitiges Verhältnis zu verstehen (vgl. SW, Bd. 3, S. 22). Sehr interessant dabei ist, dass Korczak die asymmetrische Erwachsenen-Kind-Beziehung umdreht: Nicht die Erwachsenen erziehen das Kind, sondern das Kind erzieht *uns,* die Erwachsenen. Wenn es etwa Geschrei einsetzt oder Worte, kann es uns lenken und beschwören. Das seien die Mittel des Kindes, um die Erwachsenen zu beeinflussen. Wie auch in anderen Texten vollzieht Korczak damit einen Wechsel der Blickrichtung. Zwar vertraut Bobo seinen guten Geistern, etwa seiner Mutter, zunächst »rückhaltlos und glaubt an ihre Unfehlbarkeit« (SW, Bd. 3, S. 20), doch auch »die guten Geister haben ihre Mucken, man muss alle ihre Taten vorsichtig beobachten, man muss sich die Geister erziehen, damit sie Bobo gänzlich zu Willen sind« (SW, Bd. 3, S. 23). Der Begriff »gute Geister« drückt dabei die Qualität der Bindungsbeziehung zwischen dem Kind und seinen Eltern aus. Die »guten Geister« werden ihrem Namen gerecht, wenn sie gut sind und bleiben bzw. ihrem Kind das Gefühl geben, »eine liebenswerte, aber auch eigenständige Person« (Grossmann/Grossmann 2007, S. 170) zu sein. Dass sie dem Kind außerdem beim schwierigen und anstrengenden Aufwachsen zur Seite stehen und feinfühlig reagieren, dass es sich schließlich auf sie verlassen kann bzw. dass es eine sichere Bindungsbeziehung erfährt, wird heute auch als eine wichtige Voraussetzung für die Moralentwicklung sowie für die Gestaltung eigener späterer Liebesbeziehungen gesehen (vgl. Grossmann/Grossmann 2007, S. 170 f.).

Korczak beendet seine Studie folgendermaßen: »Bobo kann stehen, ganz allein. Er triumphiert ... Bobo, Bobo, mit welch erschreckender Vertrauensseligkeit gehst du dem Leben entgegen ...« (SW, Bd. 3, S. 25). In diesem Satz deutet der zu diesem Zeitpunkt schon lebenserfahrene, über 35-jährige Korczak auch die Schwierigkeiten und Hindernisse an, denen das Kind auf seinem Lebensweg noch begegnen wird. Die großen Triumphe für das Kind, z. B. das aufrechte, selbständige Stehen und Gehen, die ersten Worte, sind erst kleine Schritte auf dem komplizierten Weg namens »Leben«, den man »ganz allein zurücklegen« muss (SW, Bd. 3, S. 16) und zu dem wohl doch eine Portion »erschreckender Vertrauensseligkeit« gehört.

Das Kind in der Familie (1919)

»Das Kind in der Familie« ist 1919 als erster Teil der Tetralogie »Wie liebt man ein Kind« in Warschau erschienen. Korczak hat diesen Text wohl größtenteils unter besonderen Umständen geschrieben: als Lazarettarzt, nach seiner Einberufung ins Militär während des Ersten Weltkriegs. Davon zeugt u. a. seine der zweiten Auflage im Jahr 1929 hinzugefügte Notiz: »Ich schrieb dieses Buch im Feldlazarett, unter dem Donner der Geschütze, im Krieg« (SW, Bd. 4, S. 115). In »Das Kind in der Familie« beschreibt Korczak das (Alltags-)Leben und die Entwicklung des Kindes in der Familie, und zwar von der Geburt bis zur Pubertät. Hiermit erweitert er einerseits die in »Bobo« gewählte Perspektive, die sich auf das frühe Säuglings- und Kleinkindalter beschränkt hat, andererseits richtet er sich ausdrücklich an die Familie und insbesondere an die Mütter, die er auch direkt anspricht. Trotzdem läge man falsch, dieses Buch als Erziehungsratgeber zu bezeichnen. Gleich zu Beginn mahnt Korczak seine Leserschaft:

> »Wenn du rasch umblätterst – Vorschriften und Rezepte suchst und dich ärgerst, dass es so wenige sind – wisse, falls es da Ratschläge und Hinweise gibt, entspricht das nicht dem Willen des Autors. Ich weiß nicht und kann nicht wissen, wie mir unbekannte Eltern unter unbekannten Bedingungen ein mir unbekanntes Kind erziehen können – ich betone – können, nicht – wollen, und auch nicht – sollen.« (SW, Bd. 4, S. 10)

Diese Haltung des »Ich weiß nicht« in Bezug auf das Kind wird besonders betont und zieht sich von da an durch das ganze Werk Korczaks hindurch (→ Kap. 3.1; Kap. 3.2). Korczak veranschaulicht dies in den ersten Kapiteln, in denen es um das Säuglings- und Kleinkindalter geht. Hierzu zieht er Beispiele aus dem Alltagsleben und aus der Begegnung mit Müttern und Kindern während seiner Tätigkeit als praktischer Arzt heran. Er pflegt einen dialogischen Schreibstil, indem er die angesprochene Mutter in ein Gespräch über das von ihr geborene Kind verwickelt. Dabei klärt er auf, ohne zu belehren. Insbesondere widmet er sich der Beziehung zwischen Mutter und Kind, den Aufgaben der Mutter bzw.

den Schwierigkeiten, denen sie beim Umgang mit ihrem Kind begegnen wird. Eine große Bedeutung misst er hierbei der eigenen mütterlichen Erfahrung bei. Er ruft sie dazu auf, ihr Kind genau zu beobachten und sich nicht auf fremde Meinungen zu verlassen. Sie soll es sich auch nicht einfach machen und das Kind abgeben, wenn es schwierig wird, z. B. wenn sie dadurch schlaflose Nächte hat, denn die Erziehung eines Kindes sei keine »Spielerei« (SW, Bd. 4, S. 21):

> »Verzichte nicht auf diese Nächte. Sie können dir geben, was kein Buch, kein guter Rat zu geben vermögen. Hier liegt nämlich das Wesentliche nicht nur im Wissen, sondern in einem tiefen seelischen Umschwung, der dich nicht zu nutzlosen Überlegungen zurückkehren lässt: was sein könnte, was sein sollte, was gut wäre, wenn doch …, sondern dich lehrt, unter den gegebenen Bedingungen zu handeln. Während dieser Nächte wird vielleicht ein wunderbarer Verbündeter geboren, ein Schutzengel des Kindes – die Intuition des mütterlichen Herzens, jene Hellsichtigkeit, die beruht auf: forschendem Willen, aufmerksamer Überlegung und einem ungetrübten Gefühl.« (SW, Bd. 4, S. 22)

Korczak spricht damit das an, was heute als Feinfühligkeit im Umgang mit einem Kind oder als »sensitive Responsivität« (vgl. Remsperger 2011) bezeichnet wird: die Fähigkeit, die Interaktionssignale eines Kindes zu beobachten, zu deuten und sie angemessen zu beantworten. Was tut Korczak, wenn er sich auf diese Weise an die Mutter richtet? Ausgehend von seinen Erfahrungen als Arzt appelliert er an das Selbstbewusstsein der Mutter und zeigt ihr die Bedeutsamkeit ihrer Aufgabe auf. Er bestärkt sie auch darin, sich nicht auf Lehrbuchwissen, sondern auf die eigene Intuition zu verlassen – beruhend auf selbst gesammelten Beobachtungen des Kindes. Auch in diesem Text geht er auf Fragen der Ernährung, des Schlafes, der Bekleidung und der Entwicklung von Kindern ein. Er widerlegt Vorurteile bzw. Halbwissen und klärt auch über Krankheiten auf.

Mithilfe plastischer Beispiele zeichnet er, wie bereits in »Bobo«, Entwicklungsprozesse nach, um die Verhaltensweisen von Säuglingen zu erläutern. Manchmal wird er dabei sehr deutlich, etwa wenn er schreibt: »Wann sollte das Kind laufen und sprechen? Dann, wenn es läuft und spricht. Wann sollten die Zähne durchbrechen? Genau dann, wenn es geschieht […]. Und der Säugling sollte so viele Stunden schlafen, wie er braucht, um ausgeschlafen zu sein« (SW, Bd. 4, S. 44). Wie bereits weiter oben ausgeführt, hütet Korczak sich davor, Kinder allgemein zu betrachten bzw. allgemeingültige Regeln für die Entwicklung aufzustellen. Vielmehr thematisiert er bereits in »Das Kind in der Familie« die Selbstbestimmung von Kindern und ihre große Diversität. Sein spezielles »Bild vom Kind« (→ Kap. 3.2), das keineswegs statisch, sondern von einer fragenden Haltung geprägt ist, scheint hier bereits durch.

Korczak geht in diesem wichtigen Text auch auf Fragen zur Erziehung ein, denen er in seiner ärztlichen Praxis öfter begegnete. Vor allem ist diese Schrift jedoch durch einen bedeutenden Abschnitt über ein von ihm gefordertes »Grundgesetz für das Kind« (SW, Bd. 4, S. 45) bekannt geworden, welches sich in dem Teil des Buches befindet, der sich mit dem Kleinkindalter befasst. Dort führt Korczak seine Grundrechte für das Kind auf: »1. Das Recht des Kindes auf den Tod. 2. Das Recht des Kindes auf den heutigen Tag. 3. Das Recht des Kindes, das zu sein, was es ist« (SW, Bd. 4, S. 45). In der zweiten und letzten zu seinen Lebzeiten erschienenen Auflage (1929) fügte er das Recht des Kindes hinzu, »seine Gedanken auszusprechen und aktiven Anteil an unseren Überlegungen und Urteilen in Bezug auf seine Person zu nehmen«, und bezeichnete dieses Recht als »das erste und unbestreitbare Recht des Kindes« (SW, Bd. 4, S. 45).

Auf diese Grundrechte und das über allem stehende »Recht des Kindes auf Achtung« wird später noch eingegangen (→ Kap. 3.2; Kap. 4.1; Kap. 4.2). Es sei jedoch nicht vorenthalten, dass besonders das »Recht des Kindes auf den Tod«, welches Korczak im weiteren Verlauf seines Textes selbst erläutert, viele Missverständnisse nach sich gezogen hat. An dieser Stelle nur so viel dazu: Korczak bezog sich damit in erster Linie auf die damals vorherrschende, oftmals übertriebene Behütung bzw. Überbehütung von Kindern, die auf der Angst vor Krankheiten und damit zusammenhängend vor früher Kindersterblichkeit sowie vor anderen Gefahren beruhte. Komprimiert drückt er dies in folgendem Satz aus: »Aus Furcht, der Tod könnte uns das Kind entreißen, entreißen wir das Kind dem Leben; wir wollen nicht, dass es stirbt, und erlauben ihm deshalb nicht zu leben« (SW, Bd. 4, S. 49).

»Hinter dem ›Recht des Kindes auf den Tod‹ – was in der Radikalität seines Anspruchs zunächst befremdet – steht in Wirklichkeit Korczaks großes Engagement für ein glückliches, erfahrungsammelndes Leben des Kindes«, so Friedhelm Beiner (2008, S. 25) in »Was Kindern zusteht. Janusz Korczaks Pädagogik der Achtung«. Dort heißt es weiter: »Das Recht des Kindes auf den Tod ist als konsequente Forderung Korczaks nach Eigenständigkeit und Selbstbestimmung, also nach personaler Freiheit zu verstehen« (Beiner 2008, S. 27; vgl. Dietermann 2019). Korczak selbst kommentiert dieses Recht noch an weiteren Stellen, z. B. in »Das Recht des Kindes auf Achtung«: »Der Arzt hat das Kind dem Tod entrissen, die Aufgabe des Erziehers ist es, ihm das Leben zu gewährleisten, ihm das Recht zu verschaffen, Kind zu sein« (SW, Bd. 4, S. 412).

Schließlich geht er in »Das Kind in der Familie« auf weitere Altersgruppen ein, wobei er sich der Entwicklung des Schulkindes bis zum Jugendlichen zuwendet und unterschiedliche Erziehungsmilieus beschreibt. Im selben Jahr (1919) erscheint der Text »Erziehungsmomente«, der – wie gleich zu sehen sein wird – für die frühe Kindheit ebenfalls hochrelevant ist.

Erziehungsmomente (1919)

Korczak wollte mit seiner Schrift »Erziehungsmomente« laut Friedhelm Beiner »angehende Erzieher für die wichtigste Aufgabe ihrer Profession sensibilisieren und sie zur Beobachtung der Kinder in unterschiedlichsten Erziehungssituationen anleiten« (SW, Bd. 4, S. 534). In diesem Text dokumentierte er seine Beobachtungen zu Kindern in verschiedenen (vor)schulischen Einrichtungen während des Ersten Weltkriegs, also in der Zeit seiner Abwesenheit vom Dom Sierot (1914–1918). Er nutzte somit während des Kriegs die ihm zur Verfügung stehende freie Zeit, um seine Pädagogik weiterzuentwickeln. Zu diesem Zweck suchte er bei einem Militärurlaub in Kiew pädagogische Orte auf, an denen er Kinder und Jugendliche beobachten konnte. Dort lernte er Maryna Rogowska-Falska kennen, die Direktorin eines Heims für sechzig polnische Jungen. Aufbauend auf seiner bereits im Dom Sierot gesammelten Erfahrung, unterstützte er sie dabei, ein System der Selbstverwaltung in ihrem Heim zu errichten (vgl. SW, Bd. 4, S. 571 f.). Auch mit anderen Pädagoginnen aus Kiew blieb er während der Kriegsphase in Kontakt. Darüber hinaus arbeitete er ein halbes Jahr als Kinderarzt in ukrainischen Waisenheimen in der Nähe von Kiew und hospitierte im Frühjahr 1918 in einem Kindergarten, der an ein polnisches Mädchengymnasium angeschlossen war (SW, Bd. 4, S. 572 f.). Auf diese Zeit bezieht sich das dritte Kapitel der »Erziehungsmomente« mit dem Titel »Helcia« (SW, Bd. 4, S. 332–350). Hier folgt nun ein kleiner Einblick in diese Beobachtungen bzw. Dokumentationen.

Korczak schwebt in den »Erziehungsmomenten« eine Art Erziehungsdiagnostik vor. Dementsprechend benennt er in der Einleitung seines Buches »Symptome«, die Erziehende erkennen müssen: »Was Fieber, Husten, Erbrechen für den Arzt, das sind Lachen, Tränen, Erröten für den Erzieher. Es gibt keine Symptome ohne Bedeutung. Man muss alles notieren und sich darüber Gedanken machen, Zufälliges beiseitelassen, Ähnliches verbinden und nach Gesetzmäßigkeiten suchen« (SW, Bd. 4, S. 321). Er äußert sich dann auch zu Sinn und Zweck dieser Schrift:

> »[Sie] ist keine Anleitung, wie man entsprechende Studien führen sollte, sondern ein Dokument dafür, wie schwer es ist, mit Worten das anschaulich wiederzugeben, was man visuell erfasst hat; sie ist Ausdruck dafür, wie

> folgenschwer es ist, wenn ich etwas kommentiere – selbst wenn es falsch ist –, was ich wie eine im Vogelflug gemachte ›Momentaufnahme‹ wahrgenommen habe: entweder ein individuelles Symptom – eines Schülers oder ein generelles Symptom – einer ganzen Gruppe.« (SW, Bd. 4, S. 322)

Obschon man heutzutage weniger von Symptomen spricht, wenn von unterschiedlichen Reaktionen oder Gefühlsausdrücken von Kindern die Rede ist, sehen wir hier, woher der Titel der Schrift »Erziehungs*momente*« stammt. Worum geht es nun in »Helcia« – dieser frühpädagogischen »Momentaufnahme«?

Ort der Beobachtung ist ein Kindergarten (vgl. SW, Bd. 4, S. 332). Korczak beschreibt zunächst den Raum mit seinen Möbeln, Montessori-Materialien und Spielzeugen. Daraufhin nennt er die Akteure: fünf Kinder im Alter von drei bis sechs Jahren, darunter die dreieinhalbjährige Helcia, die er an zwei Tagen jeweils zwei bis drei Stunden lang beim gemeinsamen Spiel beobachten konnte. Das Kapitel heißt »Helcia«, weil dieses Mädchen und ihre Beziehungen zu den anderen Kindern im Mittelpunkt von Korczaks Beobachtungen stehen. Nachdem er die Kinder kurz beschrieben bzw. das notiert hat, was ihm als Charaktereigenschaften zu ihnen einfällt, gibt er seine Beobachtungen wieder. Diese beruhen vor allem auf den Dialogen der Kinder, die er jeweils stückchenweise vorstellt, mit Erläuterungen in Klammern versieht und anschließend zu deuten versucht. Durch seine Interpretationen treten die Interaktionen der am Gespräch oder Spiel beteiligten Kinder deutlich zutage. Dabei zeigen sich teilweise subtile »Rangkämpfe« zwischen der älteren, sechsjährigen Nini und der jüngeren Helcia, d. h. Eifersucht und Rivalität finden sich in nicht geringem Ausmaß (vgl. SW, Bd. 4, S. 335 f.).

Ein Beispiel: »Auf dem Fußboden Würfel. Nini: ›Ich werde *euch* ein Schiff bauen – einen Ofen – oh, einen Ofen – oh, einen Ofen auf dem Schiff.‹ Helcia: ›Kannst du so ein Schiff bauen?‹ Nini (ohne aufzuschauen): ›Kann ich.‹« (SW, Bd. 4, S. 335). Korczak deutet diese kurze Szene so:

> »Die sechsjährige Nini behandelt die Kleinen, mit denen sie spielt, von oben herab. Sie baut das Schiff nicht für sich, sondern für sie. Damit ist Helcia aber nicht einverstanden; sie will Ninis Autorität nicht anerkennen – und stellt eine taktlose Frage, auf die sie eine sie geringschätzende Antwort erhält. Kann Nini das bauen, was Helcia kann? Nini schaut gar nicht auf: Klar, sie kann das.« (SW, Bd. 4, S. 335)

In dieser Form setzt sich das dann fort. Korczak beschreibt Streit zwischen den Kindern, die ein aus Bauklötzen errichtetes Häuschen zerstören, und welche

Dynamik sich ausgehend von Eifersucht, Rivalität und Rache blitzschnell dabei entwickelt: »Ich verfolge das Drama mit atemloser Spannung« (SW, Bd. 4, S. 336). Sehr genau zeichnet er die damit einhergehende Gruppendynamik nach, indem er die Mimik, Gestik und die Dialoge minutiös dokumentiert, fast so, als hätte er eine Filmaufnahme davon gemacht. Seine schnell aufgeschriebenen Beobachtungen ergänzt er an einigen Stellen aus dem Gedächtnis und kommentiert: »Ich erinnere mich seit der Zeit meiner ersten Forschungen an Säuglingen an keine ähnlich starken Eindrücke« (SW, Bd. 4, S. 336).

Korczak muss sich bei seinen Aufzeichnungen über die »Leerstellen« geärgert haben. Da ihm kein Aufnahmegerät zur Verfügung stand, sind zwangsläufig einige »Momente« verloren gegangen: »Wieder eine leere Stelle – das ist meine Niederlage« (SW, Bd. 4, S. 340). Für den folgenden Tag überlegt er sich eine andere, effizientere Vorgehensweise: »Zuerst alle Notizen hintereinander, dann die Ereignisse in einer Art Schilderung und schließlich – der Kommentar« (SW, Bd. 4, S. 340). Korczak beobachtet also nicht nur Szenen und schreibt sie auf, sondern er kommentiert auch das Dokumentierte und danach seinen eigenen Beobachtungsprozess, dem er durchaus selbstkritisch gegenübersteht.

Der zweite Beobachtungstag fällt dann dementsprechend anders aus: In längeren Notizen dokumentiert er zunächst die Dialoge der Kinder; dann wird das Ganze wie eine Geschichte geschildert und abschließend soll noch ein Kommentar erfolgen. Korczak hält seine vorher beschlossene, ausgefeilte Struktur (vgl. SW, Bd. 4, S. 341), welche »Seminaristen« als Grundlage dienen sollte, jedoch nicht ein und gerät in ein reflektierendes Erzählen, was er letztlich nicht verwirft, denn: »Das Ergebnis ist der Beweis dafür, wie hinderlich jegliche Rahmen, Pläne, Richtlinien für ein unabhängiges Denken sind« (SW, Bd. 4, S. 350).

Im Zusammenhang mit dieser Reflexion geht Korczak auf Fragen der frühen naturwissenschaftlichen Bildung ein. Anknüpfend an ein Aha-Erlebnis von Helcia, dass ein Kreidestück, obwohl es auf den Boden gefallen und zerbrochen ist, weiter zu gebrauchen ist, schreibt er:

> »Für jeden von uns kommt im Leben der Moment, an dem man sich fragt, wo denn der Zucker geblieben ist, den man in den Tee geschüttet hat; wenn einem erklärt wird, er habe sich ›aufgelöst‹, wird da nur ein unklares Phänomen mit einem ebenso unklaren Ausdruck belegt. Man versteht den Vorgang erst, wenn man selbst mit Zucker oder Salz experimentiert hat« (SW, Bd. 4, S. 348).

Korczak stellt jedoch nicht nur Überlegungen zur frühkindlichen Bildung an, sondern zieht durch die Dialoge und Handlungen der Kinder auch Rückschlüsse auf deren Erziehung zu Hause und den Umgang der Erwachsenen mit ihnen.

Gleichzeitig zeichnet er die Entwicklung von Helcia während dieser beiden Tage nach. Es entsteht auf diese Weise ein beeindruckendes Porträt eines kleinen Mädchens, das er mit derselben Ernsthaftigkeit beschreibt, als wäre es ein älteres Kind, eine Jugendliche oder Erwachsene. Dies zeigt sich etwa im letzten Satz seines Beobachtungsprotokolls: »Nicht Helcia habe ich zwei Tage beobachtet, sondern Naturgesetze, den Menschen« (SW, Bd. 4, S. 345). Laut Beiner und Ungermann deutet diese Notiz

> »Korczaks Intention an, die hinter dem gesamten Projekt der Erfassung von *Erziehungsmomenten* steht: Einerseits geht es ihm, wie vielen seiner Zeitgenossen, die eine experimentelle Psychologie und Pädagogik entwickeln wollten, um das Aufdecken naturgesetzlicher Zusammenhänge, andererseits aber um den Menschen, um das Verstehen und die Förderung des Menschen-Kindes als Subjekt seiner Handlungen.« (SW, Bd. 4, S. 537 f.)

Darüber hinaus betont er in dieser Schrift erneut die reiche Gefühlswelt von Kindern und ruft Folgendes aus: »Was für eine großartige Schule für das Leben ist dieser ›Garten‹!« (SW, Bd. 4, S. 339), womit wohl nicht das Außengelände des Montessori-Kindergartens, in dem er hospitiert hat, sondern der Kindergarten an sich gemeint ist. Hierin kommt Korczaks Wertschätzung für den Kindergarten als Bildungseinrichtung zum Ausdruck, die imstande ist, die Kinder auf das Leben vorzubereiten, und zwar durch die verschiedenen zur Verfügung gestellten Spielzeuge und Materialien, aber vor allem durch die sich anschließenden Interaktionen der Gleichaltrigen. Außerdem erkennen wir wieder seine Achtung vor der Lebensphase der frühen Kindheit und deren »Eigenleben«, das sich im Kindergarten beobachten lässt.

Die Beobachtung und Dokumentation von Bildungsprozessen stellt heutzutage eine sehr wichtige Aufgabe der pädagogischen Fachkräfte in der Kita dar. Es gibt mittlerweile viele verschiedene Beobachtungsverfahren, teils auch passend zu den jeweiligen Bildungsbereichen (vgl. Beudels/Haderlein/Herzog 2012). Korczaks Ausführungen zu einer forschenden und beobachtenden Haltung sowie seine Beschreibungen und Hinweise zur Bedeutung von Beobachtungs- und Dokumentationsverfahren erweisen sich wiederum als vorausschauend. Dies gilt auch für seine Untersuchungen zu Freundschaftsbeziehungen und anderen Interaktionen zwischen Kindern, wie sie in den »Erziehungsmomenten« sichtbar wurden. Er kann hiermit auch als ein Vorläufer von Wissenschaftlern, wie James Youniss (1994), Robert L. Selman (1984) und Lothar Krappmann (1992) bezeichnet werden, die sich über ein halbes Jahrhundert später mit diesen und ähnlichen Fragen beschäftigt haben.

Zuneigung und Abneigung in Kindergruppen (1933/1934)

Etwa fünfzehn Jahre nach den »Erziehungsmomenten« erschienen Texte von Korczak zur »Zuneigung und Abneigung in Kindergruppen«. Er hat sich schon früh, zumindest seit seiner Zeit als Gruppenbetreuer in den Sommerkolonien, für die Kindergruppe und ihre Dynamik interessiert (→ Kap. 3.3), z. B. für Fragen wie folgende: Wie kommt es dazu, dass Kinder sich zusammentun und sich gegen das erzieherische Personal verschwören? Warum prügeln sich manche ständig? Wie lassen sich die Prügeleien, aber auch Streitereien, reduzieren? Zwischen welchen Kindern bilden sich Freundschaften? Welche Kinder können einander nicht leiden?

Korczak konnte Kindergruppen über die Sommerkolonien hinaus in unterschiedlichen Heimen beobachten, allen voran im Dom Sierot und im Nasz Dom. In diesen beiden Internaten führte er ab ca. 1920 sogenannte »Plebiszite« über Zuneigung und Abneigung durch – eine Art »Volksabstimmung« bzw. Beliebtheitsbarometer für die Kindergruppe. Anhand von Kärtchen, auf welche die Kinder »plus«, »minus« und »null« eintragen konnten, für »ich mag ihn«, »ich mag ihn nicht« und »weiß nicht«, wurde die jeweilige Beliebtheit eines Kindes, aber auch der Erwachsenen, ermittelt. Darauffolgend erhielten die Kinder Benennungen wie »Kamerad«, »Bewohner«, »gleichgültiger Bewohner« (vgl. SW, Bd. 16, S. 134 f.). Korczak nutzte die Plebiszite als Elemente der offenen Kommunikation, der Information, der Sensibilisierung, aber auch zur Selbsterziehung und Förderung der Selbstdisziplin innerhalb der Gruppe (→ Kap. 4.2).

Um die Ursachen für die Popularität unter Kindern weiter zu erforschen, führte er zu Beginn der 1930er Jahre Studien durch, die sich in erster Linie auf jüngere Kinder bezogen. Gemeinsam mit der Bursistin und späteren Psychologin Ada Poznańska wollte er mithilfe eines gruppenspezifischen soziometrischen Experiments herausfinden, was die Kinder einer Gruppe bei ihren Altersgenossen beliebt, weniger beliebt oder unbeliebt macht. Ziel war es, die »zwischenmenschlichen Emotionen [zu] erforschen« (SW, Bd. 16, S. 195). Die Ergebnisse dieser Studie wurden in zwei Aufsätzen präsentiert: »Zuneigung und Abneigung« (1933) und »Plebiszite der Zuneigung und Abneigung« (1934) – letzterer in Form eines Forschungsberichts gemeinsam mit Poznańska im »Polnischen Archiv für Psychologie«. In »Zuneigung und Abneigung« beschreibt Korczak sein Erkenntnisinteresse:

> »Was verbindet die Gruppe, was bewirkt das Gegenteil? An welchen positiven und negativen Erlebnissen haben die Kinder Anteil? Welche Werte bewirken Wohlwollen, welche Eigenschaften und welche Fehler rufen Abneigung

hervor? Was überwiegt? Ist der Mensch dem Menschen ein Wolf oder ein Bruder? Egoismus oder Altruismus? Kann man die geheimnisvolle Welt der Gefühle durchdringen und sie durch eine Zahl erhellen?« (SW, Bd. 9, S. 373)

Korczak schildert in diesem Text, dass er Untersuchungen zur Sympathie und Antipathie bei Kindern bereits seit mehreren Jahren in den Waisenhäusern durchgeführt habe, mit einer Art Stimmzettel, auf dem die Kinder abstimmen konnten, »wen sie mögen und wen nicht, bzw. wem sie gleichgültig gegenüberstehen« (SW, Bd. 9, S. 373). Dabei erwähnt er den Kindergarten »des Internats [Nasz Dom]« und die dort seit »drei Jahren«, also ca. seit 1930, ebenfalls durchgeführten Erhebungen. Hier jedoch erfolgten die Untersuchungen mündlich, d. h. durch direkte Befragung der entsprechenden Kinder. Korczak hebt außerdem die »Organisation unseres Kindergartens« (SW, Bd. 9, S. 375) hervor, die es den Kindern ermögliche, ihre Meinung uneingeschränkt zu äußern: »Es hat sich eine Tradition der Aufrichtigkeit und des absoluten Rechts auf Zuneigung und Abneigung ausgebildet. Nur unter solchen Bedingungen kann das Vergleichsmaterial von Wert sein« (SW, Bd. 9, S. 375).

Die empirische Untersuchung beruhte auf einer teils mehrfachen, parallelen Befragung von Kindern in zwei pädagogischen Vorschuleinrichtungen, wodurch Korczak weitere Aufschlüsse bezüglich der Kriterien oder Ursachen für die Zuneigung und Abneigung in Kindergruppen zu finden hoffte. In den beiden Internatseinrichtungen Różyczka und Nasz Dom fand hierzu unter den Kindern eine Art Volksabstimmung statt, deren Ergebnisse miteinander verglichen und ausgewertet wurden. Im Nasz Dom stand eine Kindergruppe mit 27 Kindern im Alter von drei bis neun Jahren zur Verfügung, in der Kolonie Różyczka eine Gruppe mit Findelkindern im Vorschulalter. Dabei handelte es sich ebenfalls um 27 Kinder, diesmal jedoch im Alter zwischen fünf und zehn Jahren. Im Nasz Dom überwogen die Sechsjährigen, in Różyczka dagegen die Sieben- bis Achtjährigen (vgl. SW, Bd. 9, S. 379).

Folgende Fragen standen im Mittelpunkt der Untersuchung: Welche Kinder mögen einander? Warum sind bestimmte Kinder beliebt und weshalb sind andere Kinder wiederum so unbeliebt? Mit welchen Kindern wird gerne Freundschaft geschlossen, welche dagegen werden von ihren Altersgenossen eher gemieden oder ignoriert? Die Studie ist eine Art soziometrisches Experiment, nach einer zur damaligen Zeit neuen Methode, bei der ausgehend von den Aussagen der Gruppenmitglieder, in diesem Falle der Kinder, Listen bzw. Tabellen in Form einer Matrix erstellt wurden.

Ohne im Detail auf die Anlage dieser empirischen Untersuchung einzugehen und diese genau zu beschreiben, seien dennoch die Vorgehensweise und die wichtigsten Ergebnisse festgehalten. Im Unterschied zu den Plebisziten im Dom Sierot und im Nasz Dom für Kinder von sieben bis vierzehn Jahren fanden die Abstimmungen bei den Kindergartenkindern der beiden Gruppen mündlich statt, indem sie beispielsweise folgendermaßen befragt wurden: »Magst du Hania, Jozio usw. oder nicht und warum?« (SW, Bd. 9, S. 377). Die teilnehmenden Kinder wurden demnach im Laufe von ein bis zwei Tagen nach ihrem Verhältnis zu anderen Kindern, aber ebenso nach ihrem Selbstbild befragt (vgl. SW, Bd. 9, S. 378). Die Ergebnisse der Plebiszite wurden aufgelistet und mittels eines differenzierten Punktesystems quantitativ ausgewertet. So entstand eine Soziomatrix – eine Beziehungstabelle, welche die Popularität der jeweiligen Kinder erkennen ließ. Dadurch konnte also festgestellt werden, wie beliebt sie in den Augen der Gleichaltrigen waren.

Hier einige ausgewählte Erkenntnisse aus dem Forschungsbericht (SW, Bd. 9, S. 404 f.) zur Studie, die Korczak und Poznańska als nicht repräsentativ, d. h. nicht auf alle Vorschulkinder übertragbar, betrachteten: Zum einen habe sich herausgestellt, dass Kinder anderen Kindern gegenüber eine »entschiedene gefühlsmäßige Haltung« einnehmen (SW, Bd. 9, S. 404). Dabei sei aufgefallen, dass sie ihre Begründungen gern verallgemeinern, z. B. durch Wörter wie »immer« und »nie« (vgl. SW, Bd. 9, S. 404). Zuneigung überwog in den gegenseitigen Beziehungen, wobei sich herausstellte, dass Mädchen insgesamt beliebter waren als Jungen. Ferner spielten bei der Einschätzung anderer Kinder intellektuelle Eigenschaften meist nicht so eine große Rolle, also ob jemand als »schlau« oder »dumm« angesehen wurde. Vielmehr nannten die Befragten andere Kriterien, um Zuneigung zu Gleichaltrigen zu signalisieren, z. B. das »[g]emeinsame Spiel und die Bereitschaft zu teilen« oder ein »ruhige[s] Naturell« (SW, Bd. 9, S. 405). Die meistgenannten Motive für Abneigung unter Kindern waren dagegen »Rauferei und alle Arten von Belästigung« (SW, Bd. 9, S. 405).

Zusammengefasst handelte es sich bei den »beliebten« Kindern um »angenehme, ruhige, gesellige Kinder« (SW, Bd. 9, S. 405), unbeliebt waren Kinder hingegen, wenn sie sich den Gleichaltrigen gegenüber aggressiv verhielten, allerdings auch solche, die durch Unehrlichkeit auffielen oder Ekel erweckten (vgl. SW, Bd. 9, S. 405). Diese Form der Netzwerkanalyse war damals noch nicht sehr verbreitet. Dementsprechend beziehen sich Korczak und Poznańska in ihrer Schrift nicht auf andere soziometrische Studien oder Schriften, wie etwa diejenigen von Jacob L. Moreno, die ebenfalls erst zu dieser Zeit erschienen sind.

Soziometrische Methoden werden bis heute verwendet, um Gruppenstrukturen zu erforschen bzw. sichtbar zu machen (vgl. Dollase 2015, S. 119 ff.). Das gilt auch für Gruppen im Elementarbereich, in denen soziometrische Beziehungen

»eine große Bedeutung« haben (Dollase 2015, S. 129). Um diese darzustellen, wird nach wie vor z. B. eine Soziomatrix erstellt – eine Methode, die sich offenbar bewährt hat. Hierbei sind alle beteiligten Kinder und deren gegenseitige Beurteilung in einer Tabelle aufgeführt. Die Beurteilung fußt auf unterschiedlichen Fragestellungen (z. B. »Mit wem aus deiner Gruppe spielst du am liebsten?«) bzw. Kriterien und kann durch das Setzen von X-Zeichen in der Tabelle gekennzeichnet werden (vgl. Barth/Bernitzke/Fischer 2014, S. 377 ff.). Darauf aufbauend können Soziogramme entstehen, welche die jeweiligen Beziehungen der Personen zueinander innerhalb eines konzentrisch aufgeteilten Kreises, beispielsweise mithilfe von Pfeilen und Positionierungen, darstellen (vgl. Barth et al. 2014, S. 377 ff.). So werden Gruppenstrukturen visualisiert, deren man sich vorher nicht bewusst war. Anschließend ist es für Erzieherinnen möglich, danach Ausschau zu halten, welche neuen Spielpartner, Freundschaften und Spielgelegenheiten sich ggf. anbahnen lassen, aber auch, mit welchen pädagogischen Maßnahmen etwa gegen eine Ablehnung durch Gleichaltrige vorgegangen werden kann (vgl. Dollase 2015, S. 134 f.).

Poznańska und Korczak sind diese Schritte nicht weitergegangen. Sie haben ihre Ergebnisse zwar in einer tabellarischen Soziomatrix festgehalten und die unterschiedlichen, teils auch stark differierenden Beziehungen der Kinder zueinander ausführlich beschrieben, aber letztlich haben sie diese nicht grafisch in Form eines Soziogramms dargestellt. Es ist auch nicht mehr ersichtlich, ob sie aus ihrer Studie pädagogische Empfehlungen für die jeweiligen Kindergruppen bzw. Einrichtungen abgeleitet haben. Ihnen ging es wohl vordringlich darum, Zuneigung und Abneigung in Kindergruppen zu beobachten, zu erkunden und zu dokumentieren.

Es wäre äußerst interessant, die damaligen Erkenntnisse mit heutigen Studien zur Sympathie und Antipathie unter Kindern zu vergleichen und eventuell Gemeinsamkeiten und Unterschiede herauszuarbeiten. Da es sich bei Emotionen wie Zuneigung und Abneigung um relativ zeitunabhängige Konstanten handelt, würde ein solcher Vergleich vermutlich trotz der großen zeitlichen Differenz ähnliche Ergebnisse aufweisen: »In den grundlegenden Mechanismen der Welt- und Selbstaneignung scheinen sich Kinder von 0 bis 6 über den Wandel der Jahrzehnte nicht sonderlich zu verändern« (Dollase 2015, S. 51).

In den Untersuchungen zur Zuneigung und Abneigung in Kindergruppen zeigt sich wieder Korczaks starke Wertschätzung für Kinder und ein Ernstnehmen ihrer Anliegen, Bedürfnisse und Gefühle. Lange vor Studien zu dieser Altersgruppe ab den 1970er Jahren, die verdeutlichten, »dass die Beziehungen der kleinen Kinder untereinander ähnlichen Gesetzen folgen wie denen der Erwachsenen in ihren Gruppen« (Dollase 2015, S. 136), haben Korczak und Poznańska dies bereits aufzuzeigen vermocht.

Abschließend möchte ich zwei weitere frühpädagogisch relevante Texte Korczaks vorstellen, die Ende der 1930er Jahre erschienen sind.

Wiegenlied (1938)

Im Jahr 1938 veröffentlicht Korczak in der Zeitschrift »Kind und Mutter« ein Wiegenlied. Dieses Lied stellt zum einen ein Einschlaflied mit den typischen kindgerechten Reimen und Worten dar. Zum anderen beschreibt es die Aktivitäten eines Kleinkinds vom Aufwachen über den ganzen Tag hinweg bis zum Einschlafen. Dem Lied folgen dann einige Kommentare, die an die Mütter gerichtet sind: »Dieses Wiegenlied kann man flüstern, aufsagen, summen« (SW, Bd. 9, S. 360). Korczak hält die Unterhaltung der Mütter mit ihren kleinen Kindern für sehr wichtig: »fehlt es an solchem Reden, verzögert sich das Sprechen des Kindes und nicht nur das Sprechen« (S. 360). Damit befindet er sich schon damals ganz auf der Höhe heutiger Theorien zum kindlichen Spracherwerb, nach denen der Input aus der Umgebung bzw. die sprachliche Förderung von Kindern durch Interaktionen wie Vorlesen, gemeinsame dialogische Bilderbuchbetrachtung, Singen, Reimen oder Fingerspiele eine bedeutsame Rolle bei der Sprachentwicklung spielt.

Zu guter Letzt bittet Korczak um Leserbriefe zu seinem Wiegenlied und um »andere Muster von Reden der Mütter zu ihren Kindern in den ersten Jahren« (SW, Bd. 9, S. 360) und schließt mit der Feststellung, dass es an Literatur für die Jüngsten fehle. Wir sehen hier, dass Korczak sich wieder der frühen Kindheit annimmt, wenn auch in anderer Weise als in seinen bisherigen pädiatrischen oder pädagogischen Schriften. Er macht Müttern einen Vorschlag, wie sie mit ihren Kleinkindern sprechen bzw. was sie ihnen zum Einschlafen vorsingen können, und bittet sie gleichzeitig um weitere Beispiele sowie Rückmeldungen. Man fühlt sich an die »Mutter- und Koselieder« (1844) von Friedrich Fröbel erinnert, der damit ebenfalls die »Emergent Literacy« (Kümmerling-Meibauer 2011), wie sie heute heißt, fördern wollte.

Tatsächlich trafen dann zwei verschiedene Rückmeldungen ein, die einige Monate später in derselben Zeitschrift abgedruckt wurden. In einem Leserbrief schildert eine Mutter, wie ihre zweijährige Tochter auf das vorgelesene Wiegenlied reagierte: »Sie hörte gern zu, aber nur bis zur Hälfte, dann begann sie herumzulaufen, offensichtlich ist es zu lang für sie« (SW, Bd. 9, S. 364). Auf die Frage der Mutter an ihre Tochter, was sie ihr denn vorgelesen habe, antwortete Danusia, sie habe ein Buch gelesen, in dem Buchstaben enthalten waren (vgl. SW, Bd. 9, S. 367). Korczak bemängelt, dass die Mutter offenbar den Sinn seines Wiegenliedes nicht verstanden und es tagsüber ohne Veränderungen und

Kommentar, also monoton, vorgelesen habe, was bei ihrer Tochter zu der geschilderten Reaktion führte: »Hätte man es am Abend vorgelesen, so wäre sie vielleicht in der Hälfte eingeschlafen, und ich wäre gerettet gewesen (weil es ja ein Wiegenlied ist)« (SW, Bd. 9, S. 367).

Trotzdem stellt er übertrieben selbstkritisch fest: »Das Wiegenlied – ein Rohstoff, und ich selbst – ein Halbfabrikat, ein alter Junggeselle, der nicht einen einzigen ordentlichen Monat an einer Wiege verbracht hat und nur dann und wann, durch *Kinderkrankheiten,* mit kleinen Kindern zusammengetroffen ist« (SW, Bd. 9, S. 367). Die Worte der zweijährigen Danusia treffen ihn wie eine vernichtende Kritik:

> »Verschiedene Rezensenten haben mich auf verschiedene Weise fertiggemacht, aber so schlecht wurde ich das erste und einzige Mal in den vierzig Jahren meines literarischen Berufes und meiner literarischen Karriere behandelt. Nicht ein Wiegenlied, sondern Buchstaben. Meine Niederlage als Autor und Ihre als Regisseur und Rezitator.« (SW, Bd. 9, S. 367)

Nichtsdestotrotz beendet er seine Antwort auf den Leserbrief versöhnlich: »Du – bist die kleine Danutka, ich – bin ein alter Knacker. Ich liebe dich und bin dir dankbar. Und deine Mutter bitte ich um Verzeihung, aber ich kann nicht anders« (SW, Bd. 9, S. 369).

Die Einsamkeit des Kindes (1938)

»Die Einsamkeit des Kindes« gehört zu einer Reihe von drei Texten über die Einsamkeit (»Die Einsamkeit der Jugend«, »Die Einsamkeit des Alters«), die 1938 zuerst unter dem Pseudonym »Der alte Doktor« im polnischen Rundfunk gesendet und danach publiziert wurden (vgl. SW, Bd. 3, S. 365 ff; S. 441). In dieser Reflexion, die 24 Jahre nach »Bobo« (1914) erschienen ist, greift Korczak viele Themen wieder auf, die er damals bereits angesprochen hat. Im Mittelpunkt des Aufsatzes über die Einsamkeit des Kindes steht wieder der Säugling bzw. das Kleinkind und dessen wichtigste Bedürfnisse. Außerdem geht es erneut um die Welt, wie ein Kleinkind sie wahrnimmt, aber auch um die Art der Entwicklung, die es durchläuft, und die Beziehungen zu seiner Umwelt, z. B. zu den nächsten Bezugspersonen, die in diesem Text ebenfalls als »gute Geister« bezeichnet werden (vgl. SW, Bd. 3, S. 368).

Korczak versucht sich wieder in die Gefühls- und Gedankenwelt eines Säuglings hineinzuversetzen, tut dies jedoch in viel kürzerer und stärker verdichteter Form als in seiner längeren Studie »Bobo«. Der Akzent liegt diesmal auf dem, was Korczak als »Einsamkeit« bezeichnet, nämlich auf den Schritten, die das kleine Kind selbst vollbringen muss. Er zeichnet die Entwicklung bis zum eigenständigen Sprechen, Sitzen, Stehen und Gehen nach und das damit zusammenhängende Glück, etwas letztendlich selbst zu können oder zu beherrschen (vgl. SW, Bd. 3, S. 369). Darüber hinaus beschreibt er das erwachende Selbstbewusstsein des Kleinkindes, das eines Tages sein »Ich« bewusst wahrnimmt. Klar zeichnet sich ab, dass das Kind bedeutende andere Personen für seine Entwicklung benötigt, es aber auf seinem Weg auch viel allein, selbständig, ja einsam bewerkstelligen muss.

Korczak berührt in diesem Aufsatz ein aktuelles Thema der Pädagogik der frühen Kindheit: die Interaktion mit Erwachsenen und die damit verbundene Ko-Konstruktion einerseits und die selbständige Konstruktion der Welt durch das Kind andererseits. Er fasst das Kind als Forscher und Weltentdecker auf, der sich – jenseits der Erklärungsversuche der Erwachsenen – seinen eigenen Reim auf die Welt macht (vgl. SW, Bd. 3, S. 370): »Du lehrst, rätst, erklärst. Doch unter seiner Kontrolle und Zensur. Es selbst ändert um, verarbeitet und verwirft. Was es nicht in einsamer Anstrengung des Wachsens und Träumens zu beherrschen lernt und erobert – das ist nur ein Hall der Seele, ein fremdes Gebilde, eine aufgebürdete Last. Das wird nicht wachsen, nicht stärken« (SW, Bd. 3, S. 370).

Korczak spricht an dieser Stelle von der »schöpferische[n] Einsamkeit« des Kindes und meint damit die anstrengende Erkenntnissuche, die mit unterschiedlichen Gefühlen verbunden ist, die ferner von Versuch und Irrtum, Erfolgen und Misserfolgen begleitet wird. Es geht also in dieser Reflexion weniger um die Einsamkeit des Waisenkindes, mit der er sich verschiedentlich beschäftigt hat, wie etwa in dem Aufsatz »Verwaist« von 1925 (vgl. SW, Bd. 9, S. 421 f.), sondern eher um den immer auch einsamen Selbstbildungsprozess eines jeden Kindes.

3 Korczaks Vorstellungen vom Erziehungsgeschehen

Bereits im vorigen Kapitel habe ich durch die Auseinandersetzung mit grundlegenden Texten von Korczak zur frühen Kindheit seine Vorstellungen von Erziehung und Bildung stellenweise deutlich gemacht. Dies ermöglichte einen ersten Einblick in sein spezifisches Bild vom Kind bzw. von Kindern wie auch in die Aufgaben von Eltern und Erziehern. Nun beleuchte ich seine Vorstellungen vom Erziehungsgeschehen in pädagogischen Einrichtungen etwas intensiver, und zwar indem die Interaktionen zwischen den daran beteiligten Akteuren in den Mittelpunkt rücken. Korczaks Überlegungen zum Erzieher, zum Kind und zur Kindergruppe – wie sie in seinen pädagogischen Hauptschriften dokumentiert sind – werden dabei auf den ersten Blick jeweils für sich betrachtet. Auf den zweiten Blick wird jedoch ein Netz von gegenseitigen Bezügen sichtbar, da die beschriebenen »Bilder« miteinander verflochten sind: Das jeweilige Bild vom Kind oder von der Kindergruppe hat beispielsweise stets Folgen für die Erziehenden, wie auch Korczaks Gedanken zum Erzieher nicht losgelöst von seinem Kinderbild zu verstehen sind. Im Anschluss kommen zunächst seine Reflexionen zu den Aufgaben und zur Haltung von Erziehern zur Sprache, gefolgt von Betrachtungen zum Kind und zur Kindergruppe. Durch diese Aufteilung und die Beleuchtung aus unterschiedlichen Perspektiven soll der Blick präzisiert und geschärft werden, sodass sich bei fortschreitender Lektüre Korczaks Gesamtbild vom Erziehungsgeschehen immer deutlicher herauskristallisiert.

3.1 Korczaks Bild vom Erzieher

Janusz Korczaks Vorstellungen vom Erzieher und von dessen vielfältigen Aufgaben beruhen vor allem auf seiner eigenen erzieherischen Tätigkeit: zuerst als Nachhilfelehrer, dann, in den Jahren 1904, 1907 und 1908, als Gruppenerzieher in den Sommerkolonien; anschließend, ab 1912, als Leiter des Waisenhauses Dom Sierot. Darüber hinaus schöpfte er seine Erkenntnisse aus dem Besuch verschiedener europäischer Anstalten für Kinder und nicht zuletzt aus seinen eigenen Beobachtungen in Kindergärten.

Es ist wichtig, den Kontext zu beachten, aus dem seine Überlegungen stammen. Die Einrichtungen, in denen Korczak als Pädagoge tätig war und in denen er andere Erzieher und Bursisten (Praktikanten) bei der Arbeit beobachten oder auch anleiten konnte, lassen sich nicht mit heutigen, familienergänzenden und -unterstützenden Kindertagesstätten vergleichen. Es handelte sich um Einrichtungen, in denen die Familie teilweise oder fast ganz ersetzt wurde: über einen kürzeren Zeitraum im Falle der Sommerkolonien oder über einen längeren Zeitraum im Falle der Internate. Zwar halten sich Kinder heutzutage während der Woche über viele Stunden in Kindertageseinrichtungen auf und werden dort betreut, jedoch geht Korczak dennoch von einem etwas anderen Arbeits- und Aufgabenfeld aus, was man im Hinterkopf behalten sollte, wenn hier von seinem Bild des Erziehers die Rede sein wird. Selbstverständlich sind die stark differierenden Zeit- und Ortsumstände sowie die gesellschaftliche Situation in den Zwischenkriegsjahren in Polen ebenfalls zu berücksichtigen.

Es geht in diesem Kapitel weniger um das Einsatzgebiet oder die einzelnen Aufgaben des Erziehers, sondern vielmehr um dessen Haltung, die sich daraus ergibt, sowie um seine übergreifenden Aufgaben in Bezug auf ein Kind oder eine Kindergruppe.

Der Erzieher als Forscher und Beobachter

Für Korczak ist es wichtig, dass jeder Erzieher einen eigenen Entwicklungs- und Lernprozess durchmacht. Ein Erzieher sollte folglich nicht mit fertigen, gar von anderen übernommenen Patentrezepten antreten und danach vorgehen, sondern sein Handeln abhängig von individuellen Kindern und der Dynamik einer Kindergruppe gestalten, um flexibel auf unterschiedliche Situationen reagieren zu können. Korczak richtet sich dabei gegen jegliches schablonen- bzw. schemenhafte Denken und gegen eine unreflektierte Übernahme von Lehrbuchwissen oder den damit verbundenen unkritischen Glauben an Autoritäten. Dieser Lernprozess, den alle Erzieher durchmachen, sollte von Reflexion geprägt sein, und zwar sowohl bezüglich der ihnen jeweils anvertrauten Kinder und deren Verhaltensweisen als auch in Bezug auf das eigene Verhalten. Die Reflexion erfolge dabei am besten, wenn der Erzieher sehr viel beobachte, und zwar auch die Reaktionen der Kinder auf sein Verhalten. Davon ausgehend kann er sein Handeln – angesichts stets neuer oder überraschender Situationen – entsprechend modifizieren.

So berichtet Korczak selbstkritisch über seine eigenen Fehler zu Beginn seines Aufenthalts in einer Sommerkolonie, die er beim zweiten Turnus nicht mehr wiederholen wollte (SW, Bd. 4, S. 211 ff.). Der Erzieher sollte also in erster Linie seine eigenen Handlungen überdenken und daraus lernen, d. h. Schlussfolgerungen ziehen und eingesehene Fehler möglichst nicht mehr wiederholen. Dabei betont Korczak, dass niemand »fehlerlos« sei: »Diese Fehler wirst du machen, denn nur derjenige, der nichts tut, macht keine Fehler« (SW, Bd. 4, S. 167). Eigene sogenannte Fehler oder Rückschläge sollte man sich jedoch eingestehen und daran arbeiten, um sie in Zukunft zu reduzieren oder sogar ganz zu vermeiden. Damit vermittelt Korczak in seiner Schrift »Das Internat« (SW, Bd. 4, S. 143 ff.) eine wichtige Haltung: Es geht nicht darum, gleichsam »perfekt« zu sein. Vielmehr sieht er das Begehen von »Fehlern«, etwa bei nicht gelungenen Interventionen in einer Kindergruppe, als ein natürliches Geschehen an, das zum Lernprozess eines Erziehers dazugehöre. Wir können sogar Folgendes bei ihm lesen: »Es gibt Fehler, die du immer wieder begehen wirst, denn du bist ein Mensch und keine Maschine« (SW, Bd. 4, S. 166).

Und wie reagieren die Kinder auf die sogenannten Fehler von Erziehern? »Das Kind verzeiht eine Taktlosigkeit oder eine Ungerechtigkeit, aber es kann niemals einen Erzieher liebgewinnen – der ein Pedant oder ein gefühlloser Despot ist. Es weist jede Art von Falschheit mit Unwillen oder Spott zurück« (SW, Bd. 4, S. 166). Es kann demzufolge nicht das Ziel sein, Fehler völlig zu vermeiden oder in ständiger Angst vor ihnen zu leben, sondern es geht eher darum, sich auf die Mängel der eigenen pädagogischen Arbeit rückzubesinnen, sich diese bewusst zu machen, einzugestehen und daran zu arbeiten bzw. daraus für die Zukunft zu lernen: »Der gute und der schlechte Erzieher unterscheiden sich voneinander nur durch die Anzahl der begangenen Fehler und des begangenen Unrechts. Es gibt Fehler, die ein guter Erzieher nur einmal macht, er beurteilt sie selbstkritisch, wiederholt sie nicht und behält sie lange im Gedächtnis [...] Der schlechte Erzieher schiebt die Schuld am eigenen Versagen den Kindern zu« (SW, Bd. 4, S. 168).

Mit dieser selbstreflexiven Haltung ist eine forschende Einstellung verbunden. Der Erzieher sollte an wissenschaftlichen Erkenntnissen interessiert sein, wobei Korczak einräumt, dass kein Erzieher die Zeit hat, dicke Bücher zu wälzen. So heißt es in der Einleitung zu seiner Schrift »Das Internat«:

> »Dieses Buch soll möglichst kurz werden, denn es ist in erster Linie für den jungen Kollegen bestimmt, der plötzlich mit den schwierigsten pädagogischen Problemen und den verwirrendsten Lebensbedingungen konfrontiert wird – und betäubt und schmerzlich bewegt – um Hilfe ruft. Der Arme hat keine Zeit zu studieren. [...] Ein übermüdeter Mensch kann am Abend keine dicken pädagogischen Bücher lesen, weil ihm die Augen zufallen, und wenn er nicht

ausgeschlafen ist, wird er gereizt, ungeduldig – unfähig, die segensreichen Grundsätze des gelehrten Werkes in die Tat umzusetzen.« (SW, Bd. 4, S. 144)

Korczak will also mit diesem Buch Wissen vermitteln, wobei es nichts mit einem herkömmlichen Ratgeber gemein hat. Dieser relativ schmale Band seiner Tetralogie »Wie liebt man ein Kind« soll hingegen die Lesenden dazu motivieren, ihr eigenes Verhalten im Spiegel von Korczaks Erfahrungen zu betrachten und daraus Erkenntnisse zu gewinnen. Das Wichtigste sei dabei, sich nicht auf andere und fremde Autoritäten zu verlassen, sondern sich im Laufe der Zeit selbst zu erkennen:

> »Sei du selbst – suche deinen eigenen Weg. – Lerne dich selbst kennen, ehe du Kinder zu erkennen trachtest. – Mache dir klar, wo deine Fähigkeiten liegen, ehe du anfängst, den Kindern den Bereich ihrer Rechte und Pflichten abzustecken. – Unter ihnen allen bist du selbst ein Kind, das du vor allem kennenlernen, erziehen und formen musst. Es ist einer der schlimmsten Fehler zu meinen, die Pädagogik sei die Wissenschaft vom Kind und nicht – vom Menschen« (SW, Bd. 4, S. 147).

Die forschende Suche nach dem eigenen Weg sei jedoch mühsam, wie der Autor gleich an mehreren Stellen hervorhebt, und er bezieht sich auf seinen eigenen Weg als Erzieher, wenn er schreibt:

> »Der Weg, den ich gewählt habe, um mein Ziel zu erreichen, ist weder der kürzeste noch der bequemste, für mich aber trotzdem der beste – denn es ist mein eigener Weg. Ich habe ihn nicht ohne Mühe und ohne Schmerz gefunden – und erst dann, als ich begriffen hatte, dass alle Bücher, die ich gelesen hatte, alle fremden Erfahrungen und Ansichten – zweifelhaft waren« (SW, Bd. 4, S. 143).

Ähnlich äußert er sich bereits zu Beginn von »Das Kind in der Familie«: »Ich möchte, dass man versteht, dass kein Buch, kein Arzt den eigenen aufmerksamen Gedanken, die eigene genaue Beobachtung ersetzen können« (SW, Bd. 4, S. 10). Korczak richtet sich hier zwar vor allem an die Mutter als Erziehende, aber seine Gedanken lassen sich auch mühelos auf die Haltung des Erziehers übertragen. Er ruft wiederholt dazu auf, sich nicht auf Bücher oder Ratgeber bzw. fremde Erkenntnisse zu stützen oder zu verlassen. Vielmehr soll man selbständig denken und eigenverantwortlich handeln. Damit fordert er zur Mündigkeit auf: Sapere aude! Folglich betont er, dass es Gedanken gebe, »die man unter Schmerzen selbst gebären muss« (SW, Bd. 4, S. 11). Diese Arbeit könne einem niemand abnehmen. Auf den Erzieher bzw. die pädagogische Fachkraft übertragen, bedeutet dies: Beobachte Kinder, schenke ihren Interaktionssignalen Aufmerksamkeit und beantworte diese feinfühlig.

Es gilt darüber hinaus, die wissenschaftlichen Theorien zu kennen und zu beachten, Erfahrungen anderer Pädagogen zur Kenntnis zu nehmen, jedoch die daraus folgenden Schlüsse nicht unreflektiert zu übernehmen oder gar anzuwenden. Vielmehr sollte jeweils das einzelne, individuelle Kind bzw. die Gruppendynamik in einer spezifischen Kindergruppe beobachtet werden, um erst daraus Konsequenzen für das eigene pädagogische Handeln zu ziehen.

Der Erzieher als Begleiter und Unterstützer

Erzieher sollen – nach Korczaks Verständnis – Kinder von Anfang an als individuelle Menschen mit Rechten und Pflichten betrachten. Die Interaktion zwischen dem Erzieher und dem Kind sei aber noch immer asymmetrisch, z. B. im Sinne dessen, dass der Erzieher reicher an (Lebens-)Erfahrung und Wissen ist. Im Gegensatz zu manchen Ansätzen antiautoritärer Erziehung leugnet Korczak die Asymmetrie zwischen Kind und Erzieher nicht. Kinder sind anders, sie sammeln andere Erfahrungen, leben in anderen Gefühlswelten, verfügen über eine andere Art von Wissen, das jedoch den gleichen Wert hat wie das der Erwachsenen und als gleichwertig und ebenbürtig anzusehen ist. Erwachsene bzw. Erzieher können demgemäß auch von Kindern viel lernen. Korczak verdeutlicht dies in dem 1926 publizierten Artikel »Die Erziehung des Erziehers durch das Kind« folgendermaßen:

> »Durch das Kind sammle ich Erfahrungen, es hat Einfluss auf meine Anschauungen und auf die Welt meiner Gefühle; vom Kind bekomme ich Anweisungen an mich selbst, ich stelle Anforderungen, ich beschuldige mich, bin nachsichtig oder vergebe. Das Kind lehrt und erzieht. Für den Erzieher ist das Kind das Buch der Natur; indem er es liest, reift er. Man darf das Kind nicht geringschätzen. Es weiß mehr über sich selbst als ich über das Kind. Es befasst sich mit sich selber in allen Stunden des Wachseins. Ich kann es nur erraten.« (SW, Bd. 9, S. 247)

Der Erzieher sollte diese »Andersartigkeit« (→ Kap. 3.2) und Entwicklungsbedürftigkeit von Kindern nicht leugnen, sondern im Gegenteil achten und entwicklungsangemessen handeln, gleichzeitig jedoch einsehen, dass Kinder Experten ihrer selbst sind. Eine solche Auffassung wirkt sich unmittelbar auf die Interaktionen mit Kindern aus. Der Erzieher ist nach diesem Verständnis keinesfalls ein Dresseur, Aufpasser oder gar Aufseher, also einer, der straft und für Ordnung sorgt, indem er eine Schar von Kindern beaufsichtigt. Vielmehr ist er jemand, der die Vielfalt von Kindern und verschiedene gruppendynamische Prozesse wahrnimmt (→ Kap. 3.3). Davon ausgehend hilft er seinen Schützlingen, ihre eigenen Handlungen zu überdenken und sich auch in ethischer Hinsicht zu bilden bzw. weiterzuentwickeln. Erziehende beobachten, begleiten und unterstützen demnach Kinder in ihrer Entwicklung, helfen ihnen dabei, groß zu werden und ihre Persönlichkeit zu entfalten, und tragen auf diese Weise zu ihrem Wohl bei. Jürgen Oelkers schrieb in Bezug auf diese Haltung, dass Korczak in kein pädagogisches Schema passe und weder »Führer« noch »Partner« der Kinder sei, sondern »nur derjenige, der für sie Verantwortung übernimmt, wenn sie sich nicht selbst helfen können« (Oelkers 2017, S. 158).

Korczak war sich der Tatsache bewusst, dass die Macht des Erziehers schon deshalb begrenzt ist, weil das Kind auch anderen Sozialisationseinflüssen unterliegt oder bereits unterlag (Familie, Umfeld, Gleichaltrige) und Verschiedenes (Temperament, Talent, Anlagen) mitbringt. Es ging ihm folglich darum, Kinder auf ihrem möglichst eigenständigen Weg zu begleiten und sie zu unterstützen, ohne sie dabei zu bevormunden, zu sehr zu behüten oder gar »umformen« zu wollen.

Interessant sind diesbezüglich die letzten Worte, mit denen Korczak die Zöglinge verabschiedete, was er ihnen wünschte, als sie den schützenden Rahmen des Dom Sierot nach meist mehrjährigem Aufenthalt verließen. Er bezeichnete die Reise, welche den jungen Menschen bevorstand, als »das LEBEN« (SW, Bd. 13, S. 370) und stellte sich die Frage, was er ihnen »mitgeben« sollte:

> »Wir geben euch nichts. Wir geben euch keinen GOTT, denn ihr müsst IHN selbst in der eigenen Seele, in einsamer Bemühung, suchen. Wir geben euch kein VATERLAND, denn ihr müsst es mit eigener Anstrengung des Herzens und der Gedanken finden. Wir geben euch keine Menschenliebe, denn es gibt keine Liebe ohne Verzeihung, und verzeihen – das ist mühselig, das ist eine Mühe, die jeder selbst auf sich nehmen muss. Wir geben euch eines: die Sehnsucht nach einem besseren Leben, das es nicht gibt, aber einmal geben wird, nach einem Leben der WAHRHEIT und GERECHTIGKEIT. Vielleicht wird euch diese Sehnsucht zu GOTT, zum VATERLAND und zur LIEBE führen. Lebt wohl, vergesst es nicht.« (SW, Bd. 13, S. 370)

Was sagen uns diese im Wochenblatt des Dom Sierot und auch in der Zeitschrift »In der Sonne« (1919) abgedruckten Sätze zum Erzieher als Begleiter und Unterstützer? Kurz gesprochen: Wir können euch nichts Konkretes raten, was ihr auf die Reise namens »Leben« mitnehmen könnt. Alles ist sehr anstrengend und niemand kann euch dieses teils einsame Bemühen abnehmen: Gott, das Vaterland und die Liebe zu finden. Janusz Korczak verspricht nichts und bereitet die

Jugendlichen beim Abschied auf einen langen und beschwerlichen Weg vor, auf dem sie – begleitet von der »Sehnsucht« – möglicherweise indirekt zum Ziel gelangen werden. Korczak kann den Zöglingen nach dem Abschied nicht mehr beistehen. Er rät ihnen im Grunde, diese Sehnsucht bzw. dieses Streben nach einem Leben in Wahrheit und Gerechtigkeit, die sie im Dom Sierot erlebt haben sollten, mitzunehmen und sie fortan in das eigene Leben zu integrieren. Wie auch in anderen Situationen macht er Kindern und Jugendlichen hier nichts vor, nur dieser ideelle Rat soll sie weiterhin begleiten.

Der Erzieher als Arzt, Psychologe und Krankenpfleger

Korczak spricht davon, dass ein Erzieher auch als Krankenpfleger wirken bzw. teilweise Funktionen eines solchen übernehmen muss. Hiermit ist nicht gemeint, dass der Erzieher einen Krankenpfleger oder gar Arzt ersetzen könnte. Korczak bezieht sich bekanntlich auf die Arbeit im Internat und in den Sommerkolonien, d. h. auf Einrichtungen, in denen die Personalsituation nicht immer ideal war. Insbesondere das Dom Sierot wurde teils mit wenig Mitarbeitern und unter Einbeziehung der Praktikanten und der Heimbewohner arbeitsteilig organisiert und geführt. Von großem Vorteil war es in dieser Situation, dass Korczak als Arzt und Pädagoge in Personalunion fungieren konnte. Aber er bezeichnet nicht nur sich selbst, sondern auch andere Erzieher im Idealfall als Krankenpfleger und Ärzte. Einmal spricht er sogar vom »Erzieher als Arzt im Internat« (SW, Bd. 4, S. 206), als welchen er sich offenbar selbst – im Gegensatz zum »Internatsarzt« – betrachtete:

> »Der Medizin verdanke ich die Technik der Untersuchung und die Disziplin wissenschaftlichen Denkens. Als Arzt stelle ich Symptome fest: Ich sehe den Ausschlag auf der Haut, höre den Husten, fühle das Ansteigen der Temperatur und mit meinem Geruchssinn bemerke ich, dass das Kind aus dem Mund nach Aceton riecht. Die einen Symptome nehme ich sofort wahr, die mehr verdeckten suche ich. Als Erzieher habe ich ebenfalls Symptome vor mir: Lächeln, Lachen, Erröten, Tränen, Gähnen, einen Schrei, einen Seufzer. So wie es einen trockenen, einen feuchten und einen erstickenden Husten gibt, so gibt es ein Weinen mit Tränen, mit Schluchzen und fast ohne Tränen.« (SW, Bd. 4, S. 202)

Wie auch an anderen Stellen, wird hier deutlich, dass Korczak eine Art *Erziehungspsychologe* vorschwebt, also ein *Erzieher als Psychologe*, der die Gestik und Mimik der Kinder wahrnehmen und deuten kann (→ Kap. 4.1). Hierfür sei es unabdingbar, sie lange und geduldig zu beobachten. Erst dann könne man auf die »Symptome«, wie Korczak sie bezeichnet, oder auf die manchmal nonverbalen Interaktionssignale von Kindern angemessen und feinfühlig reagieren. »Alle Tränen sind salzig. Wer das begreift, kann Kinder erziehen, wer das nicht begreift, dem gelingt es nicht, sie zu erziehen« (SW, Bd. 9, S. 435). Es lässt sich nicht treffender ausdrücken als in diesem – Korczak nachgesagten – Satz.

Wenn wir uns dieser Logik anschließen, können folgende Personen keine Kinder erziehen und in letzter Konsequenz auch keine Erzieher werden: diejenigen, die nicht verstehen, dass das Leiden eines Kindes eine Ursache hat, dass das Kind durch irgendetwas verletzt, beleidigt, herabgewürdigt, enttäuscht, beschämt wurde; darüber hinaus diejenigen, welche die emotionalen Ausbrüche, wie Weinen, aber auch Lachen, von Kindern geringschätzen, nichts dahinter vermuten, sich nicht darauf einlassen; letztlich auch diejenigen, die keine Motivation haben, die Gründe für die Gefühlsausdrücke von Kindern nachzuvollziehen. Kinder haben ihre eigenen Sorgen und Nöte – wie auch Erwachsene – und alle diese sind ernst zu nehmen, denn alle Tränen sind nun einmal salzig und haben ihren Ursprung in irgendeiner leidvollen Erfahrung. Korczak ruft damit dazu auf, die emotionalen Bedürfnisse bzw. die Gefühle von Kindern zu achten.

Er meint jedoch nicht nur diese seelischen, sich in Gestik und Mimik ausdrückenden Symptome, wenn er vom Erzieher als Arzt oder Krankenpfleger im Internat spricht, sondern er kann auch ganz wörtlich verstanden werden. In der Schrift »Sommerkolonien« findet er hierzu deutliche Worte:

> »Der Erzieher ist häufig auch ein Krankenpfleger, und er darf sich dieser Pflicht weder entziehen noch sie geringschätzen: Ein Bettnässer, ein Kind, das sich übergibt, ein Kind mit einem vereiterten Ohr, eines, das sich beschmutzt hat, eines, das am Körper oder am Kopf einen Ausschlag hat, er muss es auf den Topf setzen, waschen, die Wunden versorgen. Und er muss das ohne eine Spur von Ekel tun.« (SW, Bd. 4, S. 247)

Ein Erzieher, der dabei Ekel zeige, habe seinen Beruf verfehlt und solle sich lieber eine andere Tätigkeit suchen (vgl. SW, Bd. 4, S. 247).

Neben dem schon erwähnten Konzept der »sensitiven Responsivität« (Remsperger 2011) lassen sich weitere Bezüge zur heutigen Pädagogik in Kindertageseinrichtungen erkennen, etwa zum Begriff der »beziehungsvollen Pflege« nach Emmi Pikler (Lorber 2012, S. 82 ff.). Besonders im Krippenbereich übernehmen die pädagogischen Fachkräfte pflegerische Aufgaben, z. B. beim Wickeln. Dabei bauen sie eine emotionale Beziehung bzw. Bindung zu den Kindern auf und betätigen sich teils auch als »Krankenpfleger«, z. B. wenn es Kindern nicht gut geht, so etwa bei der Erstversorgung einer Wunde oder beim Auftreten von Fieber (vgl. Köhler 2011). Hierbei ist auch an die Kindertages*pflege* zu denken.

Neben Bildung und Erziehung spielt in diesem Zusammenhang der Begriff der »Betreuung« eine große Rolle, der manches Mal in den Hintergrund gerät, wahrscheinlich, weil seine »pädagogische Seite bis heute eigentümlich unbestimmt bleibt« (Dietrich/Wedemann 2019, S. 463). Er gehört jedoch unmissverständlich zur Trias von »Erziehung, Bildung und Betreuung«, wie es im § 22 Absatz 3 SGB VIII zum Förderungsauftrag von Kindertageseinrichtungen heißt, und damit auch zum Selbstverständnis und zu den Aufgaben heutiger Kindertageseinrichtungen. »Ärztin«, »Krankenpflegerin« und »Psychologin« ist somit jede pädagogische Fachkraft durch ihre betreuenden, pflegerischen und fürsorgerischen Tätigkeiten ein Stück weit heute noch – vorausgesetzt wir fassen diese Berufsbezeichnungen und die damit verbundenen Tätigkeiten nicht nur wortwörtlich auf.

Der Erzieher als Fürsprecher und Anwalt

Korczak selbst hat sein ganzes Leben lang für die Rechte von Kindern gekämpft: sowohl für die Rechte einzelner Kinder, die er gegen andere Gleichaltrige oder Erwachsene in Schutz genommen und verteidigt hat, als auch für die Rechte der Kinder im Allgemeinen. Begleitet wurde dieses Engagement von seinem Leitspruch, dass Kinder nicht erst Menschen werden, sondern bereits welche sind. Er hat sich in Wort und Tat für die Kinderrechte eingesetzt. In »Das Recht des Kindes auf Achtung« (1929) pocht er auf die Rechte, die er bereits 1919 in »Das Kind in der Familie« (→ Kap. 2.3) eingefordert hat. Korczak, der Sohn eines Anwalts, war somit selbst ein Anwalt für das Kind im Allgemeinen, d. h. für die Gruppe der Kinder, deren Benachteiligung er schon als junger Mann wahrgenommen und bemängelt hatte. Nicht umsonst hat ihn Friedhelm Beiner (2017) als »Anwalt des Kindes« bezeichnet. Kindern und Jugendlichen stehe viel zu, denn sie »bilden ein Drittel der Menschheit« und die Zeit der Kindheit und Jugend »bildet ein Drittel unseres Lebens«, schreibt er 1924 in der ersten Ausgabe der jiddischsprachigen Monatszeitschrift »Dos Kind« (SW, Bd. 9, S. 409).

Korczak hat jedoch nicht nur durch Publikationen versucht, Kindern zu ihrem Recht zu verhelfen. Bereits in den »Sommerkolonien« schreibt er: »Wenn es die Pflicht der Staatsmacht ist, die Gesellschaft vor Gewalt und Missbrauch [...] zu schützen, so ist es die Pflicht des Erziehers, die Kinder vor Faustschlägen, Drohungen und Beleidigungen zu bewahren, ihr Eigentum (sei es auch nur ein Steinchen oder ein Stock) vor Aneignung durch die anderen zu schützen und ihr Zusammenwirken (sei es ein Ballspiel oder der Bau von Sandburgen) zu verteidigen« (SW, Bd. 4, S. 244).

Um dies zu gewährleisten, hat Korczak in seinen Heimen Institutionen der Selbstverwaltung, der Selbstorganisation und des Rechts etabliert (→ Kap. 4.2). Da gab es zum einen das Gesetzbuch mit seinen vielen »Verzeihensparagrafen«, aber auch mit einigen Sanktionen, wenn nichts anderes mehr half, zum anderen das dazugehörige Kameradschaftsgericht mit Anklagen und Gerichtsversammlungen, in denen Kinder als Richter agieren konnten. Es wird sichtbar, dass Korczak auch im Rahmen seines Internats die Position eines Anwalts einnahm: Er installierte das Kameradschaftsgericht innerhalb der Einrichtung als Instanz, welche die schwachen und benachteiligten Zöglinge gegenüber anderen, die ihnen Unrecht taten, in Schutz nahm.

Das Kameradschaftsgericht war jedoch ebenso eine Schutzinstanz gegenüber der Macht der Erwachsenen, etwa der Heimleitung, die außer Janusz Korczak auch Stefania Wilczyńska umfasste sowie die pädagogischen Fachkräfte, Bursisten und weitere Hausangestellte. Fühlte man sich ungerecht behandelt, konnte man eine Person anzeigen und dadurch vor das Kameradschaftsgericht bringen. Dann wurde die Sachlage anhand des Gesetzbuches besprochen, analysiert und letztlich ein Urteil gefällt, das meist wohlwollend ausfiel, in manchen seltenen Fällen allerdings bis zum Ausschluss aus dem Heim führen konnte. Es ist bekannt, dass Korczak selbst einige Male auf der Anklagebank saß und ab und zu den § 100 bekam, den ersten »Strafparagrafen« aus dem Gesetzbuch des Waisenhauses, der mit einer minimalen Abmahnung vergleichbar ist (vgl. Beiner/Ungermann 1999, S. 16; S. 68). Dafür erhielt er von den Kindern den Spitznamen »Hunderter«.

Hieran ist gut zu erkennen, dass Korczaks Anwaltschaft für das Kind nicht etwa bei der Person des Erziehers endete. Vielmehr half er den Kindern und Jugendlichen, ihre Angelegenheiten möglichst selbst und gerecht zu regeln und sich auch gegen Unrecht, das ihnen seitens Erwachsener in den Grenzen des Heims widerfuhr, zur Wehr zu setzen. Der Kodex unterstützte sie dabei, durch Einsicht und Rückbezug auf die Regeln zu lernen, was in einer Gemeinschaft erlaubt ist und was nicht bzw. wie man sich benehmen sollte. Das Kameradschaftsgericht war neben anderen Instanzen dieses Internats aber auch ein Mittel, um Partizipation zu ermöglichen (→ Kap. 4.2) und die Ordnung unter mehr als 100 Kindern[4] herzustellen bzw. aufrechtzuerhalten.

»Anwalt« lässt sich also bei Korczak auch im buchstäblichen Sinne verstehen: als Verteidiger, Fürsorger, Fürsprecher der jüngeren Generation, wenn ihr Macht,

4 So gab es für Mädchen und Jungen insgesamt 106 Betten im Dom Sierot (vgl. SW, Bd. 9, S. 202), allerdings lebten während der beiden Weltkriege tatsächlich mehr Zöglinge dort. Ab 1940 waren es meist zwischen 150 und 200 Kinder.

Stimme und Ressourcen fehlten, um für sich selbst zu sprechen. Ein Aufsatz von Korczak, der 1927 in der Zeitschrift »Sonderschule« erschienen ist, heißt folgerichtig »Der Erzieher als Verteidiger« (SW, Bd. 9, S. 256 ff.). Darin fordert er, dass Kinder, denen eine Straftat vorgeworfen wird, neben Rechtsanwälten auch einen Erzieher als Verteidiger erhalten: »Neben dem Verteidiger, der die Paragrafen der geschriebenen Gesetze kennt, verlange ich Platz für den Erzieher, der die Geheimnisse der ungeschriebenen Gesetze kennt« (SW, Bd. 9, S. 260). Der Erzieher kenne die Entwicklungsgeschichte des Delinquenten und leiste daher einen wichtigen Beitrag: »Ich frage mich: Wie reifte eine kriminelle Tat in einer langen Zahl von Jahren, über welche gewundenen, dornigen Wege ging der Geist, bevor er in die Falle ging?« (SW, Bd. 9, S. 259 f.). Er schlussfolgert: »Wir [die Erzieher] haben *das Recht*, in Strafprozessen zu sprechen, ja sogar die Pflicht« (SW, Bd. 9, S. 261). Und in der Tat trat Korczak selbst, z. B. bei Kinderschutzfragen, als Gutachter im Gericht auf.

Ein weiteres, diesmal literarisches Beispiel, in dem sich die Haltung des Erziehers als Anwalt niederschlägt, ist Korczaks »Gebet eines Erziehers«. Dieses Gebet aus dem Jahr 1920 stammt aus der Reihe »Allein mit Gott – Gebete derer, die nicht beten« (SW, Bd. 5, S. 29–68). Darin richtet sich der Autor »müde und erschöpft« direkt an Gott (SW, Bd. 5, S. 68). Es klingt beinahe so, als stamme das Gebet von einem alten Mann, obwohl Korczak damals gerade einmal Anfang vierzig war. Er wendet sich an Gott, weil er fürchtet, ein Mensch würde ihn nicht verstehen. Wie alle anderen Gebete aus dieser Sammlung ist dieses, aus der Perspektive eines Erziehers, in einer sehr poetischen Sprache abgefasst. Es wird zu Beginn scheinbar demütig und schwach vorgetragen, doch die Stimme erhebt sich dann fast gewaltig:

> »Wenn ich graue Demut bin vor Deinem Angesicht, Herr, in meiner Bitte stehe ich doch vor Dir wie eine flammende Forderung. Wenn ich auch leise flüstere, diese Bitte spreche ich aus mit der Stimme unbeugsamen Willens. Einen befehlenden Blick feure ich über die Wolken. Erhobenen Hauptes fordere ich, denn es ist nicht für mich. Gib den Kindern ein gutes Schicksal, gewähre ihren Anstrengungen Hilfe, ihrem Bemühen Segen. Nicht den leichtesten Weg führe sie, sondern den schönsten.« (SW, Bd. 5, S. 68)

Verdichtet wie nirgendwo sonst in Korczaks Werk befindet sich hier seine Fürsprache für das Kind, und zwar diesmal nicht vor den Menschen, sondern vor Gott. Der Weg, um den er für die Kinder bittet, soll nicht der leichteste, aber der schönste sein. Schön kann auch ein Weg sein, auf dem es gelingt, Hindernisse zu überwinden und sich nicht idealen Lebensbedingungen zum Trotz gut zu entwickeln bzw. das Beste aus unterschiedlichen Situationen und

Lebenslagen zu machen. Hierfür, für die Anstrengungen und Bemühungen der Heranwachsenden, bittet er um Gottes Segen.

Korczak – so lässt sich nun resümieren – hat jedenfalls viel dafür getan, um für Kinder zu sprechen und sie zu beschützen, und sei es als »Ersatzvater« von – über die Jahre – hunderten von Kindern im Dom Sierot. Er hat ihnen mit der Aufnahme in dieses Heim oftmals im wahrsten Sinne des Wortes das Leben gerettet, war sich jedoch bewusst, dass er nicht alles vermochte, dass seine Macht und Kraft begrenzt waren. Im Dom Sierot bot er den (Sozial-) Waisen – zusammen mit »Frau Stefa« (Stefania Wilczyńska) und den weiteren Mitarbeiterinnen – Unterschlupf und verschaffte ihnen für einige Jahre einen Schutzraum angesichts eines unerbittlichen Umfelds. Er gab ihnen in diesen wichtigen Lebens- und Entwicklungsjahren eine Chance bzw. versuchte, sie für das Leben »fit« zu machen, indem er ihre Persönlichkeit und Gesundheit stabilisierte und zu ihrer Bildung beitrug.

Betrachtet man Korczaks Bild vom Erzieher als Advokat oder Anwalt des Kindes, lassen sich Bezüge zu Micha Brumliks »advokatorische[r] Ethik« (2017) herstellen, die dieser folgendermaßen definiert: »Eine advokatorische Ethik ist ein System von Behauptungen und Aufforderungen in Bezug auf die Interessen von Menschen, die nicht dazu in der Lage sind, diesen selbst nachzugehen, sowie jenen Handlungen, zu denen uns diese Unfähigkeit anderer verpflichtet« (Brumlik 2017, S. 192). Stellvertretend nimmt – nach Brumlik – der Advokat demnach die Interessen derjenigen wahr, die nicht für sich selbst sprechen und handeln können (vgl. Prengel 2020, S. 53).

Letztendlich war Korczak selbst all das, was er vom Erzieher forderte: Forscher, Beobachter, Begleiter, Unterstützer, Arzt, Krankenpfleger, Psychologe, Fürsprecher und Anwalt.

3.2 Korczaks Bild vom Kind

Kinder sind das Hauptthema in Korczaks Leben und Werk. Mit Kindern befasste er sich bereits als junger Nachhilfelehrer, als er seine Familie nach dem Tod des Vaters finanziell unterstützen musste, ferner in den Sommerkolonien, als Arzt im Berson-Bauman-Kinderspital sowie in Pausenzeiten während seiner Kriegseinsätze. Im »Sächsischen Garten« in Warschau beobachtete er sie ebenso wie in verschiedenen pädagogischen Einrichtungen im In- und Ausland. Auch sehr jungen Kindern widmete er sich ausführlich, z. B. in unterschiedlichen Schriften (→ Kap. 2.3). Ferner schrieb er unzählige Zeitungs- und Zeitschriftenartikel über Kinder und richtete sich auch direkt an sie – sprach sie in der Zeitungsbeilage »Kleine Rundschau« ebenso an wie in seinen Radiosendungen oder in den Fabeln, Geschichten und Romanen, die er speziell für sie erfand.

Bei Korczak gibt es das Kind meist in der Mehrzahl, weil er häufig von einer ganzen Gruppe, also von vielen verschiedenen Kindern bzw. einer Kindergemeinschaft, spricht (→ Kap. 3.3). Selbstverständlich hat er auch immer wieder einzelne Kinder in den Blick genommen. Ein allgemein zu definierendes Kind existierte für ihn dabei ebenso wenig wie *das* Bild vom Kind. Korczaks *facettenreiches* Bild vom Kind hat sich in den vorigen Kapiteln bereits angedeutet: in seinen Texten zur frühen Kindheit (→ Kap. 2.3), aber auch in seinem Bild vom Erzieher (→ Kap. 3.1). Oberflächlich betrachtet ließe sich Korczaks Bild vom Kind direkt von seinem Bild des Erziehers ableiten, was folgende Gedanken nahelegt:

- Erzieher als Forscher und Beobachter → Kinder als Forschungsobjekte
- Erzieher als Begleiter und Unterstützer → Kinder brauchen Schutz und Hilfe
- Erzieher als Arzt, Psychologe und Krankenpfleger → Kinder brauchen Pflege, Betreuung und Diagnostik
- Erzieher als Fürsprecher und Anwalt → Kinder brauchen einen »Advokaten«, der für sie spricht

Aber so einfach ist es nicht. Selbst wenn diese Schlussfolgerungen teilweise bejaht werden können, geht doch das Bild vom Kind bei Korczak weit über diese Denkweise hinaus, die Kindern meist die Rolle von Schutzbedürftigen zuweist. Deswegen rücken nun etwas andere Facetten in den Vordergrund, die in Korczaks Pädagogik wiederholt zur Sprache kommen, wenn von Kindern die Rede ist.

Welches Bild vom Kind wird in seinen pädagogischen Hauptschriften entfaltet? Die im Folgenden behandelten Facetten betonen eher die Autonomie von Kindern und deren Eigenständigkeit und Widerständigkeit, weniger ihre – stets auch vorhandene – Schutzbedürftigkeit: Kinder als Subjekte und als unbekannte Größe; Kinder in ihrer Weltlichkeit, Individualität und Gegenwartsbezogenheit.

Das Kind als Subjekt

Korczak beschreibt häufig, was Kinder *nicht* sind, um dadurch sein Bild vom Kind umso deutlicher hervortreten zu lassen. Ein Kind darf in seinen Augen weder als Eigentum noch als Objekt oder als eine Investition angesehen werden. Eine solche Haltung kritisiert er z. B. in »Das Kind in der Familie« und nicht ohne Sarkasmus.

> »Mein Kind, das ist mein Eigentum, mein Sklave, mein Schoßhündchen. Ich kraule es zwischen den Ohren, streichle ihm den Rücken, führe es mit Schleifchen geschmückt spazieren, dressiere es, damit es verständig und gesittet ist; aber, wenn es mich ärgert: ›Geh spielen. Mach deine Hausaufgaben. Es ist Schlafenszeit‹« (SW, Bd. 4, S. 61).

Immer wieder können wir in Korczaks Schriften diesem Gedanken begegnen: Kinder sind weder Objekte, über die Erwachsene verfügen, denen sie sich unterordnen und unterwerfen müssen, noch dürfen sie von ihnen gemaßregelt oder gar als Eigentum betrachtet werden. Kinder sollten im Umkehrschluss vielmehr als *Subjekte,* als eigenständige Menschen gesehen werden, die ebenso wie Erwachsene Rechte und Pflichten haben. »Kinder werden nicht erst Menschen, sie sind es bereits« (SW, Bd. 9, S. 50; vgl. Wyrobnik 2020a) – diese zentrale Botschaft von Korczaks Werk findet sich in dem Artikel »Die Entwicklung der Idee der Nächstenliebe im 19. Jahrhundert« von 1899 (SW, Bd. 9, S. 47–51). Am Vorabend des 20. Jahrhunderts, das bekanntlich auch als »Das Jahrhundert des Kindes« bezeichnet wird, heißt es dort weiter:

> »ja, sie sind Menschen und keine Puppen; man kann an ihren Verstand appellieren, sie antworten uns, sprechen wir zu ihren Herzen, fühlen sie uns. Kinder sind Menschen, in ihren Seelen sind Keime aller Gedanken und Gefühle, die wir haben, angelegt. Deshalb muss man diese Keime entwickeln, ihr Wachstum einfühlsam lenken.« (SW, Bd. 9, S. 50)

Kinder sind nach diesem Verständnis zwar nicht erwachsen und befinden sich noch in der Entwicklung – sie sind aber schon Menschen mit allen Rechten, die auch Erwachsene auszeichnen. Korczak stellt mehrfach klar, dass diese kindlichen Lebenswelten keineswegs als kleine, nicht ernstzunehmende Miniaturwelten anzusehen sind: »Keine Liliputwelt, sondern eine richtige Welt, mit ihren Werten, Tugenden, Lastern, Bestrebungen und Wünschen, – die nicht klein, sondern bedeutsam, nicht unschuldig, sondern menschlich sind« (SW, Bd. 4, S. 152).

Dass Korczak Kinder nicht nur als ebenbürtig betrachtete, sondern auch sein Handeln daran ausrichtete, zeigt sich z. B. darin, dass er in die Vorbereitung mancher Ansprachen an Kinder eine Woche oder mehr investierte (vgl. SW, Bd. 4, S. 227). Noch klarer wird er in folgenden Sätzen: »Es gibt keine Kinder – es gibt nur Menschen; aber Kinder haben eine andere Begriffsskala, einen anderen Erfahrungsschatz, andere Impulse, eine andere Gefühlswelt« (SW, Bd. 4, S. 147 f.). Zu Beginn seiner Erzählung »Wenn ich wieder klein bin« (1925) wird dies erneut deutlich, wenn er sich an den erwachsenen Leser richtet.

> »Ihr pflegt zu sagen: ›Der Umgang mit Kindern ist anstrengend.‹ Ihr habt recht. Ihr sagt: ›Weil wir uns zu ihren Begriffen herablassen müssen.‹ Herablassen, hinunterbeugen, uns krümmen, kleinmachen. Ihr irrt. Nicht das ist es, was uns anstrengt. – Sondern, dass wir uns aufschwingen müssen zu ihren Gefühlen. Aufschwingen, emporrecken, auf die Zehenspitzen stellen, heranreichen. Um sie nicht zu verletzen.« (SW, Bd. 3, S. 135)

An dieser Stelle scheint wieder der Subjektcharakter von Kindern auf: Kinder sind keine *Objekte,* zu denen wir uns herablassen – vielmehr müssen wir uns mit Mühe zu ihnen aufschwingen, um auf *Augenhöhe* mit ihnen zu kommen. Korczak führt an dieser Stelle wie auch in der dazugehörigen Geschichte, in welcher der Erzähler wieder zum Kind wird, einen bemerkenswerten Perspektivenwechsel durch.

In der pädagogischen Praxis rückte er die Subjekthaftigkeit von Kindern ebenfalls in den Mittelpunkt, z. B., indem er sie an der Gemeinschaft des Dom Sierot und an dem damit verbundenen Selbstverwaltungssystem aktiv teilhaben ließ: durch Dienste, durch Mitsprache und durch ihre Ideen. Dadurch dass sie Klagen und Änderungswünsche vorbringen konnten, wurden sie nicht als zu betreuende »Objekte«, sondern als Subjekte des Dom Sierot angesehen, als Rechtsträger, mit allen Rechten und Pflichten (→ Kap. 4.2). Dass für Korczak der Subjektstatus von Kindern von immenser Bedeutung war, wird in seiner Auffassung von Kindern als Experten ihrer selbst deutlich, aber auch in seiner Vorstellung vom Kind als unbekannte Größe, die im Folgenden entfaltet wird. Denn wenn Kinder Subjekte und nicht lediglich Objekte sind, lässt sich ihr Handeln niemals vollständig nachvollziehen. Ein Subjekt handelt auch unvorhergesehen, es ist nicht berechenbar und führt ein Eigenleben.

Das Kind als unbekannte Größe

»Wir kennen das Kind nicht, schlimmer noch: Wir kennen es aus Vorurteilen«, schreibt Korczak in »Das Internat« (SW, Bd. 4, S. 205). Dies wiederholt er regelmäßig und betont dabei, dass es nicht einfach sei, Kinder zu ergründen. Es geht vor allem darum, sich die eingefahrenen Vorurteile über Kinder bewusst zu machen, sie als falsch, unzureichend oder irreführend zu enttarnen und sich selbst auf die Suche nach »dem« Kind zu begeben. Kinder erscheinen uns manchmal fremd, anders, unbekannt, also sperrig und unzugänglich, und sie sind nicht direkt zu erschließen. Aus diesem Grund werden sie bei Korczak auch als unverfügbar und als ein Geheimnis (vgl. SW, Bd. 4, S. 41) beschrieben. Durch diesen Geheimnischarakter, den Kinder annehmen können, stellen sie eine unbekannte

Größe dar – selbst für Korczak, den erfahrenen Arzt mit vielen Jahren pädagogischer Praxis: »Und, obschon reich an durch Erfahrung gewonnenem Bewusstsein von der Macht der Naturgesetze und vom genialen Forschergeist des Menschen, stehe ich vor einer unbekannten Größe: dem Kind« (SW, Bd. 4, S. 202).

Korczak wagt sogar folgenden Vergleich: »Ein Kind ist wie ein Pergament, dicht beschrieben mit winzigen Hieroglyphen, von denen du nur einen Teil zu entziffern vermagst« (SW, Bd. 4, S. 13). Kirchner (2003) kommentierte dies so: »Er definiert das Kind als einen vorgegebenen ›fremden Text‹, als eine ›Hieroglyphen-Schrift‹, als ein ›Buch in einer Fremdsprache‹. Diese ›Schrift‹ ist vom Erzieher zu entziffern, zu entschlüsseln und zu übersetzen« (Kirchner 2003, S. 288). Wenn wir Kinder beobachten und zu verstehen versuchen, kann es immer einen »unaufgelösten Rest« geben. Selbst für ihre Eltern seien Kinder zunächst einmal unbekannt und fremd und müssten lange beobachtet und erforscht werden, um sie ein wenig zu »entziffern«. Hier schließen sich Überlegungen von Michael Kirchner (vgl. Kirchner 1997, S. 36 ff.) und Eric Mührel (vgl. Mührel 2019, S. 80 ff.) zur Verantwortung gegenüber dem unbekannten »Anderen« und zur Achtung seiner Andersheit in Bezug auf den Philosophen Emmanuel Levinas an. Diese betonen u. a. das pädagogische Verhältnis als ein ethisches Verhältnis (vgl. Kirchner 1997, S. 37) und die asymmetrische Beziehung zum »Anderen« – nicht dessen verstehende Aneignung (Mührel 2019, S. 81).

Schließlich sind wir laut Korczak dazu verpflichtet, auch bei der Kommunikation mit Kindern zu akzeptieren, dass sie uns bestimmte Dinge, Geschehnisse, Begebenheiten, Ideen und Gedanken nicht mitteilen möchten: »Achte sein Geheimnis« (SW, Bd. 4, S. 182). Eltern, aber auch Erzieher müssen insofern die Privatsphäre von Kindern achten. Ihr Recht, Dinge für sich zu behalten und Geheimnisse zu haben, muss respektiert werden. Korczak bezeichnet Kinder darüber hinaus als »Verstellungskünstler«, die sich zuweilen absichtlich verbergen und verschließen können. Ein Kind habe »hundert Masken, hundert Rollen eines begabten Schauspielers« (SW, Bd. 4, S. 76), und er schreckt auch nicht davor zurück, zu erklären, dass das Kind die Erwachsenen dadurch unter Umständen täuschen und ausnutzen kann (vgl. SW, Bd. 4, S. 76). Aus der Hieroglyphen-Metapher (altgr. *hierós* = »*heilig*«; *glyphḗ* = »*Eingeritztes*«) folgt also nicht, dass Korczak Kinder per se als heilig betrachtet. Das lässt sich etwa daran ablesen, dass er durchaus drastische Begriffe verwendet, um darzustellen, dass Kinder ihre eigenen Absichten verfolgen und ihnen dabei manchmal jedes Mittel recht ist, wie im Weiteren zu sehen sein wird.

Kinder in ihrer Weltlichkeit

Im Unterschied zu manch anderen Pädagogen hält Korczak Kinder nicht für heilige, reine oder unschuldige Wesen. Sie werden – mit wenigen Ausnahmen – in seinen Schriften nicht verherrlicht. Er »romantisiert [...] die Kindheit nicht, so wenig er den Menschen als nur gut begreift« (Stenger 2011, S. 237). Michael Winkler (2013) drückte es so aus: »Korczak denkt nicht wie Rousseau. Kinder sind nicht von vornherein gut und werden durch die Gesellschaft verdorben« (S. 199). Korczak begreift die Welt der Kinder nicht als außerhalb des realen Lebens stehend. Nein, er sieht Kinder als äußerst real an, als jetzt bereits existierende Menschen, als eine »richtige Welt« (SW, Bd. 4, S. 152). Um dies zu bekräftigen, führt er verschiedene Phänomene und Verhaltensweisen an, die bei Kindern genauso vorzufinden sind wie bei Erwachsenen. Dabei drückt er sich partiell sehr unverblümt aus. Kinder können demnach ebenso wie Erwachsene lügen, betrügen und anderen Unrecht tun und er nennt auch mögliche Gründe für ihre (Not-)Lügen (vgl. SW, Bd. 4, S. 188). Daher scheut er nicht davor zurück, zu behaupten, es gebe unter ihnen genauso viele »schlechte« Menschen wie unter Erwachsenen, was teilweise mit ihren spezifischen Sozialisationsbedingungen, also der Umgebung oder dem Milieu, in dem sie aufwachsen, zusammenhänge (vgl. SW, Bd. 4, S. 194).

Es gehe nicht darum, Unrecht oder Lügen vollständig abzuschaffen, zumal dies ein Ding der Unmöglichkeit sei. Vielmehr sei es wichtig, Kindern die Lüge bewusst zu machen und sie dazu zu bringen, weniger zu lügen. Wenn man Kindern etwa erlaube, Geheimnisse zu bewahren, würden Lügen reduziert (SW, Bd. 4, S. 186 ff.). Korczak zeigt dabei auf, dass das Lügen von Kindern manchmal mit einem bestimmten Erziehungsstil zusammenhängt, etwa in einem autoritären Umfeld, das beinahe zur Lüge »zwingt«.

Er ist hier ganz Pragmatiker und möchte als Erzieher einen moralischen Entwicklungsprozess bei Kindern in Gang setzen, sie also dabei – mit Lawrence Kohlberg (2017) gesprochen – unterstützen, zu einer höheren moralischen Stufe zu gelangen. Es geht ihm keineswegs darum, aus ihnen »Engel« zu machen. Wer nie lügt – so Korczak – kann auch die Wahrheit von der Lüge nicht unterscheiden. »Soll es doch ruhig unrecht tun« (SW, Bd. 4, S. 186), schreibt er und begründet dies folgendermaßen: »Das Kind hat ein Recht darauf, jemanden zu belügen, einen zu täuschen, etwas zu erzwingen, einen zu bestehlen. – Es hat aber nicht grundsätzlich das Recht, zu lügen, zu täuschen, zu erzwingen, zu stehlen« (SW, Bd. 4, S. 186). Und er geht noch weiter: »Wenn es als Kind nicht die Möglichkeit hatte, einmal die Rosinen aus dem Kuchen zu pulen und heimlich zu essen – ist es nicht ehrlich und wird es auch als Erwachsener nicht sein« (SW, Bd. 4, S. 186).

Fazit: Kinder sind Menschen – mit allen moralischen Stärken und Schwächen. Sie tun anderen zuweilen Unrecht, etwa indem sie lügen. Diese Lügen jedoch haben viele Ursachen und teilweise sogar legitime Gründe: Scham, Zwang oder Angst, die Wahrheit zu sagen, Schutz anderer Kinder u. a. (vgl. SW, Bd. 4, S. 188). Kinder hätten – genau wie Erwachsene – ein Recht, einmal zu lügen, was keineswegs mit einem Recht zur ständigen Lüge verwechselt werden darf (vgl. SW, Bd. 4, S. 186). Als hätte Janusz Korczak den Roman der Psychologin und Schriftstellerin Ayelet Gundar-Goshen »Lügnerin« (2017) gelesen, formuliert er äußerst lebensklug, dass die Lüge zur Welt dazugehöre, ja, nicht aus der Welt zu schaffen sei, es aber verschiedene Formen und Gründe für sie gebe. Für Kinder – so können wir seinen Appell verstehen – kann die Lüge sogar manchmal äußerst nützlich sein, und zwar wenn sie reflektiert wird und ihre moralische Entwicklung voranbringt, wenn ein Kind folglich »mit seinem Gewissen« kämpft und seine »moralische Widerstandskraft erprobt und stärkt« (SW, Bd. 4, S. 186).

Kinder in ihrer Individualität

Ein weiteres bei Korczak immer wieder deutlich hervortretendes Thema ist die Vielfalt unter Kindern bzw. die Einzigartigkeit und Individualität jedes einzelnen Kindes. Dies hängt natürlich mit den bereits beschriebenen Bildern bzw. Facetten vom Kind als Subjekt und als unbekannte Größe zusammen. Heute würde man von Heterogenität oder Diversität sprechen bzw. von einer »Pädagogik der Vielfalt« (vgl. Prengel 2019). Korczak betont die Unterschiedlichkeit von Kindern, indem er das Internat aus der Vogelperspektive betrachtet und dort »Stimmengewirr, Bewegung, Jugend, Fröhlichkeit« (SW, Bd. 4, S. 151), aber auch »Hundert Kinder – hundert Menschen« (SW, Bd. 4, S. 152) entdeckt, die nun einmal nicht gleich, sondern verschieden und jeweils einzigartig sind.

Kinder unterscheiden sich – so Korczak – durch ihr Alter, ihr Geschlecht, ihr Aussehen, aber auch in Bezug auf ihre Herkunft, ihre Vorerfahrungen und nicht zuletzt hinsichtlich ihres Charakters, ihres Temperaments und ihrer Begabungen (vgl. SW, Bd. 4, S. 194). Letztere gilt es zu fördern und zum Leben zu erwecken. Der Erzieher könne zwar einen Grundstein legen, allerdings nichts (um)formen oder gar neu (er)schaffen. Korczak findet hierfür eine plastische Metapher: »Die Birke bleibt eine Birke, die Eiche eine Eiche – und die Klette eine Klette. Ich kann das, was in der Seele schlummert, erwecken, aber ich kann nichts neu schaffen« (SW, Bd. 4, S. 194). In anderen Worten: Ein introvertiertes Kind wird sich z. B. durch Förderung nicht in ein völlig extrovertiertes verwandeln lassen, ein mathematisch unbegabtes Kind wiederum wird auch mit viel Unterstützung wohl eher nicht zum Mathematiker.

Damit korrespondiert Korczaks drittes Grundrecht des Kindes, wie er es bereits 1919 in »Das Kind in der Familie« formuliert hat: »Das Recht des Kindes, das zu sein, was es ist« (SW, Bd. 4, S. 45). Hiermit ist das Recht des Kindes »auf Individualität« angesprochen, wie Friedhelm Beiner (2008) es nennt. Es gehe dabei nicht um die Idealvorstellungen von Erwachsenen, wie ein Kind sein soll, sondern darum, »wie es sein kann« (Beiner 2008, S. 35). Zusammengefasst: Indem Korczak den Subjektstatus von Kindern, d. h. ihre Selbständigkeit und Selbstbestimmung, ihr Recht auf Widerspruch, auf Geheimnisse und eigene Gefühle, ernst nimmt, trägt er dazu bei, sie anzunehmen, wie sie sind, und zu respektieren, was sie sind (vgl. Beiner 2008, S. 35).

Kinder sind demzufolge so wertzuschätzen, wie sie sind, auch wenn sie verhaltensauffällig sind oder sich z. B. durch eine Beeinträchtigung von anderen Kindern unterscheiden. Kinder haben das Recht, Kind und – vor allem – sie selbst zu sein. Sogar ein und dasselbe Kind verhalte sich in unterschiedlichen Situationen und je nach Interaktionspartner anders. Korczaks Rede von den »hundert Masken, hundert Rollen eines begabten Schauspielers« (SW, Bd. 4, S. 76) erinnert stark an Erving Goffmans »Wir alle spielen Theater« (2003) sowie daran, dass sich Kinder bereits früh in Rollendistanz und Ambiguitätstoleranz üben und ihre Individualität insbesondere durch solche Fähigkeiten zum Ausdruck kommt.

»Kinder sind anders« (1952). Diesem bekannten Titel von Maria Montessori (im italienischen Original aus dem Jahr 1938 lautet er »Il segreto dell'infanzia«) würde Korczak sicher ebenfalls zustimmen: Sie sind anders als Erwachsene, aber deshalb nicht weniger wert. Sie haben andere Erfahrungen, was nicht immer gleichbedeutend mit weniger Erfahrungen ist, und sie unterscheiden sich schließlich auch untereinander stark – genauso wie Erwachsene. Das Recht des Kindes auf Individualität ist besonders heute von ungemeiner Bedeutung, wenn wir viel von Inklusion (vgl. Krenz/Klein 2012; Wagner 2017) sprechen und die Vielfalt von Kindern in Kindertageseinrichtungen und Schulen einen hohen Stellenwert hat (vgl. Prengel 2020).

Kinder in ihrer Gegenwartsbezogenheit

Kinder leben im Hier und Jetzt, also im Heute, in der unmittelbaren Gegenwart. Hiermit korrespondiert Korczaks zweites Grundrecht des Kindes, und zwar das »Recht des Kindes auf den heutigen Tag« (SW, Bd. 4, S. 45). Er hat sich zu diesem Recht ausführlich geäußert. Ihm lag vor allem daran, dass die Gegenwart von Kindern nicht einer oft noch unbekannten Zukunft geopfert wird. Korczak fand hierzu eine prägnante Formulierung: »Jeder hat das Recht auf einen guten

Lehrer und auf sein Portiönchen Himbeereis« (SW, Bd. 4, S. 489). Er betont damit einerseits die enorme Bedeutung von Bildung und die Kindheit als eine Phase der Weltaneignung. Andererseits hebt er mit dem Bild vom Himbeereis das Recht von Kindern auf das Genießen des Augenblicks hervor, auf das Leben im Hier und Jetzt. Kindheit, das ist demzufolge eine Phase, in der sowohl auf die Zukunft vorbereitet wird als auch der gegenwärtige Augenblick genossen werden darf. Dies leistet einen entscheidenden Beitrag zum Glück in der Kindheit (→ Kap. 4.3), weshalb Korczaks »Recht des Kindes auf den heutigen Tag« eines seiner wichtigsten Grundrechte für Kinder darstellt.

Korczak arbeitet dieses Recht auf das Hier und Jetzt insbesondere in »Das Recht des Kindes auf Achtung« heraus. Darin spricht er nicht nur vom heutigen Tag, sondern von der Achtung jedes einzelnen Augenblicks, denn er »verlöscht und wird sich nie mehr wiederholen, man muss ihn immer ernstnehmen; wird er verwundet, so blutet er, wird er getötet, so wird er mit dem Gespenst böser Erinnerungen schrecken« (SW, Bd. 4, S. 404). Das Leben, auch das heutige, jetzige Leben von Kindern, müsse immer ernst genommen werden. Denn: »Wie soll es morgen leben können, wenn wir ihm heute kein bewusstes, verantwortungsvolles Leben ermöglichen. Nicht niedertrampeln, nicht geringschätzen, nicht der Knechtschaft des Morgen überlassen, nicht stoppen, nicht hetzen, nicht antreiben« (SW, Bd. 4, S. 404). Korczak ruft also dazu auf, die Gegenwart wertzuschätzen und zu achten, den Kindern ein »Heute« zu ermöglichen und sie nicht immer nur im Hinblick auf die Zukunft zu betrachten, sondern vielmehr die Kindheitsphase an sich zu würdigen. Hierzu gehören altersgerechte Spielmöglichkeiten, Erfahrungen in der Natur und in freien, nicht stets von Erwachsenen kontrollierten Zeiten und Räumen. Heutzutage gibt es Bemühungen, diesem Bedürfnis beispielsweise im »Waldkindergarten« oder durch »Waldtage« und Ausflüge in die Natur gerecht zu werden (vgl. Wyrobnik 2018).

Beim Recht des Kindes auf den Augenblick, auf das Heute bzw. auf den heutigen Tag spielen Kindheitserfahrungen des jungen Henryk eine Rolle, unter denen er sehr gelitten hat: ein wohlbehütetes Kind, das vieles aus mancherlei vorgebrachten Gründen (z. B. um der Gesundheit, der Zukunft willen) nicht durfte. Hier spricht also das erwachsen gewordene »Salonkind«, das dieses Recht auf die Gegenwart für alle Kinder einfordert.

Wenn man Korczaks facettenreiches Bild vom Kind nochmals Revue passieren lässt und mit seinem Bild vom Erzieher im vorigen Kapitel in Beziehung setzt, kann man Folgendes konstatieren: Zu einer glücklichen Kindheit gehören zum einen die Chance auf Bildung und die Möglichkeit zum Genuss, zum anderen eine Balance zwischen Schutz und Autonomie. Kinder brauchen unseren Schutz ebenso wie eine gehörige Portion »Gewährenlassen«, und zwar in dem

Sinne, dass wir ihnen eigenständige Erfahrungen ermöglichen. Ein stets beschütztes und von allen potenziellen Gefahren ferngehaltenes Kind, das quasi in einem sterilen Raum aufwächst, wird dabei ebenso wenig auf das Leben vorbereitet wie ein völlig sich selbst überlassenes Kind, das keinerlei Grenzen oder Regeln kennt und alles am eigenen Leib und ohne Unterstützung erfahren bzw. erleiden muss. Mit anderen Worten: Es geht darum, »das Subjekt bei der Erlangung der Freiheit zur eigenen Lebensgestaltung zu unterstützen und auch dabei dieser Freiheit die Formen zu geben, derer sie bedarf, um als Freiheit gelebt werden zu können« (Kleinow/Noack Napoles 2019, S. 37).

Damit wir dem kindlichen Schutzbedürfnis ebenso gerecht werden wie dem Autonomiebedürfnis, bedarf es des »ganzen Dorfes« – wie ein vielzitiertes Sprichwort besagt: Wir brauchen ein ganzes Dorf, um Kinder großzuziehen, eine ganze Gemeinschaft. Zu diesem »Dorf« zählen auch die pädagogischen Fachkräfte in Kitas. Diese können in gewisser Hinsicht eine Vergrößerung der Familie bilden, diese unterstützen und Erfahrungen, die Kinder in ihren Kernfamilien machen, erweitern oder vertiefen. Familie und Kita sollten einander ergänzen, um ein glückliches Aufwachsen von Kindern zu ermöglichen (vgl. Wyrobnik 2016, S. 13). Um dies zu erreichen, brauchen Kinder auch andere Kinder. Deshalb möchte ich abschließend die Kindergruppe bzw. die Kindergemeinschaft betrachten, die Korczak so oft beschrieben hat. Welches Bild von der Kindergruppe können wir bei ihm entdecken?

3.3 Korczaks Bild von der Kindergruppe

Korczak kam auf vielfältige Weise mit unterschiedlichen Kindergruppen in Berührung: sei es in den Sommerkolonien, in denen er im ersten Jahrzehnt des 20. Jahrhunderts einige Male als Gruppenbetreuer wirkte, sei es später in verschiedenen Heimen, wie etwa ab 1912 im eigenen Internat, dem Waisenhaus Dom Sierot. Er lernte Kinder infolgedessen nicht nur als einzelne Individuen bei seiner Tätigkeit als Arzt im Krankenhaus oder in seiner medizinischen Sprechstunde kennen, sondern vor allem im Rahmen einer Kindergemeinschaft. Dadurch boten sich ihm viele Gelegenheiten, das Verhalten von Kindern beim gemeinsamen Spiel sowie bei anderen Interaktionen und Aktivitäten, also auch bei Konflikten wie Streit und Prügeleien, zu beobachten. Kinder und ihre Lebenswelten konnte er so in ganz gewöhnlichen Alltagssituationen außerhalb der Familie studieren.

Wie kann man in solchen, teils großen Gruppen Chaos vermeiden, Ordnung herstellen und eine friedliche Atmosphäre schaffen? Wie lässt sich das

Zusammenleben so organisieren, dass es sozial und gerecht zugeht? Auf welche Weise beteiligt man die Kinder und Jugendlichen und lässt sie zu Wort kommen? Und wie lassen sich schließlich Kinder, die verwaist sind oder die aus Familien stammen, in denen sie in den ersten Lebensjahren zum Teil mit Gewalt, Krankheit, Kriminalität und Hunger konfrontiert waren, zu verantwortungsvollen Mitgliedern einer Gemeinschaft erziehen? Das alles sind Fragen, die sich Korczak einerseits ganz praktisch im Heimalltag aufdrängten, die er andererseits aber auch theoretisch in seinen Schriften bearbeitete.

Es wird sich im weiteren Verlauf zeigen, welche Art von Pädagogik er sich für Gruppen erhoffte, und zwar für Kindergruppen, die nicht unbedingt auf Bekanntschaften oder Freundschaften beruhten, sondern »bunt« zusammengewürfelte »Zwangsgemeinschaften« darstellten, deren Mitglieder aufgrund verschiedener Umstände aufeinandertrafen und die über eine gewisse Zeit miteinander auskommen mussten.

Kinder brauchen Gleichaltrige

Beobachtungen in Kindergruppen führten Korczak zu verschiedenen Schlussfolgerungen. So äußert er sich bereits 1919 in »Das Kind in der Familie« zu den unterschiedlichen Spielen der Kinder, die viel über diese auszusagen vermögen. Beobachte man eine Kindergruppe bei Kreis- und Reigenspielen im Garten, gelange man zu der Erkenntnis, dass es äußerst wichtig sei, Kinder nicht nur für sich allein, als einzelne Individuen, zu betrachten, sondern sie zuallererst bei ihren Interaktionen mit anderen Kindern zu beobachten und daraus Schlüsse zu ziehen. So ließe sich erkennen, was sie zu verwirklichen vermögen (vgl. SW, Bd. 4, S. 92). Besonders aufschlussreich seien dabei die Spiele mit Wettbewerbscharakter, z. B.: Wer rennt am schnellsten? Wer hüpft am weitesten?

> »Auf diese Weise gewinnt das Kind Anerkennung, es kann eine entsprechende Stellung in seinem Milieu einnehmen. Aber man muss daran denken, dass das Wohlergehen des Kindes nicht ausschließlich davon abhängt, wie die Erwachsenen es einschätzen, sondern in mindestens ebenso großem, wenn nicht größerem Maße davon, wie die Gleichaltrigen es beurteilen, die andere, aber nicht weniger feste Grundsätze in ihren Werturteilen und bei der Verleihung von Rechten an die Mitglieder ihrer Gesellschaft haben.« (SW, Bd. 4, S. 94)

Im Rahmen solcher Spielformen verschaffen sich Kinder bei ihren Altersgenossen demnach Achtung, Respekt bzw. Anerkennung und Wertschätzung. Sie erfahren ferner Selbstwirksamkeit und eine Stärkung ihres Selbstbewusstseins. In der

Kindergruppe können sie sich – fernab von den Beurteilungen und Meinungen der Erwachsenen – vergleichen und messen, indem sie gewinnen oder verlieren. Darüber hinaus schätzen Gleichaltrige sie als Experten für verschiedene Fähigkeiten, für die sie von Erwachsenen zuweilen belächelt werden.

Korczak hebt immer wieder den Stellenwert der Gleichaltrigen für Kinder hervor. Dies kommt insbesondere in den »Sommerkolonien« (SW, Bd. 4, S. 211–248) zum Ausdruck, einer Schrift, in der er seine Erfahrungen reflektiert und sich über die Bedeutung der Kindergruppe äußert.

Die Macht der Kindergruppe

»Den Sommerkolonien verdanke ich viel. Dort traf ich das erste Mal mit einer großen Schar von Kindern zusammen und erlernte in selbständiger Arbeit das Abc der pädagogischen Praxis« (SW, Bd. 4, S. 211) – so leitet Korczak das erste Kapitel der »Sommerkolonien« ein. In der Tat machte er als junger Mann in seinen Zwanzigern in den Sommerkolonien erste wichtige Erfahrungen mit großen Gruppen von Kindern, die für einen jeweils einmonatigen Aufenthalt auf dem Land den Keller- oder Souterrainwohnungen, in denen es häufig kalt und feucht war, entfliehen konnten. Voller Idealismus ging er an die Arbeit und wollte den Aufenthalt der Kinder »ohne eine einzige Träne« (SW, Bd. 4, S. 211) gestalten. Er gibt jedoch zu, dass er – jung und unerfahren – in den ersten Durchgängen der Sommerkolonien viele Fehler im Umgang mit der Kinderschar beging. Er unterschätzte die Kinder als Gruppe, und zwar sowohl den Einfluss ihrer Herkunft, also des Milieus, aus dem sie stammten, als auch die Bedeutung der bislang von den Kindern gesammelten und sie prägenden Erfahrungen: Dazu zählten damals etwa Begegnungen mit streng autoritären Erziehungsmethoden oder Gewalterfahrungen in und außerhalb der Familie.

Beim ersten Kennenlernen der Kindergruppe hat er zunächst Schwierigkeiten, sich die dreißig Namen der einzelnen Kinder zu merken. »Ich erwartete mit Freude den Tag der Abfahrt und ahnte in meiner Naivität nicht, wieviel vorsichtigen Taktgefühls es bedarf, um einer bedrohlichen Masse Herr zu werden« (SW, Bd. 4, S. 215). Schon bald stößt er auf aufrührerisches Verhalten einzelner Kinder und kämpft mit den Mühen des Alltags, beispielsweise mit der Frage, wie viele Kinder an einem Tisch zu platzieren sind (vgl. SW, Bd. 4, S. 217). Er erlebt Kämpfe um den Sitzplatz, zu Bruch gehendes Geschirr und Streitereien beim Verteilen des Essens. Korczak resümiert diese ersten Erfahrungen in der Sommerkolonie folgendermaßen: Trotz mehrjähriger Arbeit als Nachhilfelehrer, trotz pädagogischer und psychologischer Kenntnisse stehe er »hilflos vor dem Geheimnis der kollektiven Seele einer Kindergemeinschaft« (SW, Bd. 4, S. 219).

Im weiteren Verlauf seiner Schilderung wird er einer »Katzenmusik« im Schlafsaal zuerst nicht Herr und versucht autoritär, d. h. streng und strafend, durchzugreifen, erwischt dabei jedoch einen Unschuldigen und sieht seinen Fehler ein (vgl. SW, Bd. 4, S. 220 f.). »Ich hatte nicht an Arbeit, sondern an Vergnügen gedacht; dieser Aufstand der Kinder öffnete mir die Augen für die Schattenseiten der heiteren Ferien« (SW, Bd. 4, S. 221). Seine Einsichten aus diesen Erlebnissen fasst er so zusammen:

> »Ich hatte verstanden, dass Kinder eine Macht darstellen, die man zur Mitwirkung ermuntern und durch Missachtung gegen sich aufbringen kann, mit der man aber auf jeden Fall rechnen muss. [...] Am nächsten Tag sprach ich das erste Mal während einer Plauderei beim Waldspaziergang nicht zu den Kindern, sondern mit den Kindern; ich sprach nicht davon, was ich möchte, dass sie seien, sondern davon, was sie sein wollten und könnten. Vielleicht habe ich mich damals das erste Mal davon überzeugt, dass man von Kindern viel lernen kann, dass auch sie Forderungen und Bedingungen stellen und Einwände machen, und dass sie ein Recht darauf haben.« (SW, Bd. 4, S. 222)

Friedhelm Beiner nennt diesen Moment Korczaks »kopernikanische Wende« (Beiner 2017, S. 11). Joop Berding, Inge Smit und Inge van Rijn (2010) haben ihn als Geburtsstunde der »Kinderkonferenz« bezeichnet.

Die Dynamik der Kindergruppe

Während seiner Aufenthalte in den Sommerkolonien konnte Korczak beobachten, wie sich eine Kindergemeinschaft organisiert. Noch viele Jahre später erinnert er sich in verschiedenen Artikeln an diese ersten pädagogisch-praktischen Erfahrungen mit Kindergruppen. In »Der Erzieher und die Jugendlichen« (1938) schreibt er: »In der Sommerkolonie bin ich Kindern begegnet. Dort ist es mir bewusst geworden, dass 100 nicht einfach das Doppelte von 50 ist. Das ist etwas ganz anderes« (SW, Bd. 9, S. 461). Korczak nimmt Stellung zur Gruppendynamik und unterscheidet dabei Gruppen mit wenigen von solchen mit vielen Kindern, bei denen die pädagogische Arbeit anstrengender sei. Er hebt somit wieder die Macht bzw. Stärke einer großen Kindergemeinschaft hervor. Ähnlich bringt er es in einem anderen Text mit dem Titel »Erziehungskunst«, der 1938 in der Zeitschrift »Hechaluc hazair« (hebr.: »Der junge Pionier«) erschienen ist, auf den Punkt:

> »Ein Kind hat eine eigene große und wichtige Welt. Zwei Kinder – haben drei große Welten. Drei Kinder – das ist nicht eins plus eins plus eins. Das

ist viel mehr: das erste und das zweite Kind, das erste und das dritte Kind, das zweite und das dritte und alle drei zusammen. Sieben große Welten. Abneigung, Freundschaft, Schlägerei, Güte, Freude, Trauer. Rechne selbst aus, über wie viele Welten 10, 20, 30 Kinder verfügen. Viele Welten und schwierige Welten. Alleine, ohne die Hilfe des Kindes, kannst du sie nicht erfassen.« (SW, Bd. 9, S. 470)

Wiederum spricht er den Unterschied zwischen einem einzelnen Kind und Kindern innerhalb einer größeren Gemeinschaft an. Je mehr Kinder zusammen sind, z. B. gemeinsam spielen, desto vielfältiger sind die Interaktionen und Konstellationen, die sich dabei ergeben können, desto dichter und abwechslungsreicher wird die Dynamik. Damit nimmt Korczak gruppendynamische Erkenntnisse vorweg, die viele Jahre später, u. a. für den Elementarbereich, von der sozialpsychologischen Forschung bestätigt wurden (vgl. Dollase 2015).

Um solche Gruppenprozesse zu verstehen, sind Erzieher auf die Hilfe und Unterstützung ebendieser Kinder angewiesen. Schließlich lassen sich die Lebenswelten von Kindern in einer Kindergemeinschaft nur durch Beobachtung sowie durch Fragen und aufmerksames Hinschauen und Forschen erfassen. Es lohne sich, die Kinder selbst zu fragen, »denn sie« – so Korczak – »kennen sich am besten« (SW, Bd. 9, S. 470).

Und er tat genau das: Über seine Beobachtungen hinaus befragte er die Kinder auch zu ihren Interaktionen und erweiterte so sein Blickfeld. Diese Erkenntnisse ließ er u. a. in seine Erzählungen einfließen, in denen ebenfalls häufig von Kinderfreundschaften, Kindergruppen und Kinderbanden die Rede ist. In seiner frühen Erzählung »Ruhm« (1913) kommt dies besonders deutlich zum Ausdruck. In dieser wird geschildert, wie einige Mädchen und Jungen aus der Arbeiterschicht beschließen, eine kleine Kindergemeinschaft zu bilden, um einander bei unterschiedlichen Problemen zur Seite zu stehen. Sie gründen den sogenannten »Bund der Ritter der Ehre« und geben sich die Losung »Ruhm«. In diesem Bund herrschen bestimmte Regeln, denen sich die »Ritter« unterordnen müssen. Korczak zeigte Kindern durch solche Bücher Formen von Selbstorganisation in Gruppen auf. Man liest von den spannenden Erlebnissen der »Ritter der Ehre«, die sich in einem Statut verschiedenen Primär- und Sekundärtugenden verschreiben. Die junge Leserschaft erfährt darüber hinaus, wie man sich Erwachsenen gegenüber zur Wehr setzen und wie man durch Anstrengung, Bildung und gegenseitige Unterstützung ein Stück weit Erfolg und »Ruhm« erreichen und im Leben vorankommen kann, auch wenn sich letztlich nicht alle Träume erfüllen (vgl. SW, Bd. 10, S. 261 ff.; Schonig 1999).

In weiteren Geschichten und Berichten hat Korczak sich mit dem Phänomen der Kindergruppe in der Ferienkolonie erzählend auseinandergesetzt, z. B. in »Die Mojscheks, Joscheks und Sruleks« (SW, Bd. 10, S. 73–148). Im Dom Sierot setzte er schließlich gemeinsam mit Stefania Wilczyńska vieles um, was er in den Sommerkolonien über die (Selbst-)Organisation einer Kindergemeinschaft gelernt hatte. Ab 1912 nutzt er dieses Wissen, um den Kindern im Dom Sierot zu helfen, sich selbst zu verwalten und das Heim gemeinsam mit den Erwachsenen zu organisieren. Dadurch lässt er – im wahrsten Sinne des Wortes – eine kleine »Polis« entstehen. Durch diese Aktivitäten und seine der Öffentlichkeit präsentierten Ideen erweist sich Korczak als Sozialpädagoge (Winkler 2012; Wyrobnik 2020a) *und* als politisch denkender und handelnder Pädagoge (vgl. Berding 2020, S. 206). Letztendlich hat er die Kinder nie nur für sich allein, sondern immer auch innerhalb der Gemeinschaft betrachtet. Das gerechte Teilen, die dialogische Kommunikation, das gemeinsame Beraten, die gegenseitige Fürsorge – das alles war für Korczak ungemein wichtig (vgl. Berding 2018, S. 438). Er realisierte, dass der Streit zweier Kinder nicht nur diese beiden, sondern die ganze Gruppe betreffen konnte (Berding 2018, S. 442).

Daher brachte er im Waisenhaus durch verschiedene Methoden Konflikte ans Licht der Öffentlichkeit und schaffte eine Atmosphäre, in der jeder sich beschweren (→ Kap. 4.2) und Gerechtigkeit einfordern konnte – nicht der Stärkere siegte also dabei, sondern das stärkere Argument. Korczak förderte auf diese Weise auch das logische Nachdenken und die Argumentationsfähigkeit der Kinder und Jugendlichen. Beschwerdeverfahren als Element einer von Partizipation geprägten Lebenswelt werden in den folgenden Kapiteln ebenso aufgezeigt wie weitere Dimensionen von Korczaks Pädagogik und ihre Relevanz für die konkrete Arbeit in der Kita heute.

4 Korczaks Pädagogik und ihre Bedeutung für die Kita heute

In den bisherigen Ausführungen habe ich durch den Bezug auf die Primärliteratur, d. h. auf Korczaks Schriften, immer wieder zu verdeutlichen versucht, welche Haltung seine Pädagogik prägte und welche Art von Bildung, Erziehung, Betreuung und Begleitung er sich für Kinder vorstellte. Korczaks Pädagogik mit ihren sozialen und nicht minder politischen Aspekten lässt sich hauptsächlich in drei Begriffen fassen, die auch im Untertitel dieses Buches zu finden sind: *Wertschätzung, Partizipation* und *Lebensfreude. Wertschätzung* als eine bestimmte Form von Achtung, Respekt und Anerkennung; *Partizipation* im Sinne einer Mitbestimmung bzw. Teilhabe an der Gemeinschaft, die jedem Einzelnen zusteht und mit Rechten, aber auch mit Pflichten verbunden ist; und nicht zuletzt *Lebensfreude,* also eine »Humorvolle Pädagogik«, wie Korczaks »Fröhliche Pädagogik« (SW, Bd. 4, S. 415 ff.) auch genannt werden kann. Diese Wörter sind zum einen wichtige Begriffe, die öfter in seinem Werk auftauchen, zum anderen durchdringen sie seine gesamte Pädagogik und hängen eng miteinander zusammen. Sie werfen ganze Themen- und Fragenfelder bzw. Dimensionen auf. Darüber hinaus sind *Wertschätzung, Partizipation* und *Lebensfreude* für den heutigen Alltag in Kitas von zentraler Bedeutung. Aus diesem Grund beschäftige ich mich in den folgenden Ausführungen mit Fragen, die sich auf diese drei Begriffe beziehen sowie auf die Dimensionen, welche sich durch sie eröffnen.

In Kapitel 4.1 erfolgt zunächst eine Auseinandersetzung mit dem Begriff *Herzensbildung* als Basis für Wertschätzung und Achtung. Anschließend rückt Korczaks *Pädagogik der Wertschätzung* in den Mittelpunkt. Es wird diskutiert, wie sich eine soziale Lebenswelt in der Kita gestalten lässt, die von Wertschätzung geprägt ist. In Kapitel 4.2 steht die Funktion der *Partizipation* in einer Kindergemeinschaft im Mittelpunkt. Wenn Partizipation kein Selbstzweck ist, sondern es dabei um die Bildung einer gerechten Gemeinschaft geht – wie kann dieses Zusammenleben dann ausgestaltet werden und welche Rolle spielt dabei die Möglichkeit, Beschwerden vorzubringen? Wie tragen darüber hinaus Verantwortung und Selbstdisziplin zu einer partizipativen Lebenswelt bei? Kapitel 4.3 widmet sich schließlich einem bisher noch nicht sehr prominent behandelten Thema, und zwar der Frage, wie das Zusammenleben in einer Kindergemeinschaft nicht nur sozial und gerecht gelingen kann, sondern sich auch in einer von *Heiterkeit* geprägten Atmosphäre ermöglichen lässt, in der »das Recht des Kindes auf den heutigen Tag« Beachtung findet.

Die einzelnen Kapitel werden jeweils durch praktische Anregungen für den Alltag in Kindertageseinrichtungen abgerundet. Diese sind – ganz im Sinne Korczaks – nicht als allgemeingültige Rezepte oder gar Anweisungen zu verstehen, sondern als Impulse und Hinweise, die auf die spezifische Situation in der jeweiligen Kita angepasst werden können.

4.1 Zwischenmenschliche Beziehungen wertschätzend gestalten

Herzensbildung

Michał Wróblewski, langjähriger Bursist und Erzieher im Dom Sierot, wurde während eines Vortragszyklus von Korczak zum Thema »Die Gesellschaft der Kinder« Zeuge folgender Begebenheit:

> »Ich belegte bei ihm den Studiengang Bildung und Soziales. Korczaks Unterricht wird mir immer im Gedächtnis bleiben. Ein Beispiel: Seine Vorlesungen während meines ersten akademischen Jahres an der Hochschule. Der Doktor erscheint mit einem kleinen Jungen an der Hand und teilt den Studenten mit, dass die Vorlesung im Röntgenlabor stattfinde. Das durch die Anwesenheit der vielen Leute und die Dunkelheit erschrockene Kind hält krampfhaft die Hand des Doktors. Auf der hellen Leinwand erscheint ein kleines, stark pulsierendes Herz. Dazu die leise Stimme des Doktors: ›Betrachtet es und vergesst es nicht! Wenn ihr müde und schlecht gelaunt seid, wenn die Kinder unerträglich sind und euch aus dem Gleichgewicht bringen, wenn ihr erregt darauf reagieren wollt – denkt daran, dass das Herz eines Kindes so aussieht, und dass es so schlägt.‹« (Wróblewski 1999, S. 186)

Empathie als Bestandteil der Herzensbildung

Für ein gelingendes Zusammenleben der verschiedenen Akteure in einer Kita ist Einfühlungsvermögen, wie Korczak es in jener Vorlesung so eindrucksvoll zum Ausdruck brachte, von überragender Bedeutung. Es ist sogar noch grundlegender als Wertschätzung, denn wo es fehlt, können andere auch nicht wertgeschätzt werden. Sich einzufühlen in die Situation, in die Bedürfnisse und Gefühle von anderen, seien es Kinder, Eltern oder Kolleginnen, heißt auch, von sich selbst und seinen eigenen, teils egoistischen Wünschen Abstand zu nehmen. Einfühlungsvermögen bzw. Empathie als Bestandteil von »Herzensbildung« ist eine wichtige Grundlage für jede Kommunikation. Das wissen wir nicht erst seit Paul Watzlawick, von dem u. a. die folgenden wichtigen Axiome der Kommunikation stammen: »Erstens: Man kann nicht *nicht* kommunizieren; zweitens: Jede Kommunikation hat einen Inhalts- und einen Beziehungsaspekt, wobei letzterer den ersteren bestimmt« (zit. nach Brumlik 2014, S. 220). Das trifft umso mehr auf die Krippe und den Kindergarten zu, Einrichtungen also, in denen junge Kinder erst dabei sind, ihre volle verbale Kommunikationsfähigkeit auszubilden, und sich daher noch sehr viel nonverbal, d. h. durch Mimik und Gestik, verständlich machen – wie auch in Korczaks Erzählung »Bobo« deutlich wurde (→ Kap. 2.3).

Ein Heft der Zeitschrift »TPS« (Theorie und Praxis der Sozialpädagogik) widmete sich im Jahr 2017 dem Thema »Herzensbildung«. Der damals verantwortliche Redakteur, Herbert Vogt, fragte sich im Editorial, ob dieser Ausdruck noch zeitgemäß sei:

> »Der Begriff Herzensbildung klingt ein wenig aus der Zeit gefallen, angesichts grassierender Kompetenz-, Ziel- und Qualifikationsdiskussionen, die so rational daherkommen. Ist das Herz nicht bloß eine Metapher für das Nicht-Fassbare?« Er kommt dann allerdings zu folgendem Schluss: »Gefühle sind in der Erziehung und Bildung ja sowieso immer da, und sie wahrzunehmen, anzuerkennen und ihnen Raum zu geben scheint gerade heutzutage neue Berechtigung zu erhalten: Achtsamkeit, Empathie, emotionale Intelligenz, Ganzheitlichkeit, nicht zuletzt das enge Zusammenspiel von Herz und Seele: Das sind Konzepte und Ideen, die mit Herzensbildung verbunden werden; auch Pädagogen wie Pestalozzi und Korczak gehören dazu.« (Vogt 2017, S. 1)

Von Korczak Herzensbildung lernen

Herzensbildung lässt sich in der Tat von Korczak lernen – ob man nun sein Leben betrachtet oder seine Schriften studiert. Er betont mehrfach, dass es unterschiedliche Formen von Bildung gebe und dass die Geistesbildung nicht die einzige und vielleicht auch nicht die wichtigste darunter sei. In einem frühen Text über Erziehung, der am 25. August 1898 in der Zeitschrift »Leihbibliothek für alle« erschienen ist, verwendet er sogar explizit den Ausdruck »Herzensbildung«, und zwar in einem Abschnitt, in dem er sich an alle Erziehenden, ganz gleich ob in oder außerhalb der Familie wendet.

> »Nehmt euch der Kindererziehung an, denn das ist eine heilige Sache. Das Kind ist nach Meinung der Pädagogen weder gut noch schlecht, seine Seele ist ein fruchtbares Feld, das der Saat harrt. Säet gesunde Saatkörner aus! Aufgabe der Erziehung ist: 1. Herzensbildung. 2. Geistesbildung. 3. Alles mit höflichen Formen verbinden. Aufgabe der Erziehung ist: 1. Die positiven *angeborenen* Charaktereigenschaften des Kindes entwickeln. 2. Die negativen dämpfen. 3. Die erworbenen Eigenschaften ausbilden. Ziel der Erziehung ist: 1. Aus dem Kind einen nützlichen, edelmütigen Menschen machen. 2. Einen Glücklichen.« (SW, Bd. 9, S. 16 f.)

Ohne jetzt im Detail diese in aller Kürze beschriebenen Aufgaben und Ziele der Erziehung zu diskutieren und auf ihre mögliche Aktualität hin abzuklopfen, fällt doch auf den ersten Blick auf, dass Herzensbildung für Korczak als erste Aufgabe der Erziehung sogar noch vor Geistesbildung rangiert. Was hat das zu bedeuten? Es zeigt den Stellenwert an, den Korczak der Herzensbildung beimisst. Wichtiger, als unseren Geist bzw. unseren Verstand zu bilden, wichtiger, als kognitive oder intellektuelle Kompetenzen bei Kindern anzuregen, sei es folglich, das Herz zu bilden – oder anders gesprochen: Was nützt die ausgefeilteste Verstandesbildung und Intellektualität, wenn unzureichende Herzensbildung zum Versagen in zwischenmenschlichen Beziehungen führt?

Wir würden wahrscheinlich heute eher vom Versagen im Bereich der Emotionen oder der emotionalen Intelligenz sprechen. Denn der Begriff »Herzensbildung« klingt mittlerweile etwas altmodisch und er stammt in der Tat aus einer anderen Zeit. Kaum einer weiß, worum es wirklich geht, wenn von Herzensbildung die Rede ist. Pädagogen wie Johann Heinrich Pestalozzi oder Friedrich Fröbel haben sich in ihrer Pädagogik der Metapher des Herzens bedient, ob als »Lernen mit Kopf, Herz und Hand« bei Pestalozzi oder als »Herzblätter«, ein Ausdruck, den Fröbel für die Spiele der Kinder verwendete, die er als »Herzblätter des ganzen künftigen Lebens« umschrieb (Fröbel 1826, S. 69 f.).

Wo lernt man Herzensbildung?

Insbesondere die Herzensbildung kommt in unseren Bildungsinstitutionen heute häufig zu kurz (vgl. Vogt 2017). Schulfächer und Schulbücher existieren hierzu nicht, obwohl z. B. die bayerische Verfassung in Artikel 131 Schulen die Aufgabe zuschreibt, »nicht nur Wissen und Können [zu] vermitteln, sondern auch Herz und Charakter [zu] bilden«. In den pädagogischen Einrichtungen wird auf die Bildung des Verstandes und die Aneignung von Schlüsselqualifikationen sehr viel Wert gelegt. Doch wo findet die (Aus)Bildung des Gefühls oder der Emotionen statt? Wie und wo erfährt diese Art von Bildung Beachtung, die doch als Grundlage für ein friedliches Zusammenleben und damit als Schlüsselqualifikation ersten Ranges dient? Dies gilt besonders für die Kita, in der – auch in emotionaler Hinsicht – ein wichtiger Grundstein für das künftige Leben gelegt werden kann.

Wo lernt man nun, mit seinen eigenen Gefühlen umzugehen, diese zu verstehen oder die Gefühle anderer wahrzunehmen und zu interpretieren? Denn genau das lässt sich unter Herzensbildung verstehen: zum einen, die eigenen Gefühle wahrzunehmen und zu erkennen, mit diesen achtsam umzugehen, aber sie auch anderen mitzuteilen; zum anderen, die Gefühle von anderen – etwa über nonverbale Zeichen – wahrzunehmen, zu verstehen und darauf angemessen reagieren zu können. Daniel Goleman bezeichnet die Empathie dementsprechend als ein wichtiges Element der »emotionalen Intelligenz«. Er betont: »Die Grundlage der Empathie ist Selbstwahrnehmung; je offener wir für unsere eigenen Emotionen sind, desto besser können wir die Gefühle anderer deuten« (Goleman 1996, S. 127). Dieses zutiefst intersubjektive Geschehen hat Micha Brumlik folgendermaßen beschrieben:

> »Niemand kann Selbstgefühl, Selbstrespekt und Selbstachtung entfalten, der nicht seinerseits in allen wesentlichen Bezügen toleriert, akzeptiert und respektiert worden ist. Selbstgefühl, Selbstrespekt und Selbstachtung sind die logischen und entwicklungsbezogenen Voraussetzungen dafür, Einfühlung, Empathie in andere entfalten zu können.« (Brumlik 2010, S. 44)

Herzensbildung ist darüber hinaus ein lebenslanger Prozess. Er lässt sich nicht einem bestimmten Alter oder einer klar definierten Lebensphase zuordnen. Vielmehr entwickeln und bilden wir unsere Gefühle unser ganzes Leben lang aus und weiter, in Abhängigkeit von unterschiedlichen Erfahrungen, die wir machen, und von Situationen, die wir durchleben. Wir bilden unser Herz demnach so lange, wie wir mit anderen Menschen umgehen und mit ihnen kommunizieren. Herzensbildung beginnt früh und muss stetig gefördert und verfeinert werden, um nicht zu verkümmern. Nicht nur Bildung beginnt also mit der Geburt (vgl. Schäfer 2008), sondern auch Herzensbildung, und zwar im Idealfall bereits in der Familie – bei den ersten Interaktionen mit einem Neugeborenen. Dies sollte sich auch in Interaktionen mit weiteren wichtigen Bezugspersonen, z. B. in Einrichtungen der frühkindlichen Bildung, auf verschiedene Art und Weise fortsetzen.

Korczaks eigene »Herzensbildung«

Einige Gedanken von Korczak zur Herzensbildung wurden bereits vorgestellt. War er denn selbst »herzensgebildet«? War er ein »Herzensbildner«? Wo finden wir in seinen Schriften weitere Anknüpfungspunkte zur Herzensbildung?

Was hat er persönlich dazu beigetragen? Inwiefern kann er ein pädagogisches Vorbild für Fachkräfte in der Kita sein?

Zur ersten Frage: Ja, Korczak war herzensgebildet. Er hat sich in vielfacher Weise mit seinen eigenen Gefühlen auseinandergesetzt und diese reflektiert. Bereits aus dem Jahr 1898 – Korczak war da gerade einmal 20 Jahre alt – liegen uns Zeugnisse von ihm vor, die zum einen selbstreflexiv, zum anderen an eine breite Öffentlichkeit gerichtet sind und aus denen seine Herzensbildung ersichtlich wird. Er widmete sich also schon ab Ende des 19. Jahrhunderts den verschiedensten Gefühlen: vor allem in seinen Tagebüchern, vom Jugend- bis zu seinem Ghettotagebuch, aber auch in seinen Gedichten und erst recht in seinen frühen Zeitungsartikeln, etwa in der Zeitschrift »Leihbibliothek für alle«.

Zur zweiten Frage: War Korczak ein »Herzensbildner«? Oder anders gefragt: Hat er Menschen geholfen, ihr Herz zu bilden bzw. – zeitgemäß ausgedrückt – emotional intelligent zu handeln? In seinen aufklärerischen Schriften, wie etwa in seiner »Fröhlichen Pädagogik« (SW, Bd. 4, S. 415 ff.), finden wir kurze Geschichten, in denen er beispielhaft dazu auffordert, zu seinen Gefühlen zu stehen, etwa so: »Wer seine albernen Gedanken verbirgt, sich in Widersprüche verwickelt und lügt, bringt nicht viel zustande. Man muss standhaft und mutig sein und sich in die Augen sehen können« (SW, Bd. 4, S. 481). Bei der Herzensbildung handelt es sich nicht nur um Gefühle, die einem direkt in den Sinn kommen, wenn es ums Herz geht, wie Liebe, Sympathie und Zuneigung, sondern darüber hinaus auch um solche wie Angst, Wut, Scham, Eifersucht, Abneigung, Stolz, Trauer und viele andere mehr.

Zum Beispiel »Liebe«

Korczak beschäftigte sich auf vielfältige Weise und an vielen Stellen seines Werks insbesondere mit dem Gefühl der Liebe. Er zeigt sie in ihren unterschiedlichen Facetten und geht immer wieder auf dieses für Menschen überaus wichtige Gefühl ein. Er widmet sich etwa ersten Liebesgefühlen und -bekundungen zwischen Kindern, und zwar in Geschichten und Büchern, in denen er sich ausdrücklich an diese Altersgruppe wendet. Seine Schriften, in denen er sich mit der menschlichen Gefühlsskala befasst, haben den Sinn, Kindern Identifikationsmöglichkeiten zu bieten. Er möchte ihnen damit helfen, sich auch in die Lage anderer hineinzudenken, und sie nebenbei über Entwicklungsverläufe aufklären: »eine Schule der Empathie« (Wyrobnik 2007, S. 165). Ein besonderes Beispiel dafür befindet sich in seinem Werk »Lebensregeln« (SW, Bd. 3, S. 277–364), das sich zwar nicht unbedingt an junge Kinder richtet, in dem Korczak jedoch versucht, Kindern und Jugendlichen die »Regeln« des Lebens zu erklären, ihnen also bestimmte Sachverhalte des sozialen Miteinanders aufzuzeigen. Dort heißt ein Kapitel »Gedanken – Gefühle«. Darin beschäftigt sich Korczak mit verschiedenen Gefühlen, u. a. mit Sehnsucht und Liebe:

> »Es gibt starke und brennende Gefühle, sanfte und wehmütige, welche, die gleichsam schreien, und es gibt stille Gefühle. Was ist Liebe? Liebt man jemanden nur immer für etwas, liebt man immer diejenigen, die man lieben sollte, und so sehr, wie man es sollte? Immer gleich, oder mal mehr, mal weniger? Was bedeutet Dankbarkeit und was Achtung? Was ist der Unterschied zwischen: sehr gern haben und lieben? Wie weiß man, wen man mehr liebt? Ich habe bemerkt, dass junge Menschen nicht gern über ihre Gefühle reden. Vielleicht fällt es ihnen nur schwer, darüber zu sprechen. Selbst kleine Kinder tun das nicht gern. Dabei fragen die Erwachsenen häufig: ›Hast du mich lieb? Wen hast du lieber?‹ Einmal fragte ich einen Jungen, woran er erkannt habe, dass er das eine Mädchen lieber hatte als die anderen. Er erwiderte: ›Früher hab' ich mich mit ihr unterhalten wie mit allen anderen, aber plötzlich schäme ich mich vor ihr.‹« (SW, Bd. 3, S. 327)

In Texten, die an Erwachsene gerichtet sind, klärt er ebenfalls darüber auf, dass schon kleine Kinder Liebesgefühle haben, die aber noch als sehr offen und zweckfrei bzw. fürsorglich und wenig erotisch charakterisiert werden können. In einem mit »Liebe« überschriebenen Artikel äußert er sich zu solchen Formen der frühen Liebe von Kindern zueinander, die diese häufig zu verbergen suchen, weil sie von Erwachsenen nicht ernst genommen werden: »Also lachen wir, wenn ein Sechsjähriger einem kleinen Mädchen die Hälfte des eigenen Kuchens abgibt; wir lachen, wenn ein Mädchen als Antwort auf die Verbeugung eines Schülers errötet« (SW, Bd. 4, S. 125).

Liebe und Zuneigung im Kita-Alter

Korczak macht seine Leserschaft auf die Liebe aufmerksam, die zwischen Kindern entstehen kann. Dieser sollte man, wie auch allen anderen Gefühlen der Kinder, Beachtung schenken. Denn Kinder – so Korczak weiter – halten Gefühle wie Sehnsucht, Zuneigung und Liebe meist geheim, um nicht belächelt zu werden (vgl. Wyrobnik 2007, S. 161 f.). Ein Blick in die Untersuchung »Freundschaft und Liebe bei Mädchen und Jungen im Grundschulalter« (Leidinger 2003) bestätigt, dass sich in Bezug auf das Gefühl »Liebe« seit Korczaks Lebzeiten offenbar nicht viel verändert hat. Warum es so schwer sei, über die Gefühle zu reden – diese Frage beantwortete der elfjährige Michael im Rahmen der Studie so: »Weil es peinlich ist. Die lachen dann« (Leidinger 2003, S. 182).

Emotionale Beziehungen entstehen aber nicht nur bei Grundschulkindern, sondern schon früher, im Kindergartenalter, wie es Norbert Neuß und Sabrina

Schäfer in ihrer Studie zur »Sandkastenliebe« (2017) darzustellen vermochten. Diese »ersten Lieben« seien von einer besonderen Beziehungsqualität und von einem großen Vertrauen geprägte Freundschaften (vgl. Schäfer/Neuß 2017, S. 33). Typisch für solche »Sandkastenlieben« seien unterschiedliche Liebesbeweise und -bekundungen. Außerdem handele es sich dabei um eine »biografisch bedeutsame Bindung«, die ein Motor für »Selbstbildungsprozesse« und die emotionale Entwicklung sein kann (Schäfer/Neuß 2017, S. 34). Wie können pädagogische Fachkräfte darauf reagieren? Schäfer und Neuß schreiben, dass das Beobachten und das Dokumentieren hierbei sehr wichtig seien: »Erst wenn sie die kindlichen Interessen, ihre Themen und Beziehungen erkennen, richtig deuten und verstehen, können pädagogische Reaktionen sinnvoll angeschlossen werden« (Schäfer/Neuß 2017, S. 35).

Von diesem Phänomen der Sandkastenliebe, das bereits in der frühen Kindheit zu beobachten ist, nun zurück zur Herzensbildung im allgemeineren Sinne. Korczak betont durchaus die Bedeutung von Gefühlen für die Entwicklung und die Notwendigkeit, diese ernst zu nehmen und nicht abzutun. Doch an verschiedenen Stellen seines pädagogischen und nicht weniger philosophischen Werkes ruft er auch dazu auf, sich selbst nicht zu sehr ins Zentrum zu rücken und sich eher um andere zu kümmern, als die Gedanken ständig um die eigenen Gefühle kreisen zu lassen. Er findet dazu starke und bildhafte Worte:

> »Wer sich in seine eigenen Gedanken und Gefühle vergräbt, in seine eigenen Freuden und Kümmernisse; wer seine Seele betrachtet, als sei sie die ganze Welt; wer das ganze Leben in düsteren Farben sieht, weil er selbst krank ist oder es ihm nicht gut geht – der verdient Mitleid, denn er wird nie die mächtige Regung des Glücks erfahren.« (SW, Bd. 6, S. 313)

»Niemals für sich selbst«

Korczak, selbst kinderlos, dafür aber quasi drei Jahrzehnte lang »Ersatzvater« für hunderte von Kindern im Dom Sierot, betont im Weiteren, dass die »Arbeit für andere«, etwa für die Familie bzw. für diejenigen, die einen überleben werden, zu Glück und Erfüllung führen könne: »Ein Ziel im Leben gibt das Glück. Wenn ihr also möchtet, dass eure Kinder glücklich sind, dann zeigt ihnen dieses Ziel, dann legt den erhabenen Gedanken in ihr Herz, dass ein solches Ziel nur die *Arbeit für andere* sein kann« (SW, Bd. 6, S. 314; → Kap. 4.3). Nun kommt eine sehr soziale, ja geradezu altruistische Haltung zum Ausdruck. Interessant ist auch die gewählte Formulierung »legt den erhabenen Gedanken in ihr Herz« – d. h. nicht etwa »in ihren Kopf« oder »in ihren Verstand«. Hier scheint etwas auf, das mit Herzensbildung zu tun hat: Die Motivation im Leben beruht auf einem

Ziel – und dieses wiederum führt zu Glück und Erfüllung, wenn es mit einer im wahrsten Sinne des Wortes »Verausgabung« für andere zu tun hat. Dies setzt aber eine Empathie voraus, die es Menschen ermöglicht, sich in andere hineinzuversetzen, und sie veranlasst, auf bestimmte Weise für andere zu handeln bzw. dabei »bestimmten moralischen Prinzipien zu folgen« (Goleman 1996, S. 138).

Korczaks Beiträge zur Herzensbildung sind imstande, unsere eigene pädagogische Arbeit mit Kindern gleich in vielfacher Hinsicht zu bereichern. Viele seiner Überlegungen regen zum Nachdenken an und lassen uns die eigene pädagogische Praxis in der Kita reflektieren, erst recht wenn wir seine Schriften unter Zuhilfenahme aktueller Studien – wie derjenigen von Neuß und Schäfer – querlesen. Herzensbildung in der Kita heißt in erster Linie, die Gefühle der einzelnen Kinder einer Gruppe wertzuschätzen und darauf feinfühlig zu reagieren.

Gefühle erforschen

Es sei in diesem Kontext nochmals an Korczaks empirische Studien zur »Zuneigung und Abneigung in Kindergruppen« erinnert (→ Kap. 2.3). Wenn wir auf seine soziometrischen Experimente zur Zu- und Abneigung in Kindergruppen blicken, die uns eventuell sehr quantitativ vorkommen, können wir nichtsdestotrotz etwas daraus lernen: wie wir mithilfe einer Soziomatrix oder eines Soziogramms Gruppenstrukturen leichter wahrnehmen und visualisieren, die wir sonst in der Alltagsroutine möglicherweise übersehen hätten. Anknüpfend an eine kleine Befragung der Kinder, kann man auch mit ihnen über Gefühle der Zuneigung und Abneigung sprechen, natürlich ohne andere Kinder dabei zu verletzen oder zu stigmatisieren. Ganz im Gegenteil: Rainer Dollase empfiehlt die Anwendung soziometrischer Methoden, um interpersonelle Strukturen der Sympathie und Antipathie in Kindergruppen im Elementarbereich zu entdecken. Davon ausgehend könne man gegen Ausgrenzung, Ausschluss und Geringschätzung von Kindern durch Gleichaltrige, was sich durchaus schon im Kindergarten beobachten lässt, vorgehen (vgl. Dollase 2015, S. 134 f.).

Die Liebe zu den Dingen

Zum Schluss soll ein weiterer Zusammenhang erwähnt werden, in dem Korczak den Begriff »Herz« gebraucht und der für die pädagogische Arbeit in Kitas von Bedeutung ist: die Gefühle, die Kinder den Dingen ihres unmittelbaren Alltags, z. B. Spielsachen und Büchern, entgegenbringen. Korczak hat etwa zur Attraktivität von Spielzeug Stellung genommen. Was heißt es beispielsweise, wenn er seiner Leserschaft ans Herz legt, nicht zu teure Spielsachen zu kaufen, diese genau auf das Alter des jeweiligen Kindes abzustimmen und dabei darauf zu achten, dass sie sowohl den Verstand als auch das Herz des Kindes entwickeln (vgl. SW, Bd. 9, S. 33)?

Korczak fordert in einem Text über »Spielzeug und Bücher« dazu auf, auch Alltagsmaterialien und günstiges Spielzeug zu beachten. Damit würden Kinder sich häufig länger beschäftigen als mit teuren Spielsachen, die ihr Herz möglicherweise nicht so ansprechen. Auch bei Büchern – so Korczak weiter – komme es nicht auf deren finanziellen Wert, sondern darauf an, ob die darin geschilderten Geschichten die Kinder in ihren Bann ziehen. Er resümiert resolut: »Ganz entschieden halte ich nicht die Kinder für die glücklichsten, die viele Bücher und Spielsachen haben« (SW, Bd. 9, S. 35). Korczak wollte durch seine Geschichten – wie bereits die »Fabeln für die Jüngsten« zeigen (→Kap. 2.3) – Kinder faszinieren, amüsieren und unterhalten.

Auf der Grundlage der dargestellten Überlegungen zur Herzensbildung lassen sich für den Alltag in der Kita konkrete Anregungen anschließen, die im Folgenden anhand einiger Beispiele ausgeführt werden.

Anregungen zur Herzensbildung im Kita-Alltag

- Gefühle sind in der alltäglichen Kommunikation mit den Kindern von hoher Bedeutung: Bei allen Interaktionen, so auch bei Gesprächen mit Kindern, ist es wichtig, dass die Fachkräfte auf deren Gefühle achten und darauf eingehen. Das bedeutet, Gefühle erst einmal wahrzunehmen, darauf zu reagieren und insgesamt eine Haltung zu pflegen, die das Zeigen und Ausleben von Gefühlen zulässt. Dies betrifft Gefühle vielfältiger Art: Freude, Trauer, Wut, Enttäuschung, Stolz …

- Kinder sollten beim Spiel, insbesondere bei ihrem Freispiel, intensiv beobachtet werden. Diese Beobachtungen sollten möglichst auch dokumentiert werden. Das hilft nicht nur, ab und zu womöglich eine »Sandkastenliebe« zu entdecken und die damit verbundenen Selbstbildungsprozesse der Kinder, sondern kann auch offenlegen, welche Kinder sich ggf. nicht mögen bzw. sich abweisend oder gar ausschließend gegenüber anderen verhalten. Hierbei kann das Erstellen einer Soziomatrix oder eines Soziogramms sehr hilfreich sein, um auf dieser Basis zu überlegen, wie sich das Zusammenleben harmonischer gestalten lässt und welche pädagogischen Maßnahmen gegen die Ablehnung durch Gleichaltrige zu treffen sind.

- Hin und wieder sollten die Spielzeuge und andere Materialien in der Einrichtung daraufhin geprüft werden, ob sie wirklich entwicklungsgerecht sind und ob es eventuell günstigere Alternativen gibt, die den Verstand *und* das Herz der Kinder gleichermaßen anregen.

- Ein wichtiges Element einer Herzensbildung in der Kita kann der Dialog sein, z. B. über Bilderbücher und Geschichten. In diesen begegnen die Kinder verschiedenen Figuren und deren Umgang mit ihren Gefühlen. Das kann Kindern Identifikationsmöglichkeiten bieten. Außerdem gibt es spezielle Bilderbücher, die Gefühle thematisieren. Diese können ebenfalls herangezogen werden, um über Gefühle ins Gespräch zu kommen.

- Theater und Rollenspiel tragen in besonderer Weise zur Herzensbildung bzw. zur Auseinandersetzung mit Gefühlen bei. Indem sie in unterschiedliche Rollen bzw. Kostüme schlüpfen oder zuschauen, wenn eine Geschichte z. B. in Form eines Kamishibai-Erzähltheaters vorgeführt wird, tauchen Kinder in andere Welten ein und treten über das Medium eines Dramas in einen Dialog mit sich selbst, ihren Gefühlen und der Umwelt.

- Musik als »Stimme des Herzens« vermag es besonders, die sinnliche Empfindung anzusprechen bzw. die ästhetische Erfahrung der Welt, die stark mit Gefühlen verknüpft ist, anzuregen. Auch unter normalen Umständen eher schüchterne und reservierte Kinder leben dann mitunter auf und erhalten Zugang zu ihren eigenen und zu den Gefühlen anderer. Ganz gleich ob ein Instrument gespielt, gesungen oder rhythmisch geklatscht wird - es gibt viele Möglichkeiten, Herzensbildung durch Musik bzw. Melodien und Rhythmen anzuregen.

Wertschätzung und Achtung

Korczaks Pädagogik wird zu Recht als »Pädagogik der Achtung« bezeichnet (Beiner 2008; Liebel/Markowska-Manista 2018). Diese Bezeichnung basiert zum einen auf Titeln wie »Das Recht des Kindes auf Achtung« (SW, Bd. 4, S. 383 ff.), zum anderen auf eher an versteckter Stelle auftauchenden, jedoch nicht weniger relevanten Nennungen: in seinem Credo von 1899, wonach Kinder nicht erst Menschen werden, sondern bereits welche sind (vgl. SW, Bd. 9, S. 50), in seiner 1919 aufgestellten Forderung einer »Magna Charta Libertatis als ein Grundgesetz für das Kind« (SW, Bd. 4, S. 45) und nicht zuletzt in seiner »Fröhlichen Pädagogik« (1939) – einem weiteren Versuch zum Leitgedanken »Das Kind ist ein ebenso wertvoller Mensch wie wir« (SW, Bd. 4, S. 417).

Pädagogik der Achtung

Der Begriff der Achtung ist somit nicht nur in Titeln oder Kapitelüberschriften von Korczaks Schriften zu finden, sondern kann als *das* herausragende Merkmal und die Grundlage seiner Pädagogik bzw. seiner Vorstellung von Erziehung betrachtet werden. Achtung forderte er für die vernachlässigte und benachteiligte Gruppe der Kinder und Jugendlichen, die schließlich einen relativ großen Teil der allgemeinen Bevölkerung ausmachten. Die Achtung ist so zentral in seinem Werk, dass ohne sie der ganze Rest wertlos erscheint bzw. dass alles andere darauf aufgebaut ist. Sie wird als Basis für die Interaktion mit Kindern dargestellt. Fehlt sie, so ist ein Dialog mit Kindern, der immer auch bedeutet, ihnen zuzuhören, nicht möglich. Nur wenn wir Kinder achten, wird auch ihre Individualität und Diversität respektiert. Kinder zu achten bedeutet ferner, sie zwar als im Wachstum Befindliche wahrzunehmen, sie aber gleichzeitig als den Erwachsenen gleichwertig und als Subjekte ihrer Handlungen zu betrachten. Außerdem schließt es ein, sie nicht als »heilig« anzusehen, sondern als reale, ganz weltliche Menschen und sie in ihrer Gegenwartsbezogenheit ebenfalls anzuerkennen (→ Kap. 3.2). Letztlich ergibt sich daraus die Forderung, sie einerseits zu beschützen, ihnen andererseits Autonomie, Selbständigkeit und das Recht auf eigene Erfahrungen zuzugestehen. Erst wenn wir Kinder achten, können wir mit ihnen auf Augenhöhe kommunizieren.

Folgen wir diesem Gedanken der Achtung vor dem Kind, so ist es unsere Pflicht als Erwachsene, Kindern gegenüber wohlwollend, nachsichtig und behutsam zu sein, sie bei ihren Anliegen advokatorisch zu unterstützen und ihnen zu helfen, zu ihren Rechten zu kommen. Ausgehend von seinen Grundrechten für Kinder entwickelt Korczak diese »Pädagogik der Achtung« weiter, bleibt aber nicht bei abstrakt formulierten Rechten stehen, sondern füllt sie mit Leben, indem er sie in seinen Schriften mithilfe konkreter Beispiele veranschaulicht und in seinen pädagogischen Einrichtungen umsetzt. Die von Korczak aufgestellten Kinderrechte lassen sich als »Handlungsrechte« verstehen, da sie »das tatsächliche Handeln der Kinder« betonen (vgl. Liebel 2020, S. 215).

Eine Erziehung, die von Achtung, Respekt und Wertschätzung geprägt ist, kann nicht gleichzeitig autoritär und indoktrinierend sein (vgl. Berding/Smit/van Rijn 2010). Vielmehr achtet solch eine Erziehung die täglichen Bemühungen von Heranwachsenden, ihre Erfolge wie ihre Niederlagen, ihre Talente wie ihre Beeinträchtigungen, ihre Wünsche wie ihre Bedürfnisse. Ich möchte nachfolgend nicht auf die bekannten philosophischen Überlegungen zur Achtung im Sinne der Anerkennung der Würde des Menschen z. B. mit Bezug auf Immanuel Kant eingehen (vgl. Ungermann 2006, S. 460 ff.), sondern einen etwas anderen Weg einschlagen bzw. vorschlagen, die »Pädagogik der Achtung« um eine Nuance zu erweitern, und zwar um die der »Wertschätzung«.

Pädagogik der Wertschätzung

»Wertschätzung« ist in der letzten Zeit zu einem zentralen Begriff der Pädagogik geworden. Er spielt mittlerweile im Alltag von pädagogischen Einrichtungen eine zunehmende Rolle, z. B. dort, wo über gelingende Formen der Kommunikation in der Kita diskutiert wird. So geben Studierende der Kindheitspädagogik zum Thema »gelingende Kommunikation in der Kita« regelmäßig an, dass eine solche auf Augenhöhe stattfinden und durch Wertschätzung geprägt sein müsse. Ohne den Gesprächspartner, sei es eine Kollegin, ein Kind oder ein Elternteil, wertzuschätzen, so die Schlussfolgerung, ist Kommunikation schwierig. Wertschätzung ist somit von fundamentaler Bedeutung für eine gute Gesprächskultur. Dementsprechend wird dieses Wort in der Pädagogik sehr häufig gebraucht, um gelingende Beziehungen zu charakterisieren. Eine so verstandene Wertschätzung kann vieles umfassen: Blickkontakt, Interesse zeigen, dem Gespräch folgen und dem Gegenüber signalisieren, dass es den Dialog im wahrsten Sinne des Wortes »wert« ist.

Wertschätzung hängt – wie bereits gesehen – eng mit Herzensbildung zusammen. Denn nur wenn ich mich in andere einfühlen und hineinversetzen kann, wenn ich also etwas nachempfinden kann, ist es möglich, dass ich Wertschätzung ausbilde und feinfühlig reagiere. Erst wenn ich weiß, wie ich meine eigenen Gefühle ausdrücken kann, bin ich in der Lage, anderen Wertschätzung entgegenzubringen. Wertschätzung ist zudem eine heute immer stärker eingeforderte Kategorie von Qualität in pädagogischen Beziehungen (vgl. Pfisterer 2019). Dies gilt in gleichem Maße für Kindertageseinrichtungen (vgl. Wadepohl 2017; Wüst/Wüst 2014, S. 169 f.). Wertschätzung drücke im Wesentlichen eine positive Haltung gegenüber einer anderen Person in ihrer Gesamtheit aus (vgl. Pfisterer 2019, S. 44). Den Begriff der Wertschätzung hat Annette Pfisterer in einer Studie ausgiebig behandelt. Dabei geht es ihr vor allem darum, eine Vision von Schule als einer wertschätzenden Organisation zu entwickeln. Als Grundlage für diese Überlegungen dienen ihr unterschiedliche Quellen. So greift sie in einem Kapitel, das sich mit einer historischen Spurensuche beschäftigt, auf Pestalozzi und Korczak zurück und nennt sie »Vorläufer einer Pädagogik der Wertschätzung« (Pfisterer 2019, S. 320 ff.). Dies tut sie nicht ohne Grund. Korczaks Pädagogik lässt sich sehr wohl als »Pädagogik der Wertschätzung« bezeichnen, nicht nur als »Vorläufer« einer solchen. Seine Pädagogik war bekanntermaßen von Wertschätzung durchdrungen.

Der von ihm verwendete Begriff »szacunek« – bisher mit »Achtung« ins Deutsche übersetzt – hat die Rezeption seines Werkes entscheidend mitgeprägt.

Mein Aufruf lautet nun, verstärkt von »Wertschätzung« zu sprechen. Mit welcher Begründung? Korczaks »Recht des Kindes auf Achtung« heißt im polnischen Original »Prawo dziecka do szacunku«. »Szacunku« ist eine flektierte Form von »szacunek« – einem ursprünglich deutschen Wort, das im 17. Jahrhundert ins Polnische übernommen wurde, nämlich »Schätzung« (Hentschel/de Vincenz 2010). Der Begriff umfasste zunächst den Geldwert einer Sache bzw. deren Preis, ist aber seit dem 20. Jahrhundert nicht mehr wörtlich, sondern vor allem im übertragenen Sinne zu verstehen, und zwar als »Hochachtung, Ehre und Wertschätzung«. Für die Übersetzung des Begriffs »szacunek« als »Wertschätzung« spricht auch die lautliche Ähnlichkeit: Bei »szacunek« (gesprochen: »schazunek«) hört man die zweite und dritte Silbe von »Wert*schätzung*« richtiggehend heraus.

Das Recht des Kindes auf Wertschätzung

In dieser neuen Lesart würde dann Korczaks Schrift »Prawo dziecka do szacunku« als *»Das Recht des Kindes auf Wertschätzung«* übersetzt werden. Nun möchte ich keine offizielle Umbenennung von Korczaks Werk »Das Recht des Kindes auf Achtung«, wie es bisher aus dem Polnischen übersetzt wurde, fordern. Die Bezeichnung einer dialogischen Beziehung zwischen pädagogischen Fachkräften und Kindern als »wertschätzend« fügt dieser aber eine weitere Färbung hinzu. Außerdem ist diese Ausdrucksweise näher an unserem pädagogischen Alltag und leuchtet unmittelbar ein. Jeder weiß, wovon die Rede ist, wenn jemand wertgeschätzt werden soll, weil die Wortbildung durch ihre Bestandteile motiviert ist: Der andere ist *wert*voll – genauso wie ich. Selbst wenn ein Kind jünger und kleiner ist oder weniger Lebenserfahrung hat, ist es wertzuschätzen – so Korczaks Botschaft. Das Wort »Wertschätzung« hat nicht nur einen schönen, weichen Klang – im Gegensatz zu dem auch als Signalwort verwendeten und etwas hart klingenden »Achtung« –, sondern ist auch besser in der Lage, eine dialogische Beziehung von gleich*wertigen* Partnern zu charakterisieren. Dies wird insbesondere durch das der Wortbildung innewohnende Adjektiv »wert« erzeugt, das in »seiner substantivierten Form so viel wie ›positive Bedeutung, Gewichtigkeit, besondere Qualität‹« (Pfisterer 2019, S. 43) bezeichnet. Pfisterer weist ergänzend darauf hin, dass das mittelhochdeutsche Wort »wert« eng mit »wirde« (neuhochdeutsch »Würde«) verbunden ist. Darüber hinaus enthält »Wertschätzung« bzw. »wertschätzen« das zweite Element »Schätzung« bzw. »schätzen«, was von dem mittelhochdeutschen Wort »schetzen« abstammt (Pfisterer 2019, S. 43). Ebenso wie im Polnischen hat dieses Verb einen Bedeutungswandel durchlaufen, und zwar ausgehend von der Veranschlagung eines »Werts« bis hin zur Bedeutung von »gering *schätzen*« oder »hoch-« bzw. »wert*schätzen*« (vgl. Pfisterer 2019, S. 43).

Welchen Mehrwert bietet das Wort »Wertschätzung«, um Korczaks Pädagogik zu verstehen und zu vermitteln? Wer sich in seine Schriften vertieft, findet viele Anknüpfungspunkte und Argumente für die Übersetzung von »szacunek« als »Wertschätzung«. Im »*Recht des Kindes auf Wertschätzung*«, wie ich Korczaks bekannte Schrift in diesem Kapitel probeweise nennen will, heißt es: »Wenn ich mit einem Kind spiele oder mich mit ihm unterhalte – verflechten sich zwei gleichermaßen reife Augenblicke seines und meines Lebens; wenn ich mit einer ganzen Kinderschar zusammen bin, begrüße und verabschiede ich für einen Moment immer eines davon mit einem Blick und einem Lächeln« (SW, Bd. 4, S. 405). Wie anders als durch »Wertschätzung« lässt sich das fassen? Es wird sichtbar, womit Wertschätzung verbunden ist: mit Blickkontakt, mit einem Lächeln als Zeichen der Sympathie und Anerkennung ebenso wie mit einer gewissen Form von Höflichkeit. Ich begrüße dich, d. h., ich sehe dich, ich erkenne dich an, du spielst eine Rolle für mich, ich schätze dich – oder anders formuliert: Ich übergehe dich nicht, ich ignoriere dich nicht (vgl. Wyrobnik 2020b).

Korczak hat sich in »*Das Recht des Kindes auf Wertschätzung*« gegen Missachtung und Geringschätzung von Kindern eingesetzt und schon dadurch das Gegenteil davon, nämlich Wertschätzung, eingefordert. Charakteristisch ist hierfür folgende mit starker Ironie formulierte Aussage:

> »Um seine Meinung [des Kindes] braucht man sich nicht zu kümmern, es ist kein Wähler: Es droht nicht, fordert nicht, sagt nichts. Schwach, klein, armselig, abhängig – ein Staatsbürger wird es erst werden. Eine nachsichtige, schroffe, brutale Geringschätzung, immer aber eine Geringschätzung. Ein Rotzjunge, ein Kind nur, ein zukünftiger Mensch, nicht ein gegenwärtiger. Eigentlich wird es erst ein Mensch.« (SW, Bd. 4, S. 390)

Er hat sich durch seinen Text »*Das Recht des Kindes auf Wertschätzung*« im Allgemeinen und die o. g. Sätze im Besonderen wiederum unmissverständlich als Anwalt für die Sache des Kindes und dessen Partizipationsrechte erwiesen. Er prangert darin die Missstände in der Beziehung Erwachsener zu Kindern an und verlangt Reformen bzw. möchte seine Leserschaft wachrütteln. Und er tut dies – wie immer – in einer klaren und eindeutigen Sprache. Mehrmals fordert er in dieser Schrift »Wertschätzung« für das Kind ein. Im polnischen Original heißt es dabei: »Szacunku dla …« (»Wertschätzung für …«), und das klingt wie ein starker Imperativ. In der deutschen Übersetzung heißt es hingegen: »Lasst uns Achtung haben vor …« (SW, Bd. 4, S. 402 ff.), was eher weich und leicht auffordernd bzw. schwach bittend anmutet. Die englische Übersetzung »A Child's right to respect« (Korczak 1929/2017) ist da wohl schon etwas näher am polnischen Original. Dort heißt es »Respect for …« (S. 32 ff.). Es wird hier deutlich, dass es in der Tat nicht einfach ist, Korczaks Schriften zu übersetzen bzw. eine Übersetzung zu finden, die dem polnischen Original entspricht oder zumindest sehr nahe kommt – wohl wissend, dass es eine hundertprozentig genaue Übersetzung nicht geben kann. Nichtsdestotrotz ist es wichtig, sich zu vergegenwärtigen, dass es eine sprachliche Verwandtschaft, wenn nicht gar eine Entsprechung zwischen »szacunek« und »Wertschätzung« bzw. zwischen »szacunku dla« und »Wertschätzung für« gibt und diese zu beachten ist. So weit zur etymologischen Forschung und der daraus sowie aus Korczaks Schriften abgeleiteten Idee, den Begriff »Wertschätzung« stärker in den Mittelpunkt zu rücken.

Was wird in dem zentralen Text *»Das Recht des Kindes auf Wertschätzung«* im Hinblick auf das Kind und dessen Wertschätzung nun im Einzelnen ausgesagt? Wie soll es wertgeschätzt werden? Wie äußert sich Korczak dazu und wofür fordert er »szacunek« – Wertschätzung – ein?

»Wertschätzung für …!«

Korczak fordert Wertschätzung für die Unwissenheit, die Erkenntnisarbeit, die Misserfolge und Tränen sowie das Eigentum des Kindes, für die Geheimnisse und Schwankungen der schweren Arbeit des Wachsens, für die gegenwärtige Stunde, den heutigen Tag, für jeden einzelnen Augenblick (vgl. SW, Bd. 4, S. 402 ff.). In dem *»Recht des Kindes auf Wertschätzung«* bekräftigt er auf diese Weise erneut seine schon zu früheren Zeitpunkten aufgestellten Forderungen. Ja, es sind Forderungen, keine Bitten und auch keine Anregungen oder unverbindliche Aufforderungen bzw. »Appelle« – übrigens ganz entsprechend seines folgenden Satzes über die Erziehung von Kindern: »Endlich, wenn das Leben Krallen erfordert, haben wir das Recht, das Kind nur mit Schamröte und stillen Seufzern auszurüsten?« (SW, Bd. 4, S. 188). Dies lässt sich auch auf Erwachsene übertragen: Wenn dementsprechend der Kampf um die Rechte der Kinder unmissverständliches Engagement und unermüdliches, kraftvolles Eintreten für sie erfordert, reicht es dann, wenn wir beten, bitten und leise mahnen oder nur schwach und relativ unverbindlich auffordern und appellieren? Korczak selbst wendet sich in *»Das Recht des Kindes auf Wertschätzung«* ganz konkret gegen solche »Appelle«, indem er die Genfer Erklärung des Völkerbundes zu den Rechten des Kindes von 1924 kritisiert: »Die Gesetzgeber von Genf haben Rechte und Pflichten verwechselt; der Ton der Deklaration klingt nach gutem Zureden, nicht nach Forderung: Es ist ein Appell an den guten Willen, eine Bitte um Wohlwollen« (SW, Bd. 4, S. 401). Klingt »Lasst uns Achtung haben vor …« als Übersetzung von »Szacunku dla …« (»Wertschätzung für …!«) nicht wie ein bloßer Appell an den guten Willen, wie eine Bitte um

Wohlwollen? Im Gegensatz zu dem, was Korczak im Grunde beabsichtigte: klar und unmissverständlich dazu aufzufordern, die Kinder und ihre Rechte zu achten bzw. wertzuschätzen?

Im *»Recht des Kindes auf Wertschätzung«* bringt Korczak seine Forderungen zum Wohle des Kindes prägnant auf den Punkt, darunter das »Recht des Kindes zu sein, was es ist« (SW, Bd. 4, S. 406) und »Das Recht auf Achtung« (SW, Bd. 4, S. 399), wie zwei Zwischenüberschriften lauten. Zudem trägt der Einstieg die bezeichnende Überschrift »Missachtung – Misstrauen« (SW, Bd. 4, S. 385) und ein weiterer Abschnitt ist mit »Unwillen« betitelt (SW, Bd. 4, S. 392). Korczak gelingt in diesem pädagogischen Haupttext eine bemerkenswerte Synthese seiner bisherigen Schriften und Gedanken zum Kind und zu dessen Rechten.

Wertschätzung in der Kita

Wenn es um ein wertschätzendes Miteinander in kleinen Gemeinschaften wie der Kita geht, sind möglicherweise auch »Resonanz«, »Responsivität« und »Achtsamkeit« bedeutsam. Hierbei handelt es sich um Begriffe, die seit einigen Jahren verstärkt Verwendung finden. Menschliche Beziehungen, die von Resonanz geprägt sind, sind solche, in denen es »magische Momente« gibt (Remsperger-Kehm 2019). In solchen Augenblicken zeigt sich, »wie aufmerksam und feinfühlig Fachkräfte Kindern begegnen« (Remsperger-Kehm 2019, S. 36). Resonanz ist nur möglich, wenn es ein feinfühliges Antwortverhalten seitens der Erwachsenen in der Kita gibt, wenn also auf die emotionalen Interaktionssignale der Kinder sensitiv reagiert wird und die Kommunikation auf Augenhöhe stattfindet (vgl. Remsperger-Kehm 2019, S. 38). Die Begriffe »Resonanz« (Schäfer 2019a, S. 78 ff.), »Responsivität« (Remsperger 2011) sowie »Achtsamkeit« (Kobelt-Neuhaus 2012) sind aus diesem Grund ebenfalls zu berücksichtigen, wenn von »Wertschätzung« in der Kita die Rede ist. Denn sie sind – ganz gleich für welchen Begriff man sich letztlich entscheidet – allesamt wichtige Voraussetzungen für Partizipation in der Kita, womit sich das nächste Kapitel beschäftigen wird (→ Kap. 4.2). Doch zunächst folgen einige konkrete Anregungen für den Kita-Alltag.

Anregungen zur Wertschätzung und Achtung im Kita-Alltag

- Wertschätzung sollte zur Grundhaltung in einer Kita werden, wenn sie es nicht schon ist, und zwar ganz gleich, wem gegenüber – ob es sich also um Wertschätzung gegenüber den Kindern, den Eltern, den pädagogischen Fachkräften, der Kitaleitung oder der Hausverwaltung handelt. Wie lässt sich diese Haltung kultivieren? Durch tägliche Bemühung wie auch durch gewisse Regeln, die man ggf. aufstellt und die in einer Kita-Konzeption, in einer »Hausordnung« oder einer »Kita-Verfassung« fixiert sind. Zwar lässt sich Wertschätzung nicht messen, d. h., ob und wie viel Wertschätzung jemandem entgegengebracht wird, kann je nach Perspektive unterschiedlich eingeschätzt werden, jedoch sollte allen klar sein, dass sie zur Sprache gebracht werden kann: Zumindest bei einem Austausch über das Leitbild einer Einrichtung oder über die Weiterentwicklung des Profils könnte thematisiert werden, dass ein wertschätzendes Miteinander ein hohes Gut darstellt und die Atmosphäre der ganzen Einrichtung positiv beeinflusst. Unter Umständen lassen sich außergewöhnliche Momente der Wertschätzung bewusst in den Alltag einplanen, wie z. B. in Form eines »Danke-Buchs«.

- Wertschätzung muss besonders denjenigen entgegenkommen, die »irgendwie anders« erscheinen bzw. die eine andere Entwicklungs- oder Herkunftsgeschichte haben. Jedes Kind hat – wie wir nun wissen – das Recht, das zu sein, was es ist. Ob ein Kind lispelt oder eine andere Beeinträchtigung hat, ob es der deutschen Sprache noch nicht mächtig ist, weil es mit seiner Familie gerade erst zugewandert ist, bzw. ob es eventuell eine andere Hautfarbe hat als man selbst, darf in einer Kita keine Rolle spielen. Es sind nicht alle gleich, aber alle haben den gleichen »Wert« im Sinne von gleicher »Würde« und müssen deshalb im gleichen Maße wertgeschätzt und anerkannt werden. Dies auch mit Blick auf eine Pädagogik, in der Vielfalt hochgehalten, als Wert an sich gesehen und keinesfalls als störend empfunden wird.

- Wertschätzung sollte daher selbstverständlich auch Kindern und Familien entgegengebracht werden, die zugewandert sind oder für die Deutsch nicht die Familiensprache ist. Dies kann auf unterschiedliche Weise geschehen, etwa durch mehrsprachige Begrüßungsplakate am Eingang der Kita, zweisprachige Bilderbücher oder Geburtstagslieder in verschiedenen Sprachen. Manchmal bietet es sich an, anlässlich von Feiertagen Feste zu veranstalten und verschiedene Spezialitäten aus unterschiedlichen Ländern kennenzulernen, welche die Eltern z. B. gemeinsam kochen oder mitbringen. Bei all diesen Aktivitäten ist darauf zu achten, dass die Kinder nicht unfreiwillig zum Aushängeschild, zum Repräsentanten einer Kultur oder eines Landes werden bzw. dass das Ganze nicht den Charakter einer rein folkloristischen Veranstaltung erhält, bei der die Kinder schlimmstenfalls, trotz guter Absicht, zu Außenseitern werden.

- Wir sollten alle Sozialisations- bzw. »Eingliederungsbemühungen« von Kindern stets unterstützen. Korczak bezeichnet das Kind als einen »Fremdling« in der Welt (SW, Bd. 4, S. 402), woraus sich für uns verschiedene Aufgaben ergeben. Beispielsweise ist die Erkenntnisarbeit dieses »Fremdlings« zu achten und zu fördern bzw. das, was wir heute als Selbstbildungsprozess beschreiben würden. Hierzu bietet es sich an, Kindern Raum, Material und Spielzeug bzw. eine geeignete und anregende Umgebung drinnen und draußen zur Verfügung zu stellen. Für Korczak ist das Lernen von Gleichaltrigen ebenso wichtig wie das Lernen mit und von Erwachsenen (vgl. SW, Bd. 4, S. 402). Er thematisiert hier das, was wir, mit Wassilios E. Fthenakis gesprochen, wohl als »Ko-Konstruktion« (vgl. Wyrobnik 2010, S. 117 ff.) bezeichnen können.

- Kinder fallen hin, Kindern gelingt nicht immer alles auf Anhieb - das ist ganz normal und stellt eine Stufe in ihrem Entwicklungsprozess dar. In solchen Momenten, z. B. wenn sie an einer Aufgabe scheitern, im Alltag etwas nicht selbst erledigen oder bewältigen können, d. h. auch bei Misserfolgen und damit verbundenen Tränen, brauchen sie uns ganz besonders. Dann sollten wir sie trösten und immer zur Verfügung stehen, um sie wieder »aufzubauen«. Denn »alle Tränen sind salzig« und jede Form von Tränen ist demnach zu beachten. In der Tat können nur diejenigen, die das verstehen, Kinder erziehen. Über einen sogenannten »Misserfolg« sollten wir uns nie lustig machen und einen solchen niemals in adultistischer Manier, d. h. nur weil wir selbst schon groß und erwachsen sind, belächeln. Vielmehr sollten wir Kinder stärken, indem wir sie auffordern, es nochmals zu versuchen, wie es Korczak etwa mithilfe seiner Wetten angestoßen hat (→ Kap. 4.2).

- Das Eigentum des Kindes muss ebenfalls wertgeschätzt werden. Kinder besitzen bekanntlich nicht viel und sind von Erwachsenen materiell abhängig, umso mehr hängen sie an ihren kleinen und für sie wertvollen Eigentümern. Dies können kleine Schätze wie eine Muschel, ein Stein oder eine andere Entdeckung aus der Natur sein. Kinder sammeln bekanntermaßen sehr gern. Im Waisenhaus gab es einen Schrank für Fundsachen (vgl. SW, Bd. 4, S. 261 f.). Es ist heutzutage schon gang und gäbe, dass jedes Kind in der Kita sein eigenes Fach, seine Schublade und seinen Kleiderhaken hat. Es sollte jedoch auch ein Aufbewahrungsort für verloren gegangene oder nur kurzzeitig vermisste Gegenstände vorhanden sein und ein Bewusstsein dafür existieren, dass ein für uns ganz unbedeutender Gegenstand für Kinder von immensem Wert sein kann.

- Was kann es für den Kita-Alltag bedeuten, die »Geheimnisse« und »Schwankungen« der »schweren Arbeit des Wachsens« (SW, Bd. 4, S. 404) zu achten? Wir sollten die Tatsache, dass Kinder wachsen und dass damit alle möglichen körperlichen und psychischen Veränderungen einhergehen, nicht einfach hinnehmen oder gar ignorieren. Denn diese Veränderungen, aber auch situationsbedingte Ereignisse und Bedürfnisse wie Kälte, Schlafmangel oder Hunger, ziehen alle möglichen Verhaltensweisen nach sich, teilweise auch Schmerzen und Launen bzw. emotionale Instabilität (vgl. SW, Bd. 4, S. 404). Vieles, was zunächst unverständlich scheint, ist darauf zurückzuführen. Deswegen ist dies bei unseren Interaktionen mit Kindern zu berücksichtigen bzw. bei Teamgesprächen stets im Hinterkopf zu behalten.

- Letztendlich fordert Korczak eindringlich dazu auf, die gegenwärtige Stunde bzw. jeden einzelnen Augenblick wertzuschätzen. Hier zeigt sich wieder das »Recht des Kindes auf den heutigen Tag« bzw. die Relevanz der Gegenwart für das Kind, worauf noch im Kapitel »Lebensfreude fördern« eingegangen wird (→ Kap. 4.3). Doch zunächst rückt nun ein weiterer Schlüsselbegriff in den Mittelpunkt: Partizipation.

4.2 Von Partizipation geprägte Lebenswelt formen

Partizipation und Beschwerde

Korczaks Pädagogik ist hauptsächlich eine *partizipative* Pädagogik. Das ist ein weiteres herausragendes Merkmal. Korczak sprach nicht *zu* den Kindern, sondern *mit* ihnen (vgl. SW, Bd. 4, S. 222). In den Sommerkolonien, in denen er Kindergruppen zu Beginn des 20. Jahrhunderts betreute, bildete sich diese Haltung, dass ein Erzieher sozusagen die Kinder *braucht* und nicht gegen sie arbeiten oder sich über sie stellen kann, zum ersten Mal richtig aus. Vielmehr sollten die Pädagogen sie um der Gemeinschaft willen für eine Mitarbeit gewinnen (→ Kap. 3.3): »Vielleicht habe ich mich damals das erste Mal davon überzeugt, dass man von Kindern viel lernen kann, dass auch sie Forderungen und Bedingungen stellen und Einwände machen, und dass sie ein Recht darauf haben« (SW, Bd. 4, S. 222).

Partizipation beinhaltet – wie Korczak bereits an dieser Stelle andeutet – immer auch das Recht auf Einspruch und Kritik, das Recht auf Nein-Sagen, auf Beschwerde bzw. Klage. Im weiteren Verlauf wird daher sowohl von Partizipation als auch von Beschwerde bzw. Beschwerdeverfahren die Rede sein, wie Korczak sie etablierte. Denn wer von Partizipation spricht, kann zu Beschwerdemöglichkeiten nicht schweigen. Doch zunächst zur *Partizipation.* Was ist hiermit gemeint? Weshalb ist sie für die Arbeit in der Kita so wichtig und wie hat sich Korczak dazu geäußert?

Verständnis von Partizipation

Partizipation (lat. *participare* »teilhaben«) bedeutet im Allgemeinen Teilhabe, Beteiligung und Mitbestimmung. Der Begriff kann sich auf den Alltag beziehen, aber auch im politischen Sinne als Partizipation von Mitgliedern eines Staates innerhalb eines demokratischen Systems verstanden werden. Partizipation ist demzufolge eine bestimmte Form von Interaktion, bei der die Individuen in einer teilhabenden Art mitwirken bzw. die Beziehungen und die Verständigung in einer beteiligenden Form organisiert und gestaltet sind. Dies deutet auf eine inkludierende, einschließende, einbeziehende Art von Kommunikation hin, die nicht von Exklusion geprägt ist. Korczak hält diese nicht hierarchische Kommunikationsform für wesensverwandt mit Verhaltensweisen und Einstellungen von Kindern. Er begründet dies folgendermaßen:

> »Das klare, demokratische Empfinden des Kindes kennt keine Hierarchie. Vorläufig tun ihm der Schweiß des Tagelöhners und der Hunger des Altersgenossen noch weh, es leidet mit einem gequälten Pferd, mit einem geschlachteten Huhn. Der Hund und der Vogel sind ihm verwandt, Schmetterling und Blume sind ihm ebenbürtig, im Steinchen und in der Muschel findet es einen Bruder.« (SW, Bd. 4, S. 389)

Partizipation in einer Kita kann demgemäß schon bei den Jüngsten ansetzen, also bei den unter Dreijährigen. Was das heißt, hat Yvonne Rehmann für den Krippenbereich beschrieben. Unter Partizipation versteht sie dabei die »Beteiligung und aktive Mitwirkung der Mädchen und Jungen an Entscheidungen, die sie persönlich oder auch als Teil ihrer Krippengruppe betreffen« (Rehmann 2016, S. 132). Es gibt mittlerweile ausgefeilte, über mehrere Jahre bereits erprobte und empirisch untersuchte Partizipationskonzepte für die Kita wie die »Kinderstube der Demokratie« (Richter/Lehmann/Sturzenhecker 2017). Darüber hinaus existieren weitere Konzepte wie »Demokratie in Kinderschuhen« des KTK-Bundesverbands oder »Demokratie-Kitas« der AWO Schleswig-Holstein (vgl. Wyrobnik 2019a). Ausgehend von Korczaks Texten wird im Folgenden jedoch eher die Frage aufgegriffen, wie Partizipation ohne aufwendige Konzepte in den Kita-Alltag integriert werden kann und was sie für die gesamte Gemeinschaft einer Kita bedeutet (vgl. Wyrobnik 2019c).

Partizipation in der Kita

Zu Partizipation in der Kita sind in den vergangenen Jahren viele Publikationen erschienen. Partizipationsprojekte werden auf pädagogischen Kongressen vorgestellt und in der Kita mit Leben gefüllt. Dabei ist Partizipation weit mehr als ein in der UN-Kinderrechtskonvention, im SGB VIII und in den Bildungsplänen der Bundesländer verankertes Grundprinzip. Es handelt sich dabei um eine Haltung (vgl. Wyrobnik/Krause 2016, S. 119 ff.; Schneider 2015, S. 44 ff.), die reflektiert werden muss, um schließlich in eine bewusste Kita-Praxis einzufließen. Interessanterweise ist Partizipation offenbar ein Merkmal gelingender Kommunikation, wenn also Kommunikation durch ein partnerschaftliches, dialogisches Miteinander, durch Kommunikation auf Augenhöhe und durch Interesse, Empathie und Wertschätzung geprägt ist.

Effekte von Partizipation

Partizipation als *Haltung* und als ein *Recht* auf Teilhabe und Mitbestimmung darf nicht in erster Linie als ein Mittel zum Zweck begriffen werden bzw. sie ist »unabhängig vom konkreten Nutzen« zu betrachten (Knauer 2015, S. 88). Heißt dies im Umkehrschluss, dass Partizipation als Selbstzweck zu verstehen ist? Nein. Partizipation hat sehr wohl ein Ziel und eine Bestimmung: die Bildung einer gerecht(er)en Gemeinschaft bzw. Gesellschaft. Partizipation zieht darüber hinaus gewisse Wirkungen und Effekte gleichsam unweigerlich nach sich:

- Partizipationsprozesse sind *Entwicklungs- und Selbstbildungsprozesse,* denn durch Aushandlungsprozesse lassen sich die sprachlichen und sozialen Fähigkeiten und Fertigkeiten von Kindern fördern. Mädchen und Jungen lernen etwa in einer Kinderkonferenz Wünsche zu äußern bzw. zu verbalisieren, sich zu behaupten, etwas durchzusetzen, aber auch einmal zurückzustecken und Mehrheitsentscheidungen zu akzeptieren, auch wenn sie einem »gegen den Strich gehen«.
- Damit verbunden fördert Partizipation die *Selbstwirksamkeit* von Kindern. Sie erfahren, dass sie etwas zu sagen haben und etwas bewegen können. Partizipation stärkt das Individuum und unterstützt die Kommunikation mit anderen, was weitere Anerkennungsprozesse nach sich ziehen kann, die ihrerseits resilienzförderlich sind (vgl. Lutz 2016, S. 90 ff.).
- Durch frühe Partizipationsprozesse bzw. Mitbestimmungs- und Beteiligungsmöglichkeiten lernen Kinder, dass ihre Stimme zählt, dass sie gehört und respektiert werden bzw. sie lernen dadurch die Meinungen anderer zu achten. *Wertschätzung* kann – so gesehen – sowohl als Voraussetzung als auch als Ergebnis bzw. Effekt von Partizipation betrachtet werden.

- Partizipation früh und aktiv zu erleben, kann eine wichtige *Basis für demokratisches und politisches Lernen und Bewusstsein* darstellen. Für eine Erziehung zur Demokratie gibt es kein Mindestalter. Bereits junge Kinder können demokratische Meinungsbildungs- und Mitbestimmungsprozesse z. B. durch Visualisierungen nachvollziehen.

Partizipation betrifft ferner die gesamte Kita-Gemeinschaft (Kinder, Team, Kita-Leitung und Eltern; vgl. Wyrobnik 2019c) und darf nicht isoliert gesehen werden: Alle gut gemeinten Projekte und Proklamationen in Konzeptionen nützen nichts, wenn im Team keine partizipative Haltung vertreten wird und die pädagogischen Fachkräfte Partizipation nicht vorleben (vgl. Wyrobnik 2019b).

Partizipation durch Mitwirkung und Mitbestimmung

Wie lässt sich nun Partizipation in der Kita umsetzen? Und was können wir dabei von Korczaks Ansatz lernen? Korczaks Waisenhaus Dom Sierot war stark geprägt von vielfältigen partizipatorischen Elementen. Dadurch versuchte er, die Ordnung aufrechtzuerhalten, den inneren Ablauf der Einrichtung zu regeln und den Kindern zu ihrem Recht auf Mitbestimmung und Mitwirkung zu verhelfen. Korczak war davon überzeugt, dass die Mitwirkung der Kinder notwendig sei: »Ohne Mitwirkung von Experten bewältigen wir das Ganze nicht, und Experte ist das Kind« (SW, Bd. 4, S. 398). So hält er zum Dom Sierot einmal sogar fest: »Hausherr, Mitarbeiter und Leiter des Hauses wurde – das Kind. – Alles, was im Folgenden beschrieben wird, ist das Werk der Kinder, nicht unseres« (SW, Bd. 4, S. 256). Selbst wenn er an dieser Stelle ein bisschen übertreibt (vgl. Weyers 2015, S. 33), weil Kinder im Waisenhaus weder die Leitung übernehmen konnten noch völlig gleichgestellt waren, wird doch die Logik bzw. der Zweck des ganzen Unternehmens sichtbar: Kinder dabei zu unterstützen, gehört zu werden, und ihnen eine andere Position in der Gemeinschaft zu ermöglichen, sie also nicht als Objekte, sondern als Subjekte zu begreifen (→ Kap. 3.2) und schließlich das zu verwirklichen, was Korczak als »das erste und unbestreitbare Recht des Kindes« bezeichnete, nämlich »seine Gedanken auszusprechen und aktiven Anteil an unseren Überlegungen und Urteilen in Bezug auf seine Person zu nehmen« (SW, Bd. 4, S. 45).

Wie hat Korczak dies umgesetzt? Wie hat er den Kindern in seinen pädagogischen Einrichtungen Teilhabe und Mitbestimmung ermöglicht und sie an den wesentlichen Entscheidungen beteiligt? Hierzu dienten unterschiedliche Elemente und Methoden seines Selbstverwaltungssystems. Einige davon werde ich anschließend exemplarisch vorstellen, ohne jedoch im Detail auf das ganze

System einzugehen, dem sich andere bereits ausführlich gewidmet haben (Ungermann 2006; Beiner 2008; Bartosch et al. 2015).

Zu Beginn möchte ich zwei kleinere und auf den ersten Blick vielleicht unscheinbare Elemente der Alltagspartizipation präsentieren, gefolgt von weiteren maßgeblichen und bekannteren Bestandteilen von Korczaks konstitutioneller Pädagogik, welche im Anschluss, wenn es um Beschwerdemöglichkeiten geht, entfaltet werden.

Alltagspartizipation: die Anschlagtafel

Im Waisenhaus gab es eine zentral aufgehängte *Anschlagtafel* für Anordnungen, Mitteilungen und Ankündigungen. Zweck dieses Schwarzen Brettes war, die Kommunikation zwischen Erzieherinnen und Kindern zu vereinfachen und dafür zu sorgen, dass jeder alles mitbekommt. Korczak hält diese Tafel für pädagogisch äußert bedeutsam: »Sogar dort, wo der Großteil der Kinder nicht lesen kann, würde ich eine Anschlagtafel aufhängen: Auch wenn sie die Buchstaben nicht kennen, lernen sie, ihren Namen zu entziffern, und sie fühlen die Abhängigkeit von den Kindern, die lesen können und bekommen das Bedürfnis, es auch zu lernen« (SW, Bd. 4, S. 257). Die Anschlagtafel soll an einer geeigneten, für alle sichtbaren Stelle aufgehängt werden und alle relevanten Informationen enthalten, wobei sie nicht nur für Mitteilungen der Erwachsenen gedacht ist, sondern ebenso für solche der Kinder. »Die Tafel lebt«, schreibt Korczak folgerichtig und nennt sie »ein Betätigungsfeld für den Erzieher und die Kinder« (SW, Bd. 4, S. 257).

Die Möglichkeiten dieser Anschlagtafel sollen nicht künstlich begrenzt werden, vielmehr sei sie für alles da, was Erzieherinnen und Kindern einfällt und für wichtig befunden wird: »Kalender, Thermometer, eine wichtige Nachricht aus der Zeitung, ein Bild, ein Rätsel, die Kurve der Schlägereien, eine Liste der angerichteten Schäden, die Ersparnisse der Kinder, ihr Gewicht, ihre Größe. Das Kind steht davor, wenn es Zeit und Lust hat, wie vor einem Schaufenster – und schaut sich alles an« (SW, Bd. 4, S. 257 f.).

Bezogen auf die Arbeit in der heutigen Kita fällt einem vermutlich in erster Linie das in jeder Einrichtung vorhandene Schwarze Brett mit wichtigen Mitteilungen ein, die aber in der Regel an die Eltern gerichtet sind. Bezieht dieses Instrument die Kinder mit ein? Haben diese eine Möglichkeit, dort etwas zu befestigen oder zu notieren, und sei es ein Bildchen? Wie bereits dargestellt, eignet sich die Anschlagtafel auch für jüngere Kinder, die größtenteils noch nicht lesen können. Es ließe sich indes eine Anschlagtafel speziell für die Kinder einrichten, die diesen durch Symbole wichtige Informationen, z. B. zum Wetter oder zu geplanten Aktivitäten, vermittelt. Information ist die Grundlage von Partizipation. Insofern ist zu überlegen, eine kindgerechte Plattform zu errichten, die Kindern als Informations- und Entscheidungsgrundlage dient, auf der sie aber auch selbst etwas mitteilen oder um etwas bitten können. Korczaks Anschlagtafel bot den Kindern die Möglichkeit, sich anderen mitzuteilen und diese an eigenen Interessen und Entdeckungen teilhaben zu lassen. Sie förderte aber auch die Frustrationstoleranz: Nicht alles muss sofort mündlich kommuniziert und erzählt werden, man kann es aufschreiben, malen und zeichnen und an einer für alle gut sichtbaren Stelle öffentlich bekannt machen, um ggf. Reaktionen hervorzurufen, eine Diskussion in Gang zu setzen und dann eventuell zu einem späteren Zeitpunkt wieder darüber ins Gespräch zu kommen.

Alltagspartizipation: der Briefkasten

Im Dom Sierot gab es auch einen speziell für Kinder eingerichteten *Briefkasten:* Sein Zweck war die Vertagung von Entscheidungen, und zwar durch die Antwort: »Schreibe es auf« (SW, Bd. 4, S. 258). Die Kinder dachten dementsprechend über ihr Anliegen erst einmal nach und lernten, es zu begründen bzw. geringfügige Klagen oder Sorgen von wichtigen zu unterscheiden. Anschließend mussten sie auf eine Antwort warten. Die »Niederschrift« – so Korczak – »verlangt eine Entscheidung« (SW, Bd. 4, S. 259). Oft sei es »leichter, zu schreiben als etwas zu sagen« (SW, Bd. 4, S. 258). Erziehende hätten auch ohne Aufforderung Briefe von Kindern mit unterschiedlichem Inhalt, z. B. mit Bitten und Beschwerden, erhalten. Durch die Einrichtung eines Briefkastens wurde dies institutionalisiert (vgl. SW, Bd. 4, S. 258). Der Briefkasten erleichtere die mündliche Verständigung, da die Erzieherin die Anliegen der Kinder sortieren und sich für spezielle Anliegen extra Zeit nehmen könne. Insgesamt führe der Briefkasten nicht dazu, Zeit zu verschwenden, sondern Zeit zu sparen. Korczak betont hier, dass Kinder mithilfe dieses Mittels lernen können, auf Entscheidungen zu warten und diese nicht zu erzwingen.

Bei dieser Maßnahme handelt es sich ebenfalls um ein Medium, welches das Beherrschen des Schreibens voraussetzt, worüber die meisten Kinder vor dem Schulanfang noch nicht verfügen. Stellt dies also für die Kita eine alltagstaugliche Methode dar? Durchaus, denn sie kann ebenso an die Bedürfnisse von Kindergartenkindern angepasst werden. »Briefe« lassen sich ganz unterschiedlich gestalten: als Bild, als Zeichnung, als Foto, als Audioaufnahme, oder indem sie einer pädagogischen Fachkraft diktiert werden.[5] Durch einen solchen

5 Selbst die Redaktion der »Kleinen Rundschau« erhielt »von Zeit zu Zeit Briefe von denen, die noch nicht schreiben können. Das Kind diktiert und der Bruder, die Schwester oder die Mama schreiben« – so ein Eintrag vom Mai 1927 (SW, Bd. 14, S. 319). Die »Kleine Rundschau« war

Briefkasten lernen die Kinder, Entscheidungen zu vertagen und sich in Geduld zu üben – nichtsdestotrotz wird ihr Anliegen beachtet, ernst genommen und schließlich der Reihe oder der Bedeutung nach behandelt. Darüber hinaus fordert er die Kinder heraus, ihr Anliegen genau(er) zu formulieren und Wichtiges von Unwichtigem zu unterscheiden, was ebenso eine unerlässliche Grundlage für echte Partizipation ist.

Interessant ist, dass Korczak diesen Kasten nicht – wie es sich in manchen Kinder- und Jugendhilfeeinrichtungen eingebürgert hat – »Kummerkasten« nennt, sondern einfach und neutral »Briefkasten«. Heutzutage gibt es Entsprechungen dazu in Kindergärten, so ist beispielsweise vom »Kümmernkasten« die Rede oder von »Motz- und Meckerbox«, wobei im letzteren Fall wiederum der Beschwerdecharakter im Vordergrund steht. Der neutrale »Briefkasten« fordert hingegen nicht nur dazu auf, Beschwerden einzureichen, sondern kann auch Wünsche oder Bitten aufnehmen, welche die Kinder sich mündlich nicht zu äußern getraut hätten. Der Briefkasten stellt also ein wichtiges partizipatives Element und »Bildungsmittel« (Allmann 2015, S. 167) in Korczaks Pädagogik dar, indem er die Kinder lehrt, etwas festzuhalten, zu formulieren, zu begründen bzw. zu differenzieren und schließlich auf eine Antwort zu warten.

Die Denkanstöße zur Anschlagtafel und zum Briefkasten zeigen einerseits wieder, wie zeitlos Korczaks Pädagogik ist, andererseits aber auch, mit welch kleinen, erschwinglichen, alltagstauglichen, aber doch kostbaren Mitteln man Kindern zur Partizipation verhelfen kann (vgl. Wyrobnik 2019a, S. 158). Zunächst einmal sind Kindern Gelegenheiten zu bieten, ihre Gedanken auf unterschiedlichen Wegen auszudrücken und sich Gehör zu verschaffen, ganz entsprechend Artikel 12 Absatz 1 der UN-Kinderrechtskonvention: »Die Vertragsstaaten sichern dem Kind, das fähig ist, sich eine eigene Meinung zu bilden, das Recht zu, diese Meinung in allen das Kind berührenden Angelegenheiten frei zu äußern, und berücksichtigen die Meinung des Kindes angemessen und entsprechend seinem Alter und seiner Reife.« Anhand der o. g. Methoden und Instrumente wird deutlich, wie Kinder auf fast barrierefreie Weise etwas wünschen, ankündigen oder sich beklagen können: ganz offen und für alle sichtbar auf der Anschlagtafel – oder eher diskret und persönlich mithilfe des Briefkastens.

eine Zeitung für Kinder und Jugendliche, die von 1926 bis 1939 als Freitagsbeilage der jüdischen, polnischsprachigen Tageszeitung »Unsere Rundschau« erschienen ist. Mit diesem Blatt schuf Korczak ein »landesweites Organ für die Stimme des Kindes« (SW, Bd. 14, S. 629).

Korczak beschreibt weitere pädagogisch fundierte und partizipativ wirkende Elemente (vgl. SW, Bd. 4, S. 259–315). Folgende davon können für die Kita relevant sein und werden im Anschluss bzw. in den weiteren Kapiteln thematisiert:

- Kameradschaftsgericht → Beschwerdeverfahren
- Schrank für Fundsachen → Verantwortung
- Aufhängehaken für Besen → Verantwortung
- Plebiszite → Selbstdisziplin
- Wetten → Selbstdisziplin, Freude und Humor
- Erinnerungspostkarten → Selbstdisziplin und Freude
- Kalender → Freude, Heiterkeit und Humor

Beschwerde als Element von Partizipation

Wie bereits ausgeführt, kann es keine echte Partizipation ohne die Möglichkeit der *Beschwerde* geben, also ohne die Option, auch negative Anliegen zu äußern, sich über etwas zu beschweren oder ein Recht einzuklagen. Darüber hinaus lässt die Art und Weise, wie Beschwerden in pädagogischen Einrichtungen aufgenommen und bearbeitet werden, den Grad der Partizipation in diesen Einrichtungen erkennen. Korczak beschäftigte sich daher viel mit den Beschwerden von Kindern. Er hat für sie zum einen Möglichkeiten geschaffen, diese mündlich oder schriftlich vorzubringen, und zum anderen Instanzen eingerichtet, die sicherstellen, dass diese angehört und bearbeitet werden. Wie kann man den Beschwerden von Kindern angemessene Beachtung schenken und damit umgehen? Welche möglichen pädagogischen Antworten gibt es darauf? Und wie können wir dies in der Kita umsetzen?

Verständnis von Beschwerde

Wie schon beschrieben, stellt Korczak Kinder in seinen Schriften als Subjekte dar, d. h. nicht allein als Objekte (von Erwachsenen), sondern als Träger von Rechten. Als solche haben sie nicht nur das Recht, etwas zu sagen, sich auszudrücken und ihre Stimme zu erheben, sondern sie sind auch dazu aufgefordert, das Zusammenleben in den Einrichtungen mitzugestalten, und zwar indem sie Einspruch erheben, sich beklagen und Beschwerden vorbringen. Nur wenn sie dies tun, werden sie erfahren, ob ihre Beschwerde legitim ist. Erst wenn die Beschwerde angehört und besprochen wird, kann es zu einer Lösung (z. B. zu einem Kompromiss) kommen, die alle Beteiligten so gut wie möglich zufriedenstellt. Was für das Kameradschaftsgericht gilt, dass dieses nämlich nicht Gerechtigkeit »ist«, aber nach ihr streben soll (vgl. SW, Bd. 4, S. 274), trifft ebenso auf alle sonstigen Beschwerdeverfahren zu.

Korczak zu Beschwerden von Kindern

In einigen Texten widmet sich Korczak ausdrücklich Beschwerden von Kindern und deren pädagogischer Bedeutung. In der Zeitschrift »Vorschulerziehung« veröffentlicht er 1926 einen Artikel zum Thema »Die Klage« (SW, Bd. 9, S. 313 ff.). Zu dieser Zeit ist er knapp fünfzig Jahre alt und hat schon sehr viele Erfahrungen mit Beschwerden von Kindern gesammelt. Er spricht von zigtausenden, die er aufgezeichnet habe (SW, Bd. 9, S. 315). Korczak stellt dar, auf welche Art Kinder sich in unterschiedlichen Entwicklungsphasen beschweren. Beginnend beim Säugling, der sich mit »Geschrei, Tränen, einer Geste, einem Blick« beklagt (SW, Bd. 9, S. 313), bis zum Kind, das die Sprache beherrscht und mit Worten kämpft, streitet (vgl. SW, Bd. 9, S. 314). Ferner beschreibt er verschiedene Konflikte und Auseinandersetzungen von Kindern, bei denen manche ihren Aggressionen freien Lauf lassen. Aufgabe des Erziehers sei es dann, ihnen klarzumachen, dass sie »nicht allein auf der Welt« sind (SW, Bd. 9, S. 314): »Wie soll man lehren, dass es auf Gerechtigkeit basierende Regeln gibt, dass man, um etwas zu erringen, warten und es verdienen muss? Dass man es nicht einfach an sich reißen darf. Wann soll mit dieser schwierigen Unterweisung begonnen werden?«

Bei der Einführung in die o. g. Regeln sieht Korczak Beschwerden als aktuelles, verständliches und wertvolles Material an, dessen man sich als Erzieher bedienen kann, um die Kinder darin zu »unterweisen, wie sie bei gegenseitiger Toleranz in Harmonie miteinander leben könnten« (SW, Bd. 9, S. 315). Die Beschwerde bzw. Klage hält er sogar für »die würdigste Art des Kampfes« eines Menschen: »Keine Schlägerei, kein Streit, keine hinterhältige Lösung des Streits, sondern eine mutige, bestimmte, offene, ehrliche: ›Er hat mir Unrecht getan. Ich bin im Recht. Ich werde es beweisen. Ich vertraue darauf, dass ich obsiege.‹ Kein Krawall, kein Skandal« (SW, Bd. 9, S. 315). Korczak stellt zu diesem Zeitpunkt fest, dass Erwachsene im Unterschied zu Kindern sehr viele Möglichkeiten haben, um Streitigkeiten zu regeln. Damals seien gerade die ersten Schritte unternommen worden, um Gerichte für minderjährige Kinder einzuführen. Diesen Mangel an sogenannten »Friedensgerichten« soll der Erzieher – so Korczak – ausgleichen (vgl. SW, Bd. 9, S. 315).

Pädagogischer Umgang mit Beschwerden

Er nennt in diesem zentralen Beitrag zur kindlichen Beschwerde auch die Instrumentarien, pädagogisch damit umzugehen. Zum einen gilt es, die Beschwerde anzuhören:

> »Das wesentliche Problem liegt nicht darin, ob die Klagen nötig sind oder nicht, denn sie sind unvermeidbar, und es gibt sie, muss sie geben, offen oder verhüllt, – das Problem liegt in der Technik, sie anzuhören und aufzuzeichnen, in den Fähigkeiten des Erziehers, sie anzuhören und zu registrieren.« (SW, Bd. 9, S. 316)

Darüber hinaus sei zum Anhören der Beschwerde Zeit notwendig. Außerdem sei es wichtig, sich von Vorurteilen über bestimmte Kinder frei zu machen und sie kontinuierlich zu beobachten. So schreibt er bezogen auf die Altersgruppe der Kindergartenkinder:

> »Im Internat für kleine Kinder habe ich bei jeder Mahlzeit aufgeschrieben: Wer wie oft geweint hat, und wie oft andere seinetwegen geweint haben. Ich werde nie den Augenblick vergessen, als der fünfjährige Galgenstrick Zozur von der Bank aufsprang, mich fest um den Hals nahm und mir, während er mich mit Suppe von seinem Löffel begoss, glücklich ins Ohr flüsterte: ›Ich habe heute nicht ein einziges Mal geweint, und wegen mir hat auch keiner geweint.‹« (SW, Bd. 9, S. 316)

In »Bobo« (→ Kap. 2.3) befasst Korczak sich schon zwölf Jahre vorher, im Jahr 1914, mit Beschwerden von Kindern. Er beschreibt darin, wie das Baby, also Bobo, weint, schreit und damit seine »guten Geister«, z. B. seine Eltern, herbeiklagt (SW, Bd. 3, S. 19). In »Das Recht des Kindes auf Achtung« moniert er, dass die »kindlichen Zweifel und Einwände« (SW, Bd. 4, S. 389) nicht ernst genommen werden. Schließlich äußert Korczak sich vor allem in seinem Band »Das Internat« über Beschwerden von Kindern, die er als eine Form ansieht, mithilfe derer Kinder um Hilfe bitten oder Gerechtigkeit fordern können (vgl. SW, Bd. 4, S. 177). Das Anhören und Bearbeiten von Beschwerden kann also auch als ein Mittel betrachtet werden, die Schwächeren zu schützen. Aus diesem Grund muss der Zugang zur »Beschwerdestelle« niedrigschwellig gestaltet sein. Wohl an pädagogisch Tätige gewandt, schreibt er: »Hör dir die Beschwerden der Kinder an und gehe ihnen auf den Grund; dann findest du Wege, manchen Klägern einen Rat zu geben und Genugtuung zu verschaffen« (SW, Bd. 4, S. 178).

Darauffolgend hält Korczak fest, dass Kinder sich im Allgemeinen selten und ungern beklagen würden. Er rät deswegen zur Aufmerksamkeit, wenn sich »ein bestimmter Prozentsatz der Kinder öfter beklagt« – dann »sollte man den Ursachen nachgehen und über sie nachdenken. – Du wirst die Kinder nie kennenlernen, wenn du ihre Beschwerden nicht ernst nimmst« (SW, Bd. 4, S. 179). Dies heißt im Umkehrschluss, dass die Aufgabe von pädagogischen Fachkräften nicht nur darin bestehen kann, das wahrzunehmen, was Kindern Spaß und Freude bereitet (→ Kap. 4.3) und ihnen gefällt, sondern dass sie insbesondere auch das zu berücksichtigen haben, was Kindern missfällt bzw. was sie kritisieren. Gerade diese Rückmeldungen müssen wahrgenommen werden, um schnell Abhilfe zu verschaffen oder um Kinder besser kennenzulernen und sie zu verstehen. Im Anschluss vergleicht Korczak »lästige« Bitten mit Beschwerden: »Es gab ständig lästige Bitten um einen Platzwechsel an den Tischen. Wir erlaubten den Kindern, einmal im Monat den Platz zu wechseln« (SW, Bd. 4, S. 179). Die geringfügige Reform habe sich sehr positiv auf die Atmosphäre in der Gruppe ausgewirkt: »Dank dieser Wünsche, wie auch dank der Beschwerden, lernst du nämlich die meisten Geheimnisse der Kinderseele kennen« (SW, Bd. 4, S. 179). Alles in allem können wir festhalten: Bitten, Wünsche und Beschwerden sagen sehr viel über Kinder aus und sind stets zu beachten: um Kinder besser zu verstehen, sie zu schützen, Streit und Konflikten vorzubeugen oder diese zu schlichten und um das Zusammenleben harmonischer zu gestalten.

Kameradschaftsgericht

Das Kameradschaftsgericht war die von Korczak ins Leben gerufene Hauptanlaufstelle für Beschwerden im Dom Sierot und im Nasz Dom (vgl. SW, Bd. 4, S. 273 ff.). Es gab einen Gerichtskodex mit vielen Paragrafen, passend zu den entsprechenden Vorfällen bzw. Vergehen, die sich aber bei näherem Hinsehen meist als Verzeihensparagrafen entpuppten. Mit dem Kameradschaftsgericht etablierte Korczak eine Instanz, durch die das gemeinschaftliche Leben und damit auch Störungen, Streit und Konflikte geregelt werden konnten. Dies geschah nicht durch strenges, strafendes Durchgreifen von Erwachsenen, sondern durch ein nach Gerechtigkeit strebendes System, bei dem jede Beschwerde in einer Liste notiert, angehört und beachtet wurde. Ferner konnten dabei jeweils wechselnde Kinder als Richter mitwirken und alle Beteiligten – auch die Erwachsenen – angeklagt werden. Das Kameradschaftsgericht bzw. die dort vorgebrachten Anzeigen und die Art und Weise des Umgangs mit ihnen kann als Schutz- und Sicherungsinstanz in Bezug auf die Rechte der Kinder angesehen werden bzw. als ein Beschwerdeverfahren. In Korczaks Worten liest sich das so:

> »Das Kind hat ein Recht auf die ernsthafte Behandlung seiner Angelegenheiten, auf ihre gerechte und ausgewogene Beurteilung. Bis heute war alles

vom guten Willen und den Launen des Erziehers abhängig. Das Kind hatte kein Recht auf Einspruch. Diesem Despotismus müssen Grenzen gesetzt werden.« (SW, Bd. 4, S. 273)

Das Kameradschaftsgericht durchlebte in den Waisenhäusern auch Krisen und Unterbrechungen. Korczak jedoch war von der grundsätzlichen Notwendigkeit dieser Instanz in pädagogischen Institutionen überzeugt: »Ich weiß, dass man das Gericht braucht, dass es in fünfzig Jahren keine Schule, keine Anstalt mehr ohne Gericht geben wird« (SW, Bd. 4, S. 295). Fünfzig Jahre von damals aus gesehen – das wäre das Jahr 1970 gewesen. Wie sieht es heute aus, nochmals fünfzig Jahre, also insgesamt hundert Jahre, später? Ersetzt man den Begriff »Gericht« durch »Beschwerdeverfahren« oder »Beschwerdemanagement« und fragt, ob Korczaks Prophezeiung sich bewahrheitet hat, so muss man leider feststellen, dass es immer noch viel zu wenige Beschwerdeinstanzen in Schulen und anderen pädagogischen Einrichtungen gibt.

Beschwerdeverfahren in der Kita

Was lässt sich aus diesen Erörterungen für die heutige Praxis in der Kita mitnehmen? Was kann das Personal von Kindertageseinrichtungen hierbei von Korczak lernen? In frühkindlichen Bildungseinrichtungen ist man erst seit einigen Jahren ernsthaft dabei, Partizipations- und Beschwerdeverfahren zu entwickeln und einzurichten, nicht zuletzt aufgrund der neuen gesetzlichen Bestimmungen, z. B. im SGB VIII. Sie reichen von den bereits erwähnten Motz- und Meckerboxen bis hin zu Kinderkonferenzen und konstitutionellen Verankerungen von Rechten, Normen und Regeln in Kita-Verfassungen. Zur speziellen Thematik der Aufnahme und Bearbeitung von Beschwerden von Kindern in frühpädagogischen Einrichtungen gibt es bisher nicht allzu viele Publikationen. Stellvertretend möchte ich an dieser Stelle einige nennen. Das Heft »Beschwerdeverfahren für Kinder« (2014) von Franziska Schubert-Suffrian und Michael Regner, ein Kapitel dazu in ihrem Buch »Partizipation in der Kita« (Regner/Schubert-Suffrian 2018), ferner Texte von Jörg Maywald (2019b, S. 45 f.) sowie von Rüdiger Hansen und Raingard Knauer (2016, S. 47 ff.). Schubert-Suffrian und Regner geben auch ganz praktische Hinweise, wie man solche Verfahren schon mit Kindergartenkindern im Alter von drei bis sechs Jahren sehr kreativ und altersentsprechend durchführen kann und worauf dabei zu achten ist. Es komme insbesondere auf die Haltung an: Eine beschwerdefreundliche – und damit einhergehend fehlerfreundliche – Kultur müsse geschaffen werden (vgl. Schubert-Suffrian/Regner 2014, S. 30 f.).

Abschließend sei Folgendes festgehalten: Korczak hat bereits vor hundert Jahren die Bedeutung von Beschwerden, die Kinder vorbringen, erkannt. Er hat sie einerseits als wichtiges Instrument der Beteiligung bzw. Mitbestimmung und Selbstbestimmung von Kindern angesehen, andererseits als Möglichkeit für die Erziehenden, die Kinder und ihre Bedürfnisse kennenzulernen und besser zu verstehen. Schließlich rief er dazu auf, Beschwerden als Mittel zu einer moralisch-ethischen Selbsterziehung zu nutzen. Denn Beschwerden stellen seiner Auffassung nach die dem Menschen entsprechende und würdigste Form des »Kampfes« dar. Sie taugen gleichzeitig dazu, ein geregeltes Zusammenleben zu fördern, Frustrations- und Ambiguitätstoleranz zu erlernen, also keine Selbstjustiz zu üben, sondern abzuwarten, abzuwägen, zu argumentieren und den »Gegner« erst einmal anzuhören. Denn das letztendliche Ziel des Umgangs mit Beschwerden ist es nach Korczak, gerechtere Verhältnisse zu schaffen, das Zusammenleben besser zu organisieren und die Schwachen bzw. Schwächeren zu schützen – zu lernen »mit dem Bruder-Mitmensch zu leben« (SW, Bd. 9, S. 316). Wie dies in der Kita konkret aussehen könnte, wird in den folgenden Anregungen näher beschrieben.

Anregungen zur Partizipation und Beschwerde im Kita-Alltag

- Partizipation kann bereits im ganz gewöhnlichen Kita-Alltag stattfinden, wenn nicht nur die Mitbestimmungsrechte von Kindern beachtet werden, sondern vor allem ihre Selbstbestimmung in den Vordergrund rückt, etwa bei Themen, die sie während der alltäglichen Abläufe in der Kita selbst betreffen: Frühstücken, Essen, Wickeln, Wahl des Spiels und der Spielgefährten, Kleidungsvorlieben und Schlafensregeln. Dies ist natürlich nicht mit einer »laissez-faire«-Haltung oder mit antiautoritärer Erziehung zu verwechseln. Würden Sie der Aussage zustimmen, dass in Ihrer Einrichtung eine Art Alltagspartizipation im Sinne einer individuellen Selbstbestimmung gelebt wird, auch ohne ausgewiesene Abstimmungsverfahren?

- Darüber hinaus braucht es ggf. konstitutionell in der Konzeption oder in einer Kita-Verfassung verankerte Regeln, auf die zurückgegriffen werden kann bzw. auf die man sich zumindest berufen kann, wenn sich jemand ungerecht behandelt fühlt oder es Konflikte gibt. Existiert in Ihrer Einrichtung eine Kita-Verfassung, in der die Rechte der Kinder sowie Partizipationsverfahren festgeschrieben sind? Auch in einem Leitbild, einer Konzeption oder in einer »Hausordnung« lassen sich die wichtigsten Regeln des sozialen Miteinanders festhalten (vgl. Dobrick 2016, S. 68 ff.). Haben Sie *Partizipation* in irgendeiner Weise schriftlich fixiert?

- Kinder sollten die Gelegenheit erhalten, demokratische Entscheidungsprozesse einzuüben, auch wenn die Kita kein kleiner »Bundestag« ist. So existieren verschiedene altersangemessene Methoden, bei denen sie beispielsweise den nächsten Ausflugsort mithilfe von Muggelsteinen mitbestimmen können: Die Wahl fällt dann auf das Ausflugsziel, das die meisten Muggelsteine erhalten hat. Auch beim Thema Mittagessen und bei anderen Gelegenheiten können Fragen aufkommen, welche die ganze Gruppe betreffen und die weder im Einzelgespräch mit einem Kind noch durch lange Diskussionen konsensuell gelöst werden können oder auch müssen. Dann ist es möglich, nach einem freien und wertschätzenden Austausch der Argumente, eine geheime oder öffentliche Abstimmung durchzuführen. Bei dieser können die Kinder Kärtchen in einen Briefkasten werfen, Smileykarten hochhalten, Handzeichen verwenden oder Metallgewichte auf eine Balkenwaage legen, die dann das »Gewicht« der Entscheidung auch visuell anzeigt. Hierbei lernen die Jungen und Mädchen zwangsläufig, auch einmal nachzugeben und die Meinung der anderen bzw. der Mehrheit zu akzeptieren. Gibt es in Ihrer Einrichtung Abstimmungsverfahren, die Sie bei gewissen Themen und Fragestellungen einsetzen? Wie lassen Sie die Kinder abstimmen und welche Visualisierungen nutzen Sie dabei?

- Ein regelmäßig tagendes Gremium, in dem die Kinder diskutieren und wichtige Entscheidungen aushandeln können, die sie selbst oder die gesamte Kita angehen, ist ebenfalls sehr zu empfehlen. Können sich Kinder in Ihrer Einrichtung demokratisch beteiligen, indem sie sich in partizipativen Gremien engagieren? Führen Sie beispielsweise Kinderkonferenzen durch? Finden diese Treffen, bei denen über wichtige Angelegenheiten entschieden wird, kontinuierlich statt?

- Als Grundlage für Beteiligung dient Information. Um die Wünsche der Kinder, z. B. zur Raumgestaltung oder zum Mittagessen, zu erfahren, gibt es unterschiedliche Optionen. Es wäre etwa möglich, dass die Kinder ein Bild zeichnen, durch das sie ihr Anliegen veranschaulichen, oder einen Gegenstand fotografieren, mit dem sie sich näher beschäftigen möchten. Eine andere Möglichkeit besteht darin, dass ein Kind der pädagogischen Fachkraft einen Wunsch oder ein Anliegen diktiert und anschließend diesen Wunschzettel in den *Briefkasten* wirft. Als Alternative lassen sich Höraufnahmen erstellen, sammeln und bei Gelegenheit, z. B. als Gesprächsanlass, wieder abspielen. Bei Anliegen, die alle Kinder betreffen, vor der gesamten Gruppe; bei Anliegen, die ein einzelnes Kind angehen, vor dem jeweiligen Kind. Durch die

Anfertigung von Zeichnung, Foto, Brief oder Höraufnahme sind die Kinder dazu aufgefordert, ihr Anliegen genau(er) zu formulieren bzw. zu differenzieren, was ebenso eine unerlässliche Grundlage für echte Partizipation ist.

- Kinder brauchen eine Möglichkeit, ihre Gedanken zu jeder Zeit mitzuteilen, diese sichtbar zu machen und auf diese Weise ernst genommen zu werden. So entstand in einer Kita die Idee der »Gedankenwolken«. Die Kinder können dort entweder fertige Wolkenformen bemalen und von den Fachkräften beschriften lassen oder ihre eigene Wolke bzw. ein Bild dazu gestalten. Im Morgenkreis werden dann die Wolken mit den Gedanken, Wünschen und Ideen der Kinder regelmäßig vorgestellt und eine Umsetzung wird besprochen oder in Gang gesetzt.

- Bereits junge Kinder können durch Visualisierungen (Balkenwaage, unterschiedliche Smileys, Handzeichen) demokratische Meinungsbildungs- und Mitbestimmungsprozesse nachvollziehen. Das Schwarze Brett ließe sich umbenennen und speziell nach den Wünschen der Kinder gestalten, sodass ihnen wichtige Informationen durch Symbole vermittelt werden - etwa dass die »Schmetterlingsgruppe« (Schmetterlinge) am »Montag« (Mohn) einen »Ausflug« (Landschaftsbild) macht.

- Beteiligung stellt ein Grundrecht für *alle* Kinder dar und trägt wesentlich zu Selbstbildungsprozessen bei. Partizipation beginnt - in Anlehnung an Janusz Korczak und Gerd E. Schäfer - mit der Geburt. Letzterer betont, dass sich »Beteiligung nicht auf eine mehr oder weniger institutionalisierte Sozialform - wie Kinderparlament und Morgenkreis - [beschränkt], sondern [...] eine Frage jeder zwischenmenschlichen Beziehung [ist]« (Schäfer 2019b, S. 17). Von Anfang an seien Kinder daher aktiv, lernwillig und neugierig, wobei Schäfer Bildung als »das Potenzial eines Menschen« definiert, »mit dem er sich an seiner sozialen und kulturellen Um-Welt beteiligen kann. Bildung beginnt so gesehen spätestens mit der Geburt« (Schäfer 2019b, S. 17). Fragen Sie sich, ob bei Ihnen in der Kita - vorausgesetzt, Sie betreuen diese Altersgruppe - auch unter Dreijährige bzw. die Jüngsten »mitreden« dürfen. Wenn ja, wo und wie? Wie unterstützen Sie die Neugier und den Lernwillen von Kleinstkindern? Wie tragen Sie dazu bei, dass diese sich durch Beteiligung bilden und durch Bildung beteiligen?

- Sehen Sie Beschwerden als bedeutsamen Bestandteil von Partizipation und nicht als »notwendiges Übel« an. Beschwerden sind imstande, Ihnen einen einzigartigen Einblick in Ihre Einrichtung zu geben. Denn selbst in der oft als »Bilderbuchwelt« imaginierten Lebenswelt einer Kita herrschen nicht immer »Friede, Freude, Eierkuchen«.

- Beschwerden gibt es immer und in jeder pädagogischen Einrichtung. Es kommt darauf an, sie aufzunehmen, sie zu analysieren und sie kreativ und produktiv zu bearbeiten. Dabei sind insbesondere auch die Beschwerden der Kinder zu beachten, nicht allein diejenigen der Eltern und Fachkräfte.

- Beschwerden tauchen in vielerlei Form auf, teils abhängig vom Alter der Kinder. Achten Sie auf verbal vorgetragene Beschwerden ebenso wie auf Tränen bzw. die Mimik und Gestik der Kinder, denn wie wir nun alle wissen, sind »alle Tränen salzig«.

- Es reicht demnach nicht, Beschwerden nur anzuerkennen. Vielmehr müssen wir mit ihnen in pädagogischen Verfahren geregelt umgehen, damit keine nur scheinbare Partizipation entsteht, wir also Kindern gegenüber nicht »mit falschen Karten« spielen, wie es Korczak einmal formulierte (SW, Bd. 4, S. 397), und sie wirklich zu ihrem Recht kommen. In Ergänzung zu dem alltäglichen Umgang mit Beschwerden sollten daher »auch ritualisierte, an eine bestimmte Zeit und an einen festen Ort gebundene Beschwerdemöglichkeiten vorhanden sein« (Maywald 2019b, S. 46). Obendrein stellt dies einen wichtigen Beitrag zum präventiven Kinderschutz dar (vgl. Maywald 2019b, S. 45). Ob diese Verfahren »Kameradschaftsgericht« oder »Briefkasten« und »Anschlagtafel« wie bei Korczak heißen, ob sie die Form von Gesprächsrunden, einer »Motzmauer«, einer »Beschwerdewand« oder eines »Meckerkastens« annehmen, ob »Stoppregeln« und »Beschwerdehelfer« eingesetzt werden (vgl. Schubert-Suffrian/Regner 2014) - das macht im Endeffekt keinen Unterschied, wenn das Ziel, eine »fehlerfreundliche Beschwerdekultur« (Maywald 2019b, S. 46) in der Einrichtung zu installieren, nicht aus den Augen gerät.

Verantwortung und Selbstdisziplin

Zu einer von Partizipation geprägten Lebenswelt trägt vor allem *Verantwortung* bei. Gemeinsam getroffene Entscheidungen, die z. B. durch Abstimmungen zustande kommen, ziehen Verantwortung nach sich, etwa diejenige, sich an die Beschlüsse zu halten und damit verbundene Aufgaben zu übernehmen. Aber nicht nur in Bezug auf Mitbestimmung, sondern auch hinsichtlich der Selbstbestimmung ist Verantwortungsübernahme in pädagogischen Einrichtungen äußerst bedeutsam. Denn letztlich sind Individuen, die nicht eigenverantwortlich handeln, auch nicht gemeinschaftsfähig. Pädagogische Fachkräfte sollten Kinder behutsam an diese Verantwortungsübernahme heranführen.

Verständnis von Verantwortung

Im allgemeinen Sprachgebrauch bedeutet Verantwortung, zu seinen Handlungen zu stehen und deren Folgen auf sich zu nehmen. Dies kann sich auf einzelne Individuen beziehen, aber von Verantwortung ist beispielsweise auch beim staatlichen Handeln die Rede. Verantwortung ist ein sehr komplexer Ausdruck, der juristisch, philosophisch, theologisch und pädagogisch verstanden und definiert werden kann (vgl. Danner 2010). Der Begriff ist zunächst ethisch zu verorten: Ein verantwortungsvoller Mensch verhält sich so, dass er über die Folgen seiner Taten im Bilde ist bzw. für die Folgen seiner Handlungen einstehen kann. Verantwortung trägt der Mensch letztlich nicht nur für sich selbst oder gegenüber anderen Mitmenschen, sondern auch gegenüber Tieren, der Umwelt und Alltagsgegenständen.

Was versteht Korczak unter Verantwortung? Hat er sich dazu geäußert, wie man Verantwortung vermitteln bzw. als verantwortungsvolles Vorbild fungieren kann? Wie können Kinder lernen, Verantwortung für sich, für andere und für ihre unmittelbare Umgebung zu übernehmen? Was hat dies letztlich mit Disziplin oder Selbstdisziplin zu tun?

Verantwortung im Sinne Korczaks

Korczak führte Kinder an Verantwortungsübernahme heran, indem er ihnen z. B. altersgerechte Aufgaben übertrug. Er appellierte jedoch auch an die Verantwortung der Eltern und Pädagogen gegenüber der nachwachsenden Generation. Der Erwachsene, ob Mutter, Vater oder eine andere Bezugsperson, muss den eigenen Verstand gebrauchen, also mündig handeln. Verantwortung kann somit nicht auf andere abgeschoben werden – vielmehr muss derjenige, der Kinder erzieht, sie betreut, begleitet und Bildungsmaßnahmen für sie plant, im wahrsten Sinne des Wortes *selbst* denken. Das sei laut Korczak nicht einfach, ganz im Gegenteil, manchmal sogar sehr schwer (vgl. SW, Bd. 4, S. 11). Verantwortung ist hier eng mit Mündigkeit gekoppelt. Korczak ermutigt die Erziehenden, selbst zu denken, eigenständig zu beobachten, eigene Schlüsse zu ziehen und schließlich zu entscheiden. Pädagogische Verantwortung tragen die Erziehenden beispielsweise, indem sie mit gutem Beispiel vorangehen. Insbesondere haben sie dabei die Rechte des Kindes zu berücksichtigen, z. B. das bei Korczak über allem stehende »Recht des Kindes auf Achtung« (SW, Bd. 4, S. 383 ff.). Bei ihm wird sowohl die Verantwortung der Erwachsenen gegenüber Kindern großgeschrieben als auch generell die Verantwortung anderen gegenüber.

In der letzten »Plauderei« seiner »Fröhlichen Pädagogik« mit dem treffenden Titel »Pack mit an, junger Mann« (SW, Bd. 4, S. 488–493) wendet sich Korczak gegen Nörgeleien, Verwöhnung, Faulheit, Egoismus und den Hang, die eigene Person für allzu wichtig zu nehmen: »Verlange nicht zu viel, kommandiere nicht herum, drängle nicht, denn nicht nur du, nicht nur deine wichtige Person – hat die Güte zu leben« (SW, Bd. 4, S. 489). Es geht folglich darum, die Mitmenschen mit ihren Bedürfnissen, Sorgen und Nöten ebenfalls zu beachten und sich selbst nicht als Maß aller Dinge zu betrachten. Schließlich wendet er sich dagegen, die Schuld immer bei den anderen zu suchen, d. h. Verantwortung auf andere abzuwälzen. Neben vielen anderen Beispielen erwähnt er etwa die Schule:

> »Aber deine Nachlässigkeit und Faulheit – Minus. – Deine Schulaufgaben hast du nicht gemacht; auch wenn der Lehrer dich gar nicht aufgerufen hat: Minus. – Du denkst: ›Es ist mir gelungen.‹ – Nein: Minus. – Nicht ein Schulbub, sondern ein Staatsbürger kam zu spät zur Schule. – In der Statistik der bürgerlichen Pflichten ist da ein Klecks, deine Verspätung – Minus« (SW, Bd. 4, S. 491).

Verantwortung für sich und andere

Menschen tragen demnach, ganz unabhängig von ihren jeweiligen Aufgaben und Berufen, Verantwortung. Ausreden wie »keine Zeit« und »es ist schwer« lässt Korczak nicht gelten:

> »Du sagst: Es ist schwer. Und verziehst das Gesicht, weil es so schwer ist. Pardon. – Ein Taugenichts, der es leicht haben will, irgendwie, nur möglichst schnell. – Du freust dich, dass der Lehrer krank ist, dass der Unterricht eine Woche lang ausfällt? – Aber du solltest das, was schwierig ist, lieben lernen. Pack mit an, junger Mann …« (SW, Bd. 4, S. 491).

Menschen, so lässt sich resümieren, haben als Mitglieder einer Gesellschaft nicht nur ihre Funktionen zu erfüllen und ihre Aufgaben zu erledigen, sondern müssen sich auch gewissenhaft verhalten und stets das Beste aus sich herausholen, ganz gleich, ob als Schüler oder als berufstätige Erwachsene. Jeder hat sich seiner Verantwortung bewusst zu sein, nach bestem Wissen und Gewissen zu handeln und sich anzustrengen bzw. in Selbstdisziplin zu üben. Diese Einstellung zeigt sich besonders in den vielfältigen Institutionen der Selbstverwaltung, wie etwa im Kameradschaftsgericht des Dom Sierot. Von klein auf konnten Kinder sich so in der Übernahme von Verantwortung als Bestandteil von Partizipation üben: Sie konnten gemeinsam entscheiden, bei Konflikten und Vergehen schlichten oder mithilfe bestimmter, gestufter Maßnahmen auf der Grundlage eines Gesetzbuches intervenieren. Zu guter Letzt konnten sie die meist milden Konsequenzen, die sich aus den Paragrafen dieses Kodex ergaben, akzeptieren lernen.

Schrank für Fundsachen

Bei der Beschäftigung mit Korczaks Werk fällt eine weitere Form von Verantwortung auf: die Verantwortung gegenüber persönlichem Eigentum und Gegenständen der Einrichtung. Wie bereits beschrieben, gab es in den von Korczak betreuten Heimen spezifische und für jene Zeit größtenteils höchst innovative Elemente bzw. Methoden. Auf den ersten Blick ganz unscheinbare Regeln – wie die folgende – lassen sich als eine Schule in Verantwortungsübernahme betrachten. So mussten die Kinder im Dom Sierot Verantwortung für ihr eigenes Eigentum und die Einrichtungsgegenstände übernehmen. Es gab beispielsweise einen *Schrank für Fundsachen* (SW, Bd. 4, S. 261). Korczak war ein glühender Verfechter kindlichen Eigentums, und sei es nur ein kleiner Stein oder eine Muschel, die dem jeweiligen Kind gehörten. Für das Eigentum der Kinder musste es im Waisenhaus sowohl einen sicheren Aufbewahrungsort geben als auch Hilfe, wenn etwas verloren gegangen war. Die Kinder konnten ihr Eigentum in einem Schubfach aufbewahren. Der Schrank für Fundsachen diente hingegen der Ordnung im Haus und der Rückgabe von verloren gegangenen Gegenständen an den Eigentümer (vgl. SW, Bd. 4, S. 262) – eine zwar kleine, aber feine Einrichtung im Dienste eines gerechteren Umgangs miteinander und eines verantwortungsvollen Umgangs mit eigenem und fremdem Eigentum.

Aufhängehaken für Besen

Korczak förderte durch weitere Maßnahmen, wie den *Aufhängehaken für Besen,* die Verantwortung der Kinder gegenüber der Einrichtung. In den beiden großen Schlafsälen gab es insgesamt sechs Kehrbesen und verschiedene andere Putzutensilien, die einen ehrenvollen und gut sichtbaren Platz erhielten, denn ein »sauber abgewischter Tisch [ist] so viel wert […] wie eine sorgfältig beschriebene Seite« (SW, Bd. 4, S. 264). Die unterschiedlichen Dienste der Kinder sollten jedoch nicht »die bezahlte Arbeit des Personals« ersetzen, vielmehr sollte »durch sie erzogen und gebildet werden« (SW, Bd. 4, S. 264). Putzen und im Haushalt mithelfen hatten also keinesfalls den Zweck, von der Arbeitskraft der Kinder zu »profitieren«, sondern waren als Einführung in eine altersentsprechende und im Alltag wichtige, verantwortliche Tätigkeit gedacht, die der fairen Verteilung von

Aufgaben in dieser Hausgemeinschaft diente. Verantwortung war für Korczak stets »geteilte Verantwortung«, die sich bereits in kleinen und auf den ersten Blick unscheinbaren Dingen zeige: »Wer Staub wischt, hat schon ein Staubtuch, für das er verantwortlich ist« (SW, Bd. 4, S. 265).

Dass ihm dabei nichts ferner lag, als die Kinder auszunutzen, belegen seine Ausführungen zur Entlohnung. Er war der Ansicht, dass die Dienste der Kinder im Waisenhaus honoriert werden sollten, und dass die Kinder dem Waisenhaus, das »lediglich die verstorbenen Eltern in der materiellen Fürsorge« (SW, Bd. 4, S. 267) vertrat, nichts »schuldig« waren. Tatsächlich wurden die Zöglinge für einen Teil der Dienste bezahlt. »Wenn wir gute Staatsbürger erziehen wollen, brauchen wir nicht Idealisten heranzubilden« (SW, Bd. 4, S. 266 f.). Er war dafür, Kinder möglichst früh darüber aufzuklären, was Geld ist, nämlich eine Entlohnung für geleistete Arbeit. Außerdem sollten sie Gelegenheiten für den Umgang mit Geld erhalten, was positive wie negative Erfahrungen, etwa das Verspielen, Verlieren oder Verprassen, mit einschließen konnte (vgl. SW, Bd. 4, S. 267). Kinder müssten lernen, dass Geld nicht unbedingt mit Glück zusammenhängt, sondern dass es auch »unglücklich und krank machen, dass es einem den Verstand rauben kann« (SW, Bd. 4, S. 267).

Insgesamt wollte Korczak mithilfe all dieser Maßnahmen die Mädchen und Jungen, auf der Basis ihrer Rechte, schrittweise an Aufgaben und Pflichten heranführen, damit aus ihnen gute und tüchtige (Staats-)Bürger würden. Stefan Weyers (2015), der Grundkonzepte demokratischer Erziehung analysiert hat, drückt das so aus: »Der schrittweise Aufbau von Autonomie und Verantwortlichkeit kann nur gelingen im Zuge der selbsttätigen Ausübung von Autonomie und Verantwortlichkeit, etwa durch Erfahrungen demokratischer Beteiligung« (S. 23).

Verantwortung für heute und morgen

Wer nach alldem nun denkt, dass Korczak eine ganz asketische, spartanische Erziehungsweise vertreten habe, die durch Arbeit, Verzicht und Pünktlichkeit sowie übertriebenes Pflichtbewusstsein geprägt war, sei an den folgenden Satz erinnert, der exemplarisch für viele andere stehen soll: »Jeder hat das Recht auf einen guten Lehrer und auf sein Portiönchen Himbeereis« (SW, Bd. 4, S. 489). Zwei wesentliche Motive der Korczak'schen Pädagogik sind hier komprimiert zu erkennen: die Zukunfts- und die Gegenwartsbezogenheit, d. h. die Vorbereitung auf das Erwachsenenleben und der Genuss des Augenblicks. In »*Das Recht des Kindes auf Wertschätzung*« begründet er das Recht des Kindes auf die gegenwärtige Stunde, den heutigen Tag folgendermaßen: »Wie soll es morgen leben können, wenn wir ihm heute kein bewusstes, verantwortungsvolles Leben ermöglichen?« (SW, Bd. 4, S. 404).

Nur wenn wir Kindern dementsprechend ihr Recht auf das »Hier und Jetzt« bzw. auf das Heute und damit auch Verantwortung für gegenwärtige Erfahrungen ermöglichen, schaffen wir die Grundlage, damit sie in der Zukunft ebenfalls verantwortungsvoll leben. Korczaks zentrales Thema kommt erneut zum Ausdruck, und zwar dass Kinder keine künftigen, sondern jetzt schon Menschen sind, dass man sie ernst nehmen muss, damit sie ihrerseits lernen, andere zu respektieren und Verantwortung zu übernehmen. Verantwortung hat auch sehr viel mit dem Dialog zu tun, mit der dialogischen Beziehung also, die Korczak sehr am Herzen lag. Nur im Austausch mit bedeutenden anderen Personen, etwa in einer Freundschaftsbeziehung unter Gleichaltrigen oder in einer großen Kindergruppe, in der man mit ganz unterschiedlichen Individuen auskommen muss, bildet sich so etwas wie Gemeinschaftsfähigkeit, aber auch (Eigen-)Verantwortung heraus.

Verständnis von Selbstdisziplin

Korczak hat sich viel mit Verantwortung beschäftigt, aber auch mit der damit verbundenen *Selbstdisziplin.* Es liegt auf der Hand, dass Verantwortung etwas mit Selbstdisziplin zu tun hat: Nur wenn ich zu meinem »Versprechen« stehe, nur wenn ich die mir aufgetragenen Aufgaben und Verpflichtungen gewissenhaft übernehme und durchführe, nur wenn ich mich in Selbstdisziplin übe, kann ich meiner Verantwortung gerecht werden. Selbstdisziplin hatte bei Korczak einen hohen Stellenwert. Das beginnt bereits bei seiner eigenen Disziplinierung, ohne die er die zahlreichen Aufgaben, die er zeit seines Lebens übernommen hat, nicht hätte bewältigen können; es zeigt sich ferner in seiner Bewunderung für Menschen, die durch ihre Beharrlichkeit und Selbstdisziplin Erstaunliches geleistet haben, wie Louis Pasteur, den er in einer Biografie für Kinder mit dem Titel »Ein hartnäckiger Junge – Das Leben des Louis Pasteur« (SW, Bd. 13, S. 13–93) gewürdigt hat, und kulminiert schließlich in Korczaks Ideen für die Selbstdisziplinierung und Selbsterziehung der Zöglinge im Dom Sierot.

Selbstdisziplin und Selbsterziehung in Korczaks Einrichtungen

Im Dom Sierot gab es unterschiedliche, von Korczak eingeführte Mittel, um die Eigenmotivation, Eigenverantwortlichkeit und Selbstdisziplin der Kinder zu fördern. Auf diese Weise sollten sie einen Ansporn erhalten, sich in moralischer Hinsicht weiterzuentwickeln oder ganz praktisch einen größeren Beitrag zum Funktionieren der Gemeinschaft zu leisten, und sei es nur durch ein häufigeres Staubwischen.

Plebiszite

Ein zentrales Mittel, um die Selbstdisziplin zu fördern, waren die *Plebiszite:* jährliche Abstimmungen über den Popularitätsstatus eines Kindes innerhalb der Einrichtung. Damit verbunden waren unterschiedliche Benennungen der Heimbewohner (vgl. SW, Bd. 16, S. 134 f.). Diese »Wahlen« – so Sara E. Efron (2020) – ermöglichten den Kindern eine Spiegelung, sozusagen eine Außensicht auf sich selbst, und zwar durch die Einschätzung der übrigen Gleichaltrigen. Die ausschlaggebende Frage dabei lautete, welchen Beitrag alle Mitglieder für die Gemeinschaft geleistet hatten. So unterschiedlich sich diese, teils auch von ehemaligen Zöglingen als stigmatisierend empfundene Maßnahme bewerten lässt – Korczaks Ziel war es, in den Kindern dadurch den Wunsch zu wecken, ihr Ansehen in der Gruppe zu steigern, um so beliebter und damit auch sozialer zu werden (vgl. Efron 2020, S. 174). Wie bereits dargestellt, führte Korczak in den 1930er Jahren auch Studien zu den Plebisziten durch und erforschte dabei die »Zuneigung und Abneigung in Kindergruppen« (→ Kap. 2.3).

Wetten

Ein weiteres Mittel zur Steigerung der Selbstdisziplin und damit auch zur Selbsterziehung waren die *Wetten.* Bei diesen setzten die Kinder sich hohe Ziele, um sich auf bestimmten Gebieten zu verbessern, sich selbst zu erziehen oder zu disziplinieren – die Wetten waren also eine Strategie, mit deren Hilfe die Kinder »self-improvement« (Efron 2020, S. 174), d. h. Selbstvervollkommnung, betreiben konnten. Anhand selbstgesteckter Ziele, welche die Zöglinge in Form von Wetten im Beisein von Korczak für sich formulierten, konnten sie die Bewältigung von Problemen in Angriff nehmen: wenn sie z. B. ein bestimmtes negatives Verhalten, wie etwa das Lügen oder Stehlen, reduzieren oder aufgeben wollten oder sich vornahmen, etwas Neues zu lernen bzw. besser zu beherrschen. Korczak dokumentierte die Wetten der Kinder, d. h. deren Erfolge und Misserfolge auf dem Weg zu ihrem jeweiligen Ziel. Bemerkenswert ist, dass die Kinder das Ziel und damit auch den Inhalt ihrer Wette »mit sich selbst« ganz diskret für sich behalten durften (Efron 2020, S. 174). Die Kinder, die ihre Wette gewannen, wurden mit zwei Bonbons belohnt (vgl. Lipiner 2015, S. 46). Doch dies gelang nicht allen. Sie durften es dann erneut versuchen.

Wetten waren somit ein entscheidendes Instrument, um die Selbstreflexion der Kinder zu steigern. Sie führten zwangsläufig zur Auseinandersetzung mit folgenden, die eigene Identität und Subjekthaftigkeit betreffenden Fragen: Wer bin ich? Was möchte ich können oder werden? Welches Verhalten möchte ich reduzieren oder ablegen? Bis wann möchte ich dieses Ziel erreichen? Wird es mir gelingen? Und wenn ich scheitere, versuche ich es nochmals oder anders?

So motivierten diese Wetten die Kinder dazu, sich selbst zu erziehen. Diese Selbsterziehung beruhte demnach keineswegs auf äußerem Zwang oder Angst vor Strafen, was an folgendem Beispiel ebenso erkennbar ist.

Erinnerungspostkarten

Zur Selbstdisziplin der Kinder dienten im Waisenhaus insbesondere die *Erinnerungspostkarten* (vgl. SW, Bd. 4, S. 314f.). Durch sie erfuhren die Kinder »greifbare« Wertschätzung für ihre Leistungen bzw. für ihren Beitrag zur Hausgemeinschaft. Es war eine besondere Auszeichnung, solch eine Karte zu erhalten, um die man sich bewerben musste und die dann ggf. vom »Sejm« (Parlament) zuerkannt wurde. Einige dieser Karten sind erhalten geblieben – aufbewahrt durch Zöglinge, die sie über die Kriegszeit hinwegretteten. Im Jahr 2012 erschien ein Buch, welches die Geschichte von Leon Gluzman erzählt, einem ehemaligen Zögling, der später nach Kanada auswanderte (vgl. Medvedeva-Nathoo 2012). Gluzman, der ursprünglich den Vornamen »Lejb Beer« trug und im Dom Sierot »Berl« genannt wurde (Medvedeva-Nathoo 2012, S. 179), glückte es, besonders viele dieser Erinnerungspostkarten aufzubewahren.

Diese Postkarten hatten jeweils auf einer Seite ein Bildmotiv, auf der anderen Seite in Korczaks Handschrift das Datum, den Grund für die Anerkennung und einen Stempel des Waisenhauses sowie den Namen des geehrten Kindes.

Abb. 5: Abschiedspostkarte »Vergissmeinnicht«, die Gluzman von Korczak erhielt

Interessant ist, dass die Mädchen und Jungen eine solche Karte nicht nur für vorbildliche oder erstrebenswerte Taten erhielten: »Es können gute oder böse Taten sein, nützliche oder schädliche, es ist gleichgültig, ob sie lobens- oder tadelnswert sind; die Postkarte kann eine angenehme oder unangenehme Erinnerung sein, eine Ermunterung oder eine Warnung« (SW, Bd. 4, S. 315). Jedenfalls hatten diese Karten immer einen pädagogischen Sinn. Die Postkarten zeigten daher jeweils ein unterschiedliches Motiv, das zu dem entsprechenden Anlass passen sollte.

Zur Veranschaulichung einige Beispiele: Für die Betreuung kleiner oder neuer Kinder gab es eine »Fürsorgekarte«, für »Schlägereien, Streit und Nichtbeachtung von Regeln und Beschlüssen – eine ›Tigerpostkarte‹« (SW, Bd. 4, S. 315). Sofortiges Aufstehen im Winter wurde mit einer Karte, in diesem Fall mit einem Wintermotiv, belohnt. Für bestimmte Hausarbeiten gab es ebenso eine Karte: so etwa eine Blumenpostkarte für das Schälen von »zweitausendfünfhundert Pfund Kartoffeln« (SW, Bd. 4, S. 315). Eine dieser Postkarten bildete eine Ausnahme von der Regel, stellte also keine Auszeichnung dar, sondern eine »echte« Erinnerung. Es war die letzte, im wahrsten Sinne des Wortes »Erinnerungspostkarte«, die Leon Gluzman von Korczak erhielt: die Abschiedspostkarte »Vergissmeinnicht« – natürlich mit einem »Vergissmeinnicht«-Motiv (vgl. Medvedeva-Nathoo 2012, S. 127). Die Aufenthaltsdauer im Dom Sierot wurde durch das

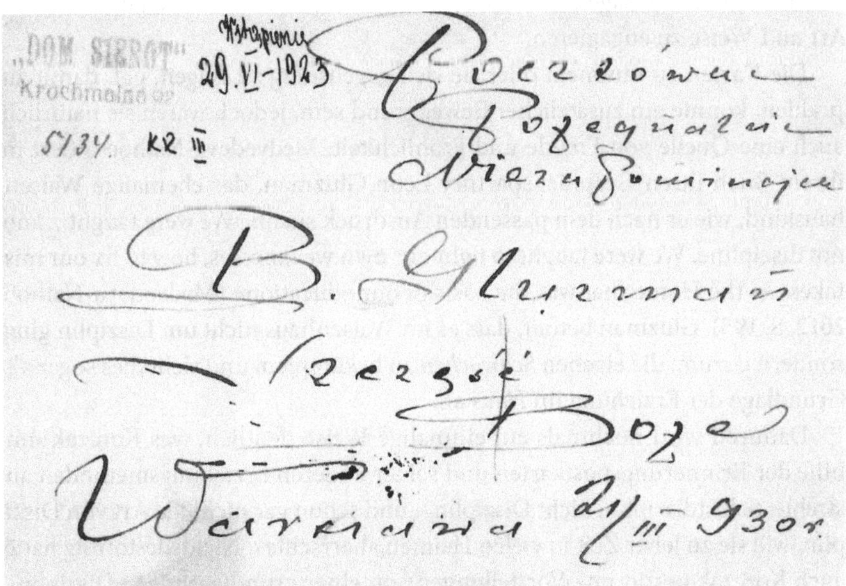
„DOM SIEROT"
Krochmalna 92
29.VI-1923
5134 KR III
Pocztówka
Pożegnalna
Niezapominajka
Gluzman
Korczak
Warszawa 21/III 930 r.

Abb. 6: Rückseite der Abschiedspostkarte an Gluzman

Eintritts- und Austrittsdatum auf der Karte festgehalten, so auch für Gluzman: 29. Juni 1923–21. März 1930. Auf dieser besonderen Karte mit einem Korb voller Vergissmeinnicht lassen sich auf der Bildseite in großen Ziffern die jeweiligen Gesamtergebnisse der Plebiszite für Leon Gluzman entdecken: hundertmal ein Plus, viermal ein Minus und 16-mal eine 0, d. h., dass dieser Zögling offenbar in den Augen der anderen Kinder sehr beliebt gewesen sein muss – die »100« ist dementsprechend in extragroßen Ziffern festgehalten. Die Rückseite der Karte enthält – außer dem Anlass – noch ein »Gott segne«. Typisch für Korczak, der die Zöglinge, welche die Einrichtung verließen, stets mit einem Segen verabschiedete, wie etwa im »Gebet eines Erziehers« (SW, Bd. 5, S. 68; → Kap. 3.1).

Die Postkarten waren einerseits ein Mittel, die Kinder zur Selbstdisziplin zu motivieren, andererseits verdeutlichten sie auch, dass besondere Leistungen für die Gemeinschaft eine Anerkennung nach sich ziehen. Als etwas, das die Kinder behalten, zeigen oder einfach aufbewahren und sammeln konnten, waren sie ein sichtbares Zeichen – eine Art Preis oder Orden. Wir sehen, dass Korczak nach Mitteln und Wegen suchte, die Kinder anzuspornen, aber auch, ihre Leistungen und Bemühungen anzuerkennen. Dabei betrachtete er die Postkarte nicht als »Lohn«, sondern als ein »Andenken« (SW, Bd. 4, S. 314).

Für diese Kinder, die selten etwas besaßen, zum Teil weder Eltern bzw. Familie noch irgendwelche eigenen materiellen Gegenstände, erwies sich solch eine Postkarte dabei offenbar als ein günstiges, aber umso effektiveres pädagogisches Mittel, sozusagen als Anreiz, etwas zu tun oder sich auf eine bestimmte Art und Weise zu engagieren.

Die Karten zu sammeln oder sie sich gegenseitig zu zeigen, ggf. damit zu prahlen, konnte ein zusätzlicher Beweggrund sein, jedoch waren sie natürlich auch eine Quelle von Freude und Fröhlichkeit. Medvedeva-Nathoo zitiert in ihrem Buch ihren Gesprächspartner Leon Gluzman, das ehemalige Waisenhauskind, wie er nach dem passenden Ausdruck sucht: »We were taught … no, not discipline. We were taught to fight our own weaknesses, how to fix our mistakes. At the Home that was the basis of our education« (Medvedeva-Nathoo 2012, S. 195). Gluzman betont, dass es im Waisenhaus nicht um Disziplin ging, sondern darum, die eigenen *Schwächen* zu bekämpfen, und sieht dies sogar als Grundlage der Erziehung im *Haus* an.

Dadurch wird nochmals auf einmalige Weise deutlich, was Korczak mithilfe der Erinnerungspostkarten und seiner anderen Erziehungsmethoden anstrebte: Selbstdisziplin, nicht Disziplin – und schon gar nicht die Art von Disziplin, wie sie zu jener Zeit in vielen Heimen »herrschte«. Nichtsdestotrotz hatte auch Korczak bestimmte Vorstellungen von einer grundlegenden »Disziplin«, auf die ich nun noch eingehen möchte.

Verständnis von Disziplin

Korczaks Sicht von Disziplin findet sich in einigen seiner Schriften an prominenter Stelle. Er wusste um ein gewisses Maß an Ordnung bzw. um die Notwendigkeit, die Abläufe im Waisenhaus und die zwischenmenschlichen Konflikte zu regulieren. Ihm zufolge muss es ein Minimum an Organisation, an »lockerer Ordnung« in Erziehungsanstalten geben, ein Mindestmaß an notwendiger Disziplin, damit sich die Kinder positiv entwickeln können (vgl. SW, Bd. 4, S. 166). Es geht ihm jedoch nicht um eine Ordnung um jeden Preis, also nicht um eine rigide, von oben herab diktierte Ordnung um der Ordnung willen, sondern um die Schaffung eines Klimas, in dem die Ordnung von den Zöglingen selbst mit errichtet, bejaht und als sinnvoll erachtet wird. Für ihn standen nicht in erster Linie die sogenannten Sekundärtugenden im Vordergrund, auch wenn diese ebenfalls von Bedeutung waren: »Eine äußerliche Ordnung, ein scheinbar gutes Benehmen, eine Vorzeigedressur – dazu bedarf es nur einer starken Hand und zahlreicher Verbote. Und die Kinder werden in ständiger quälender Angst um ihr angebliches Wohlergehen leben; das schwerste Unrecht hat seine Ursachen in dieser Angst« (SW, Bd. 4, S. 153). Korczak strebte somit eine andere Form von Disziplin an, und zwar eine, die auf Einsicht, Motivation und Selbstdisziplin beruhte. Strafen jedenfalls hielt er keinesfalls dafür geeignet, um Disziplin herzustellen.

Disziplin ohne Strafen?

Die Aussage »Es gibt keine Strafen« sei laut Korczak eine Lüge (SW, Bd. 4, S. 152). Er weist auf den engen Zusammenhang hin, der zwischen Strafen, Angst und Disziplin besteht: »Die Kinder haben Angst, unabhängig davon, ob es nun eine schwere oder leichte oder nur eine symbolische Strafe ist. – Verstehst du: Die Kinder fürchten sich, es herrscht Disziplin« (SW, Bd. 4, S. 169). Es gibt Kinder – so Korczak –, denen schon eine kleine Zurechtweisung, ein strenger Blick oder kühle Gleichgültigkeit als Strafe wehtut. Denn auch subtil wirkende Missachtungen, wie das Auslachen, das Ignorieren oder das Abkanzeln, sind Strafen, die imstande sind, Kinder hart zu treffen (vgl. SW, Bd. 4, S. 171). Korczak fragt: »Versteht denn der Erzieher nicht, dass ein bedeutender Teil der Strafen ungerecht ist?« (SW, Bd. 4, S. 174). Er will hierüber einen Prozess der Reflexion und Selbstbeobachtung bei seiner Leserschaft in Gang setzen (vgl. SW, Bd. 4, S. 177): Wer gerecht erziehen will, muss bereit sein, sein eigenes Handeln zu überdenken, sich selbst zu disziplinieren und zu beobachten. Erziehende müssen Kindern verzeihen können und ihnen eine zweite Chance geben. Außerdem sollten sie versuchen, Kinder zur Einsicht zu bewegen und nicht durch Drohungen und eine Atmosphäre der Angst zu deren Tyrannen zu werden (vgl. SW, Bd. 4, S. 153). Korczak bezieht dementsprechend den Begriff »Selbstdisziplin« auch auf die Erziehenden. Sie sollten aus ihren eigenen Fehlern beim pädagogischen Umgang mit Kindern lernen, diese reflektieren und sie möglichst nicht wiederholen (→ Kap. 3.1).

Darüber hinaus wendet er sich gegen jede Denunziationen fördernde Atmosphäre. Ein krampfhaft um seine Autorität bemühter Erzieher war ihm zuwider (vgl. SW, Bd. 4, S. 191). Dabei richtet er sich keineswegs gegen Anstrengungsbereitschaft und Selbstdisziplin – er macht sich im Gegenteil dafür stark, etwa in »Pack mit an, junger Mann« (SW, Bd. 4, S. 488–493). Aber er spricht sich entschieden gegen Erzeugung von Disziplin durch Unterdrückung und unbedingten Gehorsam von Kindern und Jugendlichen aus, gegen Missachtung und Missbrauch ihrer Wünsche, Bedürfnisse, Fragen und Bitten. Er propagiert hingegen eine Erziehung, die durch nachahmenswerte Vorbilder geprägt ist.

»Demokratische Disziplin«

Wie können wir den Disziplinbegriff bei Korczak also prägnant auf den Punkt bringen? Eine lediglich äußerlich aufgepfropfte »Unterwürfigkeit« war für ihn kein Ausdruck von Disziplin (SW, Bd. 9, S. 445). Korczaks Vorstellung von Disziplin kommt dem nahe, was Siegfried Bernfeld in seinem Aufsatz »Die Formen der Disziplin in Erziehungsanstalten« von 1927 als »demokratische Disziplin« bezeichnete. Ohne jetzt im Detail auf Bernfelds Vorstellungen zu dieser und anderen Disziplinformen einzugehen, sei festgehalten, dass in der militärischen Disziplinform der Kaserne Konflikte durch Bestrafung gelöst werden und Kompromisse im Prinzip unmöglich sind (vgl. Bernfeld 1927/1996, S. 206). Wiedergutmachung oder Verzeihen finden in diesem rigiden System der Kaserne folglich ebenso wenig Platz. Die demokratisch-bürokratische Disziplinform im Staat, in der Republik und im Parlament verlange hingegen vom Bürger »sowohl Wohlverhalten als auch Gehorsam« (Bernfeld 1927/1996, S. 207). Es geht hier vor allem darum, sich Gesetzen und Behörden sowie Konventionen zu fügen. Verbrechen werden nach dem Gesetz bestraft, »Art und Ausmaß der Bestrafung [jedoch] in einem Verfahren gefunden – nicht wie bei der militärischen und familiellen Disziplin gesetzt« (Bernfeld 1927/1996, S. 208).

Ordentliche Verfahren

Korczak strebte an, dass seine Zöglinge die Ordnung mitgestalteten, indem sie zum Teil selbst mitbestimmten, wie diese aufrechterhalten werden sollte: z. B. durch Beschlüsse des Parlaments (»Sejm«) im Waisenhaus. Außerdem gab es das Gesetzbuch. Es setzte nicht auf Strafen, sondern auf eine zweite Chance, auf Verzeihen und Milde. Durch die Einschaltung von Zwischeninstanzen zwischen

Anklage und Urteil entstand eine zusätzliche Möglichkeit, sich zu verteidigen und zu wehren. Das Kameradschaftsgericht sah auf diese Weise ordentliche Verfahren vor, bei denen niemand ohne persönliche Anhörung verurteilt wurde, also keinem ein »kurzer Prozess« gemacht werden konnte.

Kodex

Der *Kodex des Kameradschaftsgerichts* stellte bereits durch den Wortlaut seiner Paragrafen eine gute Grundlage für die Entwicklung von Selbstdisziplin bei den Heimbewohnern dar. Er kann daher ebenso wie die o. g. Plebiszite, Wetten und Erinnerungspostkarten als ein Instrument der Selbsterziehung bezeichnet werden. Die Paragrafen 1 bis 99 fielen allesamt unter die Kategorien »Zur Kenntnisnahme« oder »Verzeihen«. Kurz einige Beispiele dafür (vgl. SW, Bd. 4, S. 280 ff.): § 11 lautete: »Das Gericht bedankt sich bei A, weil er seine Verfehlung mitgeteilt hat.« § 30: »Das Gericht sieht ein, dass A nicht anders handeln konnte.« Und § 80: »Das Gericht verzeiht A, denn es ist der Ansicht, dass man ihn nur durch Güte bessern kann.« Dieses besondere Gericht war von folgendem Leitspruch geprägt: »Wenn jemand etwas Böses getan hat, ist es am besten, man verzeiht ihm und wartet, bis er sich bessert« (SW, Bd. 4, S. 274). Gleichzeitig war das Gericht dazu da, die Schwächeren zu schützen: »Das Gericht ist nicht die Gerechtigkeit, aber es soll nach Gerechtigkeit streben; das Gericht ist nicht die Wahrheit, aber es möchte die Wahrheit finden« (SW, Bd. 4, S. 274).

Ordnung statt Disziplin – Selbstdisziplin statt Zwang

Das Kameradschaftsgericht erwies sich als zentrales Mittel in Korczaks pädagogischer Einrichtung, um die Disziplin aufrechtzuerhalten: eine Disziplin um der Ordnung der Gemeinschaft willen ebenso wie eine Selbstdisziplin der Heimbewohner bzw. der Bürger dieser kleinen Polis. Die Disziplin, die bei Korczak im Waisenhaus »herrschte«, kann demzufolge ganz im Sinne Bernfelds als demokratisch betrachtet werden. Dies korrespondiert mit Korczaks Verständnis von Selbstdisziplin als Bestandteil einer Erziehung zur Demokratie und zur Mündigkeit. In einer Schrift des Vorstands der Gesellschaft des »Nasz Dom« mit dem Titel »Zur gesellschaftlichen und pädagogischen Bedeutung von ›Nasz Dom‹ (und ›Dom Sierot‹)« aus dem Jahr 1923 wird »Doktor J. Korczak« folgendermaßen zitiert: »Disziplin möchten wir durch Ordnung ersetzen. Zwang durch die freiwillige Anpassung des Individuums an die gemeinschaftlichen Lebensnormen, die seelenlose Moral möchten wir in ein freudiges Streben nach Vervollkommnung und Selbstbeherrschung verwandeln« (SW, Bd. 9, S. 207). Mit diesen Worten kommt Korczaks Einstellung zu Disziplin und Selbstdisziplin nochmals außergewöhnlich klar zum Ausdruck.

Verantwortung und Selbstdisziplin in der Kita

Was können wir daraus für die pädagogische Arbeit in der Kita ableiten? Auch in der heutigen Zeit spielt die Unterstützung der Kinder bei der Übernahme von Verantwortung und bei der Ausbildung von Selbstdisziplin eine wesentliche Rolle. So ist z. B. auf die »Bildungs- und Lerngeschichten« zu verweisen. Der ursprünglich aus Neuseeland stammende Beobachtungs- und Dokumentationsansatz beruht auf dem Konzept der »learning stories« und wurde vom Deutschen Jugendinstitut adaptiert (vgl. Leu et al. 2007, S. 11 ff.). Im Mittelpunkt dieses Ansatzes stehen fünf Lerndispositionen, worunter ein »Fundus oder Repertoire an Lernstrategien und Motivation [verstanden wird], mit dessen Hilfe ein lernender Mensch Lerngelegenheiten wahrnimmt, sie erkennt, auswählt, beantwortet oder herstellt und den er aufgrund seiner Lernbemühungen fortwährend erweitert« (Leu et al. 2007, S. 49). Die fünfte Lerndisposition lautet »An einer Lerngemeinschaft mitwirken und Verantwortung übernehmen« (Leu et al. 2007, S. 53 f.). Hier wird erkennbar, dass »Verantwortung« bzw. »Verantwortungsübernahme« nicht nur mit demokratischer Bildung und Erziehung zusammenhängt, sondern generell ein wichtiger Indikator von Bildungsprozessen ist. Verantwortung hängt ferner eng mit Selbstdisziplin zusammen, auch wenn heutzutage in der Kita vielleicht weniger davon die Rede ist. Die folgenden Anregungen zur Verantwortung und Selbstdisziplin zeigen, wie diese in der Kita gefördert werden können.

Anregungen zur Verantwortung und Selbstdisziplin im Kita-Alltag

- Kinder lernen – über die Familie hinaus – schon in der Kita, Verantwortung für sich und für andere zu übernehmen. Das beginnt bereits bei der Aufrechterhaltung der Ordnung und kleinen Aufgaben, wie Tischdecken und Ähnlichem, die sie ab einem bestimmten Alter ausführen können. Auch die Umsetzung von selbst gewählten Projekten, einem Kita-Fest oder einem Kita-Flohmarkt sind gute Anlässe, um sich in Verantwortung zu üben und kleine Verpflichtungen wahrzunehmen. Es gibt vielerlei Möglichkeiten, wie bestimmte Aufgaben (z. B. kleine Dienste) Kindern übertragen werden können, nachdem es etwa in einem Stuhlkreis oder in einer Kinderkonferenz entsprechend vereinbart wurde. Dabei ist darauf zu achten, keine Strenge walten zu lassen, sondern aufbauend auf bestimmten Regeln und ggf. kleinen, symbolischen Belohnungen eine Atmosphäre zu schaffen, welche die Kinder anspornt, z. B. Materialien oder Spielzeug nach dem Spiel wieder aufzuräumen.

- Verantwortungsübernahme kann im Kita-Alltag vorgelebt werden, indem bei geringfügigen Streitigkeiten nicht sofort interveniert wird, sondern den Kindern geholfen wird, diese möglichst selbst zu regeln. Dabei kann man sich auch unterschiedlicher Methoden und Ansätze der gewaltfreien Kommunikation bedienen, die aufzeigen, wie sich Aggressionen schrittweise abbauen bzw. Konflikte gewaltfrei lösen lassen, beispielsweise bei »Faustlos« (Cierpka 2011). Dieses Programm beruht zum großen Teil auf Empathieförderung und kann in Kitas und Schulen Anwendung finden.

- Ältere Kinder können – insbesondere in altersgemischten Gruppen – für jüngere als eine Art Mentorin oder Mentor Verantwortung übernehmen und sie mit den Regeln der Kita vertraut machen.

- Verantwortung zu übernehmen kann auch heißen, mit Pflanzen oder Tieren in der Natur oder innerhalb der Kita-Räume achtsam umzugehen, sich etwa um ein Haustier zu kümmern oder ein Beet anzulegen bzw. etwas anzupflanzen und es beim Wachsen zu begleiten. Die Kinder können Tiere füttern oder auf andere Weise versorgen sowie Pflanzen pflegen, indem sie diese z. B. gießen und ans Licht stellen, damit sie gut gedeihen.

- Sind Befragungen zur Popularität sowie Wetten und Erinnerungspostkarten, wie sie Korczak verwendete, heute noch geeignete Mittel, um die Kinder anzuspornen, bestimmte Gewohnheiten abzulegen, bzw. um erwünschte Verhaltensweisen zu fördern? Gegenwärtige Kitas – vielleicht auch Ihre – verwenden ebenfalls verschiedene Belohnungssysteme zur Selbsterziehung, wenn sie diese auch anders nennen. Obwohl der Gedanke einer Beurteilung durch andere oder einer Belohnung zunächst etwas befremdlich anmutet, weil er extrinsisch motiviert ist, könnte er eng mit den Selbstbildungsprozessen von Kindern zusammenhängen.

- Ein wichtiges Ziel von Kindertageseinrichtungen ist die Förderung und Stärkung von Selbstbildungsprozessen der Kinder in verschiedenen Bildungsbereichen, z. B. in sprachlicher Hinsicht. Überlegen Sie, wie Sie in Ihrer Kita dazu beitragen können, dass Kinder auf bestimmten Gebieten »besser« werden möchten, und zwar nicht, um andere zu übertreffen, sondern um sich selbst weiterzuentwickeln. Welche Überlegungen könnten etwa in Bezug auf Sprachbildung und Sprachförderung angestellt werden? Wie kann man Kinder motivieren, in bestimmten Bereichen voranzukommen und besser zu werden, ohne dass sie sich gleich »vervollkommnen« müssen? Die Wetten könnten hier durchaus eine Rolle spielen, jedoch ohne dass man dabei dem modernen Hang zur Selbstoptimierung verfällt.

- Außerdem können Kinder bei Rollenspielen oder bei der Bilderbuchbetrachtung - beispielsweise mithilfe des japanischen Erzähltheaters »Kamishibai« - handlungsentlastet erproben, was es bedeutet, sich in Selbstdisziplin zu üben oder Verantwortung zu übernehmen. Geeignete Geschichten zeigen und veranschaulichen, was es heißt, zu seinen jeweiligen Handlungen zu stehen und die entsprechenden Konsequenzen zu tragen.

4.3 Lebensfreude fördern

Freude, Heiterkeit und Humor

Lebensfreude und *Freude* scheinen auf den ersten Blick einleuchtende Begriffe zu sein, die keiner langen Definition bedürfen. Trotzdem sollen hier einige kurze Erklärungen erfolgen, um dann Korczaks Verständnis von Lebensfreude und ihren Komponenten nachzugehen und deren Bedeutung für die Kita auszuloten. Das Gefühl der Freude ist – laut Holger Zaborowski (2016) – sehr stark von »Kontexten, Situationen und Stimmungen abhängig […], davon, dass sie sich (er-)gibt« (S. 19). Zaborowski meint, Freude sei nicht einfach mit Spaß oder guter Laune zu verwechseln und gehöre vielleicht zu »jenen Ur- oder Grunderfahrungen des Menschen, die sich nicht nur schwer, sondern gar nicht definieren lassen« (Zaborowski 2016, S. 21). Eine Annäherung an den Begriff könne gelingen, wenn Momente ausgemacht werden, die Freude erzeugen. Hierbei könne man erfahren, wann Freude »geschieht, sich vollzieht oder sich ereignet« (Zaborowski 2016, S. 22). Das seien insbesondere Momente, in denen jemand sich freut.

Freude habe darüber hinaus viel mit »Bejahung« im Sinne von Zustimmung zur Wirklichkeit und Lebensbejahung zu tun. Freude sei ferner das Gegenteil von Verzweiflung. Sie sei außerdem nicht plan- oder steuerbar und hänge von verschiedenen Situationen ab, in denen sie sich ergibt oder eben nicht. Freude lasse sich deshalb als »Geschenk« auffassen und nicht einfach »lernen«, vielmehr müsse man offen dafür sein, sie zu »empfangen« (Zaborowski 2016, S. 28). Ähnlich hat es Viktor E. Frankl (2020) ausgedrückt: »wohl gibt es im Leben auch Freude – aber sie kann nicht angestrebt werden, nicht als Freude

›gewollt‹ werden, sie muss sich vielmehr von selber einstellen« (S. 35). Freude sei darüber hinaus eng mit Religion verbunden (Zaborowski 2016, S. 29) – so auch für Korczak, in dessen Gebetssammlung »Allein mit Gott. Gebete derer, die nicht beten« sich tatsächlich auch ein »Freudengebet« befindet (SW, Bd. 5, S. 53 f.). Zaborowski geht abschließend noch auf die Zeit der Freude, auf geteilte Freude und auf den Zusammenhang zwischen Freude und Liebe ein (vgl. Zaborowski 2016, S. 29–35).

Im Folgenden widme ich mich zwei weiteren Begriffen, die ebenso entscheidend zur Lebensfreude beitragen bzw. einen wichtigen Teil von ihr ausmachen: *Heiterkeit* und *Humor*. Ich möchte aufzeigen, welche Rolle diese Lebenseinstellungen bei Korczak gespielt haben und wie bedeutsam sie für uns heute in der Kita sind.

Freude, Heiterkeit und Humor in Korczaks Leben

Wie wirkt Korczaks Leben und Werk heute auf uns? Wodurch war es beeinflusst? Was überwiegt – eher Freude oder Verzweiflung? Sein Leben war zum Teil stark von Trauer, Einsamkeit und Tragik geprägt (vgl. Kirchner 2004, S. 67 ff.). Freude, Fröhlichkeit, Heiterkeit und Humor spielten darin dennoch eine herausragende Rolle. Die dunklen Seiten seines Lebens, und hiermit sind nicht nur die letzten Jahre im Ghetto und die Ermordung in Treblinka gemeint, sondern auch verschiedene persönliche Verluste und Niederlagen, dürfen also die heiteren Momente und Phasen nicht überschatten und überlagern. Ohne Letztere hätte er die schwierigen Phasen vielleicht gar nicht durchgestanden. Eine »augenzwinkernde« Einstellung, die um die menschliche »Komödie« weiß, hat ihm wohl häufig geholfen, die Dinge ins rechte Licht zu rücken und vielem auch eine positive Seite abzugewinnen. Seine lebensbejahende Haltung wie auch die Fähigkeit, nicht immer alles so ernst zu nehmen und die Dinge auch einmal humorvoll zu betrachten, haben ihn dabei sehr unterstützt. Ohne diese Grundeinstellung zum Leben hätte er seine zahlreichen Aufgaben wahrscheinlich gar nicht durchführen und bewältigen können. Zu Korczaks Widerstandskraft, zu seiner Resilienz, trugen Frohsinn und Humor wohl entscheidend bei. Der »innere Motor«, der ihn antrieb, war von einer positiven Einstellung dem Leben gegenüber und von Hoffnung geprägt, und zwar allen Hindernissen und Widerständen zum Trotz.

Von Heiterkeit geprägte Kindheit

Korczak schreibt in seiner Schrift »Das Internat«: »Erlaube den Kindern, Fehler zu machen und frohen Mutes nach Besserung zu streben. Kinder wollen lachen, rennen, übermütig sein. Erzieher, wenn für dich das Leben ein Friedhof ist, so erlaube wenigstens ihnen, das Leben für eine Wiese zu halten« (SW, Bd. 4, S. 187). In diesen Sätzen offenbart sich schon ein großer Teil seiner »fröhlichen« Pädagogik. Korczak wollte damit denjenigen, die einer pädagogischen Tätigkeit nachgehen, mitteilen: Lass deine eigene Trauer, deine Traurigkeit, deine Sorgen und Ängste nicht in die Erziehung der dir anvertrauten Kinder einfließen. Übertrage deine negativen Gedanken nicht auf die Kinder und gestalte ihre Gegenwart vielmehr als eine »Wiese« – ein sehr eindrückliches Bild: eine Wiese also, auf der Blumen wachsen, Insekten fliegen, die darüber hinaus Freiheit, Offenheit und keinen Zwang verkörpert, die ferner mit Sommer, Sonne und Licht verknüpft ist – das wünschte sich Korczak nicht nur als Metapher für Kinder. In einem anderen Text spricht er vom realen offenen Fenster, welches Kinder benötigen: »Das Kind braucht Bewegung, Luft, Licht – einverstanden, aber auch noch etwas anderes. Den Blick ins Freie, das Gefühl der Freiheit – ein offenes Fenster« (SW, Bd. 9, S. 253).

Heiterkeit in Form von Humor und Witz hat ebenfalls etwas mit Freiheit, mit einem »Frei-Raum«, mit dem Abstreifen von engen Grenzen und Regeln zu tun, z. B, was »man« sagen und tun »darf« und was nicht. Diesem Bedürfnis kam im Übrigen auch die »Kleine Rundschau« entgegen – Korczaks Zeitung für Kinder. So gab es eine Rubrik für Heiteres, in der die Kinder und Jugendlichen Witze mitteilen und über humorvolle Begebenheiten berichten konnten. Fröhlichkeit, aber auch Humor und Spaß hat Korczak als Elemente einer kindgerechten Art des Aufwachsens angesehen. Sie spielen auch in seinen Kinderbüchern sowie in den Radioplaudereien und nicht zuletzt als Bestandteil seiner Pädagogik im Waisenhaus eine große Rolle.

Korczak lag die Gestaltung der Gegenwart der Kinder ganz besonders am Herzen. Er wollte den Mädchen und Jungen, die bereits vor Eintritt in die jeweilige Internatseinrichtung viel erlebt und mitgemacht hatten, einen guten, fröhlichen bzw. heiteren Aufenthalt im Heim ermöglichen. Das Recht auf das »Hier und Jetzt«, z. B. auf das gegenwärtige Spiel, auf das »Heute«, darf laut Korczak nicht dem »Morgen« zum Opfer fallen. Nein, hier und heute dürfen die Kinder lachen, rennen, aber auch Witze machen und lustig sein. Korczak, der selbst zu Späßen und Streichen aufgelegt war, realisierte wohl früh, dass der Humor bzw. der Witz ein ganz wichtiges, befreiendes Element für Kinder darstellt und dass Fröhlichkeit und Heiterkeit zur Kindheit einfach dazugehören: »Gewährt ihm [dem Kind] eine helle Kindheit, und gebt ihm einen Vorrat an Lachen für das ganze lange und dornige Leben. Die Kinder sollen lachen, sie sollen fröhlich sein« (SW, Bd. 9, S. 76).

Als junger Mann hat er zudem unzählige Humoresken und Satiren verfasst und diese in der Zeitschrift »Kolce« (»Stacheln«) veröffentlicht (vgl. SW, Bd. 2).

Ferner hat er in seinen Kinderbüchern, etwa in »Kajtuś, der Zauberer«, viele humor- und fantasievolle Ereignisse geschildert. Sein Ziel war also einerseits, Kinder durch die Lektüre seiner Bücher zum Lachen zu bringen und zu amüsieren. Andererseits hat er auch die Rolle und die Funktion von Humor beschrieben sowie ihn als eine bestimmte Haltung und als ein geeignetes Mittel der Pädagogik betrachtet. Wie hat er jedoch Humor »operationalisiert«, d.h. für Kinder und Jugendliche fruchtbar gemacht, um eine positive Atmosphäre in seinen Einrichtungen zu fördern? Eine solche Methode, die er für das Waisenhaus vorgeschlagen hat, um den Alltag mit Humor und Freude zu füllen, möchte ich nun kurz vorstellen.

Kalender

Korczak erwähnt in »Wie liebt man ein Kind« einen ungewöhnlichen Kalender mit besonderen Feiertagen, über die der »Sejm« des Hauses, also das Parlament, entscheiden konnte (vgl. SW, Bd. 4, S. 313). Auf Vorschlag von Abgeordneten sollten außer den feststehenden religiösen Feiertagen nämlich noch weitere besondere Kalendertage beschlossen werden. Korczak nennt einige Paragrafen »des Projekts« (SW, Bd. 4, S. 313): den Tag des ersten Schnees, den Tag des Schmutzfinken, den Tag des Schludrigen, aber auch den Tag der Ermunterung. Bereits die Namen dieser besonderen Tage lassen aufhorchen. Denn Korczak kehrte die sonst üblichen (Alltags-)Regeln um. Am 22. Dezember hieß die Losung beispielsweise: »Es lohnt sich nicht, aufzustehen« (SW, Bd. 4, S. 313). An diesem kürzesten Tag des Jahres mussten die Kinder weder aufstehen noch ihr Bett machen. Am 22. Juni hingegen, am längsten Tag des Jahres, lautete die Losung: »Es lohnt sich nicht, ins Bett zu gehen« (SW, Bd. 4, S. 313), die Kinder durften die ganze Nacht wachbleiben – und so weiter. Am Tag des ersten Schnees waren eine Schlittenfahrt und eine Schneeballschlacht »Programm«, am Tag des Schmutzfinken lautete die Losung: »Man darf sich nicht waschen« (SW, Bd. 4, S. 313). Mit dem Tag der Ermunterung hatte es schließlich Folgendes auf sich: »Wer im Laufe des Jahres die meisten schuldzuweisenden Paragrafen aufgebrummt bekam, erhält eine Woche lang für alle seine Verfehlungen einen Freispruch. Wenn er möchte, kann er Richter sein« (SW, Bd. 4, S. 314). Dieser Tag hatte es demnach ebenfalls »in sich« – ein Tag der Begnadigung, ein Tag der zweiten Chance.

Im Gegensatz zu den Erinnerungspostkarten (→ Kap. 4.2) gibt es zum Kalender kaum Berichte. Wir wissen demnach nicht, wie intensiv dieses Projekt tatsächlich im Alltag des Waisenhauses umgesetzt wurde. Dabei eignete sich der von Korczak beschriebene Kalender hervorragend dazu, Kindern zu zeigen, dass es auch das »Fest« und nicht nur den »Alltag« gibt, die Ausnahme und nicht nur die Regel. Das Fest fungierte als ein Ventil, durch das sich aufgestaute Frustrationen entladen konnten. Diese Tage boten somit zum einen eine Entlastung von den gewohnten Alltagsregeln, zum anderen eine humorvolle Perspektive, um dem Alltag auch eine heitere Seite abzugewinnen bzw. den Trott und die Routine – wenn auch nur für kurze Zeit – zu verlassen.

Was mag Korczak wohl außerdem mit diesen Kalendertagen bezweckt haben? Vermutlich wollte er den Alltag auflockern und signalisieren, dass Tage auch einmal anders gestaltet werden können, dass ferner keine Regel »absolut« gelten darf, wenn man nicht in ein unerbittliches Regime oder eine autoritäre Disziplin abdriften will. Diese Ausnahmen von der Regel, welche die Kinder sogar selbst vorschlagen und einbringen konnten, waren imstande, den vielleicht etwas monotonen Tages- und Wochenablauf im Dom Sierot durch Abwechslung zu unterbrechen und Freude und Fröhlichkeit bzw. Humor hineinzubringen. Die Kalendertage sollten eventuell eine Art Entspannung von starren Regeln und sonstigen Verpflichtungen bieten. Interessant ist jedenfalls, dass das »Datum der Zuerkennung einer Postkarte [...] [vom »Sejm«] zum Feiertag erklärt und in den Kalender eingetragen werden« konnte (SW, Bd. 4, S. 314). Diese außergewöhnlichen Feiertage beruhten also zum Teil auf besonderen Ereignissen und Leistungen, die die Kinder betrafen, und ermöglichten ihnen wieder einmal, sich aktiv zu beteiligen.

»Fröhliche Pädagogik«

Eine Reihe kurzer Geschichten bzw. »Radio-Erzählungen«, in denen Korczak sich ab ca. Mitte der 1930er Jahre in regelmäßigen Abständen an Kinder und – in manchen Sendungen – an Erwachsene wandte, war der Ausgangspunkt der »Fröhlichen Pädagogik« (SW, Bd. 4, S. 415 ff.). Der Text (1939) beruhte auf den »Radioplaudereien des alten Doktors« mit dem Titel »Meine Ferien«, die ein Jahr zuvor – im Sommer 1938 – ausgestrahlt wurden. Die »Fröhliche Pädagogik« war Korczaks letztes zu seinen Lebzeiten veröffentlichtes Buch. Hier versuchte er, einerseits humorvoll zu schreiben, andererseits über die Rolle von Humor in der Pädagogik aufzuklären – in seinen Worten: »Diese Radioplaudereien sind ein weiterer Versuch: diesmal auf scherzhafte Weise« (SW, Bd. 4, S. 417). Ein weiterer Versuch – wovon? Ein weiterer Versuch, sich mit dem *»Recht des Kindes auf Wertschätzung«* zu befassen und mit dem Leitgedanken, dass das Kind ein »ebenso wertvoller Mensch wie wir« ist (SW, Bd. 4, S. 417). Dieser Leitgedanke zieht sich von 1899 bis 1939, also mindestens 40 Jahre, wie ein roter Faden durch sein gesamtes pädagogisches Leben und Werk.

Wie kann man sich *»Das Recht des Kindes auf Wertschätzung«* auf »scherzhafte Weise« (SW, Bd. 4, S. 417) vorstellen? Korczak erzählte in den Radioplaudereien verschiedene, stark durch Dialoge geprägte Geschichten, in denen er Erwachsenen Wege aufzeigte, wie sie nicht autoritär-streng, sondern auf leichte und humorvolle Weise mit Kindern umgehen können, z. B., indem sie auf »lustige« und einleuchtende Weise mit ihnen schimpfen. Vermeiden sollte man hingegen etwa Sätze wie »Hundertmal muss man dir das sagen« und sich eher so ausdrücken: »Ich hab' es dir am Montag, am Dienstag, Mittwoch, Donnerstag, Freitag, Samstag und Sonntag wiederholt [...] ›Hundertmal‹ – das ist monoton, armselig und aufreizend« (SW, Bd. 4, S. 443). In dem Text »Fröhliche Pädagogik« befindet sich die bereits erwähnte und für Korczak so charakteristische Erzählung »Pack mit an, junger Mann« (SW, Bd. 4, S. 488–493; → Kap. 4.2). Weitere Erzählungen kreisen um die Themen Aufklärung, Märchen, Liebe oder auch Schlägereien. Ein Merksatz rundet die jeweilige Radioplauderei mit einer kleinen Lehre ab. Die wiederkehrende Sendung aus dem Sommer 1938, die sich an Erwachsene richtete, würde heute als kurzweiliger Podcast zu Fragen der Erziehung bezeichnet werden. Korczak entwickelte sich tatsächlich zu einem Erziehungsbegleiter, der sich nicht nur schriftlich, wie noch in seinen ersten Büchern, sondern auch per Mikrofon an eine breite Öffentlichkeit wandte, d. h. moderne Medien nutzte, um Kindern – wie schon in der »Kleinen Rundschau« – eine Stimme zu geben und sie sowie Erwachsene zu erreichen.

All das geschah in den 1930er Jahren, in denen sich internationale Konflikte häuften, die allgemeinen Spannungen in Polen immer größer wurden und sich die Lebensbedingungen für die jüdische Bevölkerung zunehmend verschlechterten. Ein Beispiel dafür ist, dass Korczak im Radio nicht mehr unter seinem Namen auftreten konnte. Die Welt gerät also aus den Fugen und Korczak veröffentlicht 1939 – möglicherweise bewusst provokativ – seine »scherzhafte«, »augenzwinkernde«, »humorvolle« bzw. »fröhliche Pädagogik«. Allen düsteren Aussichten zum Trotz bringt er durch diese fröhlichen Radioplaudereien ein Lächeln in die Welt sowie Nachsicht, Vertrauen, die Kraft des positiven Denkens, Hoffnung und – (ein wenig) Glück. Das lässt sich auch als Akt des Widerstands, als ein Zeichen von Stärke und Resilienz begreifen.

Dies soll hier genügen, um einen Einblick in *Freude, Heiterkeit und Humor* als Komponenten von Lebensfreude zu geben. Es ist wirklich ratsam, Korczaks Schriften, z. B. die Kinderbücher, selbst zu lesen, um ein Gespür für seine humorvolle Grundhaltung zu bekommen. Als Nächstes wird die Dimension *Glück* beleuchtet. Doch vorher geht es noch um folgende Fragen: Was lässt sich nun bezüglich Freude, Heiterkeit und Humor von Korczak für die Kita lernen? Wie können wir solch eine heitere Haltung zu einem festen Bestandteil des Kita-Alltags machen?

Anregungen zu Freude, Heiterkeit und Humor im Kita-Alltag

- In der Kita sollte Einigkeit darüber bestehen, dass Kinder das »Recht auf den heutigen Tag« haben. Damit ist vor allem die Freiheit gemeint, verschiedenartige Erfahrungen im »Hier und Jetzt« zu machen, wie etwa beim Freispiel. Ferner hat eine humorvolle Weltsicht viel mit Freiheit zu tun. In autoritären Regimen werden Humor, Witz und Satire nicht gern gesehen oder stehen gar unter Strafe. Richten wir die Kita bzw. den Kinder*garten* daher als einen Raum ein, in dem Kinder nicht nur – wie auf einer Wiese – »aufblühen« können, sondern in dem sie auch die Freiheit haben, zu schmunzeln, Witze zu reißen und nach Herzenslust zu lachen.

- Versuchen wir doch, den Kindern darüber hinaus ein Lächeln ins Gesicht zu zaubern. Wie kann das geschehen? Was bringt Kinder zum Lächeln oder zum Lachen? Zum einen eine wohlwollende Atmosphäre und kein starres Regiment. Eine Atmosphäre, die ferner von »Ausnahmen von der Regel« geprägt ist, wie es die besonderen Kalendertage bei Korczak auszudrücken vermochten. Auch die Studie zur »Kita-Qualität aus Kindersicht« (Nentwig-Gesemann/Walther/Thedinga 2017) konnte nachweisen, dass Kinder den »Ausnahmen und Abweichungen von alltäglichen Abläufen, Regeln und Ritualen eine besondere Bedeutung« (S. 81) zumessen: »Sie lieben es, wenn Sonderfälle, Besonderheiten, Überraschungen und Ausnahmen möglich sind, weil es sie darin bestärkt, dass den Erwachsenen nicht die Regeln am wichtigsten sind, sondern die Kinder und ihr Recht auf erfüllende, sinnliche und glückliche Momente des Besonderen« (Nentwig-Gesemann et al. 2017, S. 81).

- Führen wir doch für die Kinder, ausgehend von ihren Anregungen, für sie besonders wichtige »Kalendertage« in der Kita ein und veröffentlichen wir diese für alle gut sicht- und verstehbar, etwa durch Bildsymbole auf einem großen Wandkalender – oder am Schwarzen Brett. Gehen wir dabei zunächst einmal von den Ideen der Kinder aus, zeigen wir ihnen aber auch, dass sich diese Kalendertage lustig benennen lassen bzw. dass sie einen heiteren Sinn haben können, ganz entsprechend Korczaks ursprünglicher Intention.

- Es gibt weitere Ideen und Medien, die ebenfalls zu einer positiven, von Freude und Humor geprägten Stimmung in der Kita beitragen – etwa humorvolle Bilderbücher oder Geschichten, die den Kindern vorgelesen werden können. Es lassen sich aber auch einfach witzige Begebenheiten beschreiben und wir sollten zuhören, wenn die Kinder selbst Witze erzählen oder von lustigen

Ereignissen berichten. Dabei sollten wir ihren Humor, auch wenn er unserem vielleicht nicht ganz entspricht, respektieren und keinesfalls geringschätzen. Wenn wir uns dafür interessieren, worüber die Kinder lachen, was sie amüsiert und froh stimmt, erfahren wir auch viel über ihre Selbstbildungs- und Entwicklungsprozesse (vgl. Nentwig-Gesemann/Walther/Bakels/Munk 2019, S. 19f.).

- Suchen wir also einfach nach Wegen, Heiterkeit, Fröhlichkeit und Humor in den Kita-Alltag zu integrieren bzw. sie zu einem festen Bestandteil dieses Alltags zu machen – durch Singen, Musizieren, Tanzen und Sich-Bewegen sowie durch Aufenthalte in der Natur. Lassen wir Humor und damit auch dessen befreiende und entlastende Wirkung, z. B. in konflikthaften Situationen, zu einem Teil unserer Grundhaltung werden, indem wir mitlachen oder Lachen anregen und nicht unterdrücken.
- Humor ist, »wenn man trotzdem lacht«: Kleinere Missgeschicke der Kinder lassen sich humorvoll auffangen. Dabei sollten jedoch die Kinder und ihre Familien stets wertgeschätzt, d. h. niemals süffisant belächelt oder gar ausgelacht werden. Wir zeigen den Kindern dadurch zum einen, wie sich der Alltag »mit einem lachenden Auge« meistern lässt, zum anderen, wie sich auch etwas größer erscheinende Schwierigkeiten zuweilen aus einer anderen Perspektive betrachten lassen, nach dem Motto »Das Glas ist halbvoll, nicht halbleer« oder »aus einer Zitrone Limonade machen«. Heiterkeit und Humor können, wie es Korczak gezeigt hat, wesentlich dazu beitragen, mit den Widrigkeiten des Lebens besser umzugehen. Lassen wir die Kinder dies auch schon in der Kita erfahren.

Glück

Lebensfreude ist schließlich auch eine Grundlage für Glück – die Dimension, die ich abschließend beleuchten möchte. Glück ist ein Thema, über das sehr viele Menschen zu unterschiedlichen Zeiten nachgedacht und philosophiert haben. So wurde das Verhältnis zwischen Bildung und Glück bereits aus verschiedenen Blickwinkeln diskutiert (vgl. Brumlik 2019; Münch/Wyrobnik 2011; Zirfas 1993). Darum soll und kann es daher in diesem letzten Unterkapitel nicht gehen. Vielmehr soll Korczaks Einstellung zum Glück nochmals betrachtet werden, und zwar in erster Linie, weil diese Beschäftigung mit Glück sein gesamtes Lebenswerk durchdringt und Glück auch für die Arbeit in der Kita besondere

Relevanz hat. Die Auseinandersetzung mit Glück geschieht in Korczaks Büchern und Artikeln entweder explizit, etwa in Form von Artikelüberschriften, die »Glück« lauten, oder beiläufig und implizit, etwa wenn er im »Gebet eines Erziehers« (SW, Bd. 5, S. 68) nicht um den leichtesten, aber den schönsten Weg für Kinder bittet.

Glück – für jeden etwas anderes

Korczak wusste, dass Glück für jeden etwas anderes bedeutet. Dies kommt sehr schön in einem Text mit dem schlichten Titel »Glück« zum Ausdruck. Jeder, und hier zählt Korczak einen Jungen, ein kleines Mädchen, einen Jugendlichen und einen Alten auf, will glücklich sein:

> »›Ich will glücklich sein‹, sagt jeder. Es gibt keinen Menschen auf der Welt, der sagen würde: Ich will unglücklich sein. Doch wer beantwortet mir die Frage, was Glück ist, was Glücklichsein heißt. Ein jeder sagt dasselbe: Ich will glücklich sein. Doch jeder beantwortet die Frage, was Glück ist, anders, weil jeder es anders versteht« (SW, Bd. 13, S. 473).

Für den einen sei es Reichtum, für den anderen bedeute Glück, einen guten Freund zu haben, für den Dritten körperliche Fitness, um einen modernen Begriff zu verwenden. Sogar »ein und derselbe Mensch« empfinde Glück »mal so und mal anders« (SW, Bd. 13, S. 474; vgl. Wyrobnik 2014a).

Glück – für Korczak

Wie definiert Korczak Glück und was hat er als Glück empfunden? Glück – das sind für Korczak vor allem zwei Dinge: *ein Ziel im Leben* und *die Arbeit für andere,* wobei dieses Ziel im Leben für ihn in der Arbeit für andere bestand. Im Zusammenhang damit sah er es als erstes Ziel der Erziehung an, aus dem Kind einen »nützlichen, edelmütigen Menschen [zu] machen«, und zweitens einen »Glücklichen« (SW, Bd. 9, S. 17). Wenn wir Korczaks Definition von »Glück« betrachten, also ein »Ziel im Leben« zu haben, das in der »Arbeit für andere« zum Ausdruck kommt, so hat auch sein erstes Ziel der Erziehung, aus Kindern »nützliche, edelmütige« Menschen zu machen, sehr viel mit dem »zweiten« Ziel, also Glück, zu tun. Diese beiden Ziele bedingen sich gegenseitig, denn Glück ist bei ihm »nicht zu haben«, ohne sich für andere »nützlich zu machen«. Das drückt sich zusätzlich durch das Adjektiv »edelmütig« aus, das wir auch als »großherzig« oder »selbstlos« verstehen können.

»[N]iemals für sich selbst« (SW, Bd. 6, S. 313) – das hat Korczak stets betont und es macht für ihn einen entscheidenden Teil des Glücks aus. Erfüllung finde der Mensch demzufolge in der »Arbeit für andere« (SW, Bd. 6, S. 314).

Für Korczak war das an erster Stelle die Arbeit für die kranken Kinder und dann für die armen Waisenkinder. Das war seine Antwort auf die von ihm formulierte *Soziale Frage* des 19. Jahrhunderts (vgl. Wyrobnik 2020a) und das damit verbundene Ziel, für diese Kinder zu sorgen und zu kämpfen bzw. für alle Kinder Rechte einzufordern – das machte einen großen Teil seiner ständigen Bemühungen aus. Materieller Reichtum war für ihn hingegen nicht ausschlaggebend, wie er an mancher Stelle, etwa in den »Lebensregeln« (vgl. SW, Bd. 3, S. 323), bemerkt.

Glück in der Kita

Korczaks Begriffsklärungen zum Thema Glück sind für die Soziale Arbeit im Allgemeinen (Wyrobnik 2014b) und für die heutige pädagogische Arbeit in der Kita sehr nützlich. Es lassen sich daraus nämlich auch Fragen zum Verhältnis zwischen Glück und Qualität in der Kita ableiten (vgl. Wyrobnik 2015). Kindertageseinrichtungen haben im Zusammenwirken mit der Familie und weiteren Erziehungspartnern beides im Blick zu behalten: das Recht des Kindes auf den heutigen Tag, also die Gegenwart, ebenso wie die Zukunft des Kindes, woraus sich allerdings kein »Recht des Kindes auf eine gute Zukunft« ableiten lässt. Denn Pädagogen handeln, wie Jürgen Oelkers (1982) mit Blick auf Korczak feststellt, für die Gegenwart von Kindern und tragen für diese Verantwortung. Indem sie aber sozusagen für »Weichenstellungen« sorgen, berücksichtigen und beeinflussen sie zwangsläufig die Zukunft der Kinder. Sie handeln somit »über den Tag hinaus«, selbst wenn sie nicht über dessen Wirkungen verfügen und für diese letztlich auch nicht verantwortlich sind: »Kein Pädagoge kann die Gegenwart um ihrer selbst willen gestalten, denn er erzielt, ob er will oder nicht, Wirkungen darüber hinaus« (Oelkers 1982, S. 56 f.). Bei Korczak liest sich das so:

> »Der Erzieher ist nicht verpflichtet, die Verantwortung für eine ferne Zukunft auf sich zu nehmen, aber er ist voll verantwortlich für den heutigen Tag. […] Der Erzieher ist indirekt auch für die Zukunft verantwortlich, vor der Gesellschaft, aber unmittelbar ist er in erster Linie für die Gegenwart vor seinem Zögling verantwortlich« (SW, Bd. 9, S. 242).

Gegenwart und Zukunft beachten – Gemeinschaft fördern

Die pädagogischen Fachkräfte in der Kita sollten sich dessen bewusst sein und dazu beitragen, indem sie den Blick auf die Zukunftschancen von Kindern richten, ohne deren gegenwärtige Wünsche und Bedürfnisse zu vernachlässigen. Folgen wir hier wieder Korczak, so müssen die Erziehenden beides einbeziehen: die Gegenwart *und* die Zukunft der Kinder bzw. sie sollten vor allem den »erhabenen

Gedanken in ihr Herz [legen], dass ein solches Ziel nur die *Arbeit für andere* sein kann« (SW, Bd. 6, S. 314). In der Kita geht es demnach u. a. darum, dass Kinder lernen, ein gemeinschaftsfähiges Individuum zu werden, das für andere da ist, sich für andere einsetzt und nicht ausschließlich an sich selbst denkt. Voraussetzung dafür ist natürlich, dass die Gemeinschaft dem Individuum gegenüber aufgeschlossen ist und es nicht an den Rand drängt; sonst nützen die stärksten Bemühungen, sich in die Gemeinschaft zu integrieren, nichts. In der Kita sollten Kindern ferner Erfahrungsräume für selbsttätiges und selbständiges Handeln in verschiedenen Bildungsbereichen angeboten werden. Letztendlich sollte es in der Kita gerecht zugehen, d. h., Partizipation von Kindern ist zu fördern und eine beschwerdefreundliche Haltung zu pflegen. Dadurch können Lösungen für Konflikte, Probleme und Sorgen gefunden werden, was wiederum glücksförderlich sein kann.

Der Weg ist das Ziel

Korczak formuliert selten absolut. Er schreibt also nicht, dass jeder dieses selbst gesteckte Ziel sicher erreicht, sondern dass man es anstreben soll. Bereits dies macht für ihn offenbar das Glück aus – der Weg dahin. Etwas zu wollen, etwas anzustreben, sich dafür anzustrengen – das ist es, was ihm dabei vorschwebt, ganz gleich ob das jeweilige Ziel wirklich erreicht wird, wie Korczak an verschiedenen Stellen aufzeigt: so etwa in der Erzählung »Ruhm« (1913) (→ Kap. 3.3), in der sich einige Kinder zusammentun, um verschiedene Ziele zu erreichen und dann ihre Berufswünsche doch ein Stück weit verwirklichen, obwohl sich nicht alle ihrer »Berufsträume« erfüllen. Ein weiteres Beispiel – bei der Eröffnung des Dom Sierot heißt es:

> »Wem unser Programm zu erhaben erscheint, der soll daran denken, dass man stark aufsteigen und hoch emporfliegen muss, – um dann langsam sinkend, dennoch viel Weg zurückzulegen. Wem unser Programm vielleicht zu phantastisch erscheint, der soll daran denken, dass ein eiserner Motor allein nicht genügt, um in der Höhe zu schweben, sondern auch – Flügel nötig sind« (SW, Bd. 9, S. 199).

Ein drittes Beispiel, um die Bedeutung des »(An-)Strebens« zu verdeutlichen, ist eine Geschichte, die Korczak drei Mal in unterschiedlichen Schriften, jeweils leicht abgewandelt, wiedergibt; hier eine Version aus »Über die Schulzeitung«, die sich auf seine Zeit in Kiew bezieht:

> »In einer Schule zum Beispiel fragte ich, was die Kinder gerne sein möchten. Einer wollte gerne Doktor sein, einer Lehrer, ein anderer Ingenieur, aber

> Józio schrieb, dass er Zauberer sein möchte. Man begann zu lachen. Es war unbekannt, wer das geschrieben hatte, denn die Zettel waren ohne Namen. Also fragte ich, wer das geschrieben habe: Wenn er möchte, soll er sich melden. Józio stand auf. ›Ich habe das geschrieben.‹ – Zum Spaß? – Ganz und gar nicht: Die Frage war nicht: was jemand wird oder was er sein kann, sondern: was er sein möchte.« (SW, Bd. 13, S. 105)

Es liegt auf der Hand, was diese Szenen und Zitate aus der Literatur und dem »echten Leben« miteinander verbindet: Flügel dürfen nicht gestutzt werden. Die Hoffnungen und Bestrebungen von Kindern sind zu unterstützen, sie sind in ihren Fähigkeiten und Begabungen zu fördern und keinem Kind ist in einer Art »self-fulfilling prophecy« zu unterstellen, dass es etwas nicht könne oder nicht schaffe – ganz im Gegenteil: Wir sollten bereits in der Kita alle ihre Anstrengungen bestärkend begleiten.

Anregungen zum Glück im Kita-Alltag

- Es ist schwierig, konkrete Anregungen für den Kita-Alltag in Bezug auf Glück zu geben. Denn Glück lässt sich selbstverständlich nicht wie eine Sprache erlernen, geschweige denn jemandem antrainieren. Es lässt sich auch nicht vorschreiben oder wie ein Rezept verschreiben. Glück kann man nicht erobern, man muss offen dafür sein, wie Joachim Münch (vgl. Münch/Wyrobnik 2011, S. 147) in einem Gespräch im Jahr 2019 bekräftigte. Auch Kinder erleben Glück jeweils anders. Ohne Frage sind Geborgenheit, Aufmerksamkeit, Achtung und Wertschätzung seitens der pädagogischen Fachkräfte wichtige Voraussetzungen, um Kindern Glückserfahrungen zu ermöglichen. Jüngere Kinder sind glücklich, wenn sie Selbstwirksamkeit erfahren, wenn sie etwas selbständig geschafft bzw. bewerkstelligt haben. Hierbei ist es wichtig, sie zu ermuntern, ihre Anstrengungen anzuerkennen und ihr Selbstwertgefühl zu stärken. Fragen Sie sich also, wann und wie Sie eine wertschätzende Haltung zu den Kindern einnehmen. Stellen Sie den Kindern eine Umgebung voller Anregungen zum Lernen und Entdecken zur Verfügung? Bereiten Sie ihnen Erlebnisse in der Natur bzw. bei Ausflügen?

- Einen »Umweg« zum Glück können wir eventuell beschreiten, indem wir den Kindern – so Thomas Fuhr (2002) – Freude ermöglichen (S. 531), denn die »Gefühle des Kindes [geben uns] darüber Auskunft, was das Kind glücklich macht« (S. 521). Ferner könne ein Leben erst dann als glücklich bezeichnet werden, wenn es Freude macht (Fuhr 2002, S. 522). Ohne Momente der

Freude sei Glück nicht möglich (Fuhr 2002, S. 530 f.) – dies gilt insbesondere für Kinder. Stellen Sie sich daher ab und zu die Frage, ob und wie Sie den Kindern in Ihrer Einrichtung Freude bereiten, z. B., indem Sie sie frei spielen, toben und die Welt erkunden lassen oder etwas gemeinsam mit ihnen unternehmen.

- Kehren wir abschließend nochmals zu Janusz Korczak zurück. Er schreibt, dass es dem Kind nicht schade ist »um die Zeit für ein Märchen, für ein Gespräch mit dem Hund, für ein Ballspiel; es hat Zeit, ein Bild genau zu betrachten, Buchstaben zu malen und das alles mit Freuden. Und es hat recht« (SW, Bd. 4, S. 404). Seine Definition von Glück hat nicht nur mit erfüllten Augenblicken zu tun, sondern auch mit dem Bemühen, Ziele zu verwirklichen und den damit verbundenen, häufig anstrengenden Weg auf sich zu nehmen, darüber hinaus mit der »Arbeit für andere«, also einer sozialen Komponente dieser Ziele: »Ja, ein Ziel im Leben gibt das Glück; aber das Ziel im Leben kann die *Arbeit* für andere sein, niemals für sich selbst, können die *Gedanken* um das Glück der anderen und niemals um das eigene Glück sein« (SW, Bd. 6, S. 313). Beherzigen wir seine Worte auch in der Kita.

Für mich war es auch ein großes Glück, dieses Buch zu schreiben bzw. am Ziel angekommen zu sein, wobei ganz im Sinne Korczaks der Weg gleichermaßen wichtig war. Ich sehe jedoch diesen Weg bis hierher eher als eine Zwischenetappe meiner Beschäftigung mit Janusz Korczak und seiner Pädagogik an. Zu guter Letzt betrachte ich dieses Buch auch als eine »Arbeit für andere«, und zwar für all diejenigen, die sich in Vergangenheit und Gegenwart mit Korczak befasst und mich inspiriert haben, und für diejenigen, die dieses Buch lesen werden bzw. es nun gelesen haben und hoffentlich davon »profitieren«, im Sinne von einer Anregung, sich weitergehend mit Korczak zu beschäftigen und seine Impulse sowohl in der Theorie als auch in der Praxis des Kita-Alltags zu berücksichtigen: »Immer, wenn du ein Buch aus der Hand legst und beginnst, den Faden eigener Gedanken zu spinnen, hat das Buch sein angestrebtes Ziel erreicht« (SW, Bd. 4, S. 10).

Zum Abschluss sei ein Brief des israelischen Schriftstellers David Grossman an Leon Harari wiedergegeben, der als Jugendlicher in der »Kleinen Rundschau« mitgearbeitet hat[6]*:*

Lieber Leon Harari,
ich hoffe, es geht Ihnen gesundheitlich gut. Ich schicke Ihnen diesen kurzen Abschnitt:
»Albert Camus sagte, für den Übergang vom Reden zum ethischen Handeln gebe es einen Begriff. Man nenne das: ›ein Mensch werden‹. Wenige verdienen den Namen ›Mensch‹ so wie Janusz Korczak. Noch kleiner ist die Zahl derer, die allein durch ihr Tun und Handeln bei anderen den Herzenswunsch wecken, ein ›Mensch‹ zu sein. Korczak hatte diese Zauberkraft, diese Alchemie, andere in ›Menschen‹ zu verwandeln.«
David Grossman

6 Handschriftliches Dokument aus dem »Korczak-Nachlass von Prof. Dr. Erich Dauzenroth«, aus dem Hebräischen übersetzt von Ruth Achlama.

Literatur

Primärliteratur

Korczak, Janusz: Sämtliche Werke, Gütersloh.

Bd. 1 (1996): Kinder der Straße/Kind des Salons, bearbeitet von F. Beiner und E. Dauzenroth.

Bd. 2 (2002): Humoresken/Satiren/Albernes Zeug, bearbeitet und kommentiert von E. Dauzenroth.

Bd. 3 (2000): Bobo/Die verhängnisvolle Woche/Beichte eines Schmetterlings/Wenn ich wieder klein bin/Lebensregeln/Über die Einsamkeit, bearbeitet und kommentiert von F. Beiner und S. Ungermann.

Bd. 4 (1999): Wie liebt man ein Kind/Erziehungsmomente/Das Recht des Kindes auf Achtung/Fröhliche Pädagogik, bearbeitet und kommentiert von F. Beiner und S. Ungermann.

Bd. 5 (1997): Der Frühling und das Kind/Allein mit Gott/Unverschämt kurz/Senat der Verrückten/Die Menschen sind gut/Drei Reisen Herscheks/Kinder der Bibel: Mose, bearbeitet von E. Dauzenroth und F. Beiner.

Bd. 6 (2000): Geschichten und Erzählungen/Belehrungen und Betrachtungen/Die Schweizreise, bearbeitet und kommentiert von E. Dauzenroth.

Bd. 7 (2002): Sozialkritische Publizistik/Die Schule des Lebens, bearbeitet von F. Beiner und S. Ungermann.

Bd. 8 (1999): Sozialmedizinische Schriften, bearbeitet von M. Kirchner und E. Dauzenroth.

Bd. 9 (2004): Theorie und Praxis der Erziehung. Pädagogische Essays 1898–1942, bearbeitet und kommentiert von F. Beiner.

Bd. 10 (1999): Eindrücke und Notizen aus Sommerkolonien/Die Mojscheks, Joscheks und Sruleks/Die Józeks, Jasieks und Franeks/Ruhm, bearbeitet und kommentiert von F. Beiner und S. Ungermann.

Bd. 11 (2002): König Maciuś der Erste/König Maciuś auf der einsamen Insel, bearbeitet und kommentiert von F. Beiner und S. Ungermann. Mit einem Nachwort für junge Leser von I. Newerly.

Bd. 12 (1998): Der Bankrott des kleinen Jack/Kajtuś, der Zauberer, bearbeitet von F. Beiner, W. Kaminski und S. Ungermann.

Bd. 13 (2003): Ein hartnäckiger Junge/Publizistik für Kinder und Jugendliche/Berichte und Geschichten aus den Waisenhäusern, bearbeitet von F. Beiner und S. Ungermann.

Bd. 14 (2005): Kleine Rundschau/Chanukka- und Purim-Szenen, bearbeitet und kommentiert von E. Dauzenroth und M. Kirchner.

Bd. 15 (2005): Briefe und Palästina-Reisen/Dokumente aus den Kriegs- und Ghetto-Jahren/Tagebuch – Erinnerungen/Varia, bearbeitet und kommentiert von F. Beiner.

Bd. 16 (2010): Themen seines Lebens/Kalendarium: Werk-Biographie, erarbeitet von F. Beiner.

Korczak, J. (1929/2017): A Child's right to respect. Übers. von Sean Gasper Bye. Warschau.

Sekundärliteratur

Allmann, S. (2015): Demokratische Konstitution von Organisation: Kindliche Bildung bei Janusz Korczak. In: Pätzold, H./Hoffmann, N./Schrapper, C. (Hg.): Organisation bildet. Organisationsforschung in pädagogischen Kontexten (S. 160–177). Weinheim/Basel.

Barth, H.-D./Bernitzke, G./Fischer, W. (2014): Abenteuer Erziehung. Pädagogische, psychologische und methodische Grundlagen der Erzieherinnenausbildung (3. Aufl.). Haan-Gruiten.

Bartosch, U./Maluga, A./Bartosch, C./Schieder, M. (Hg.) (2015): Konstitutionelle Pädagogik als Grundlage demokratischer Entwicklung. Annäherungen an ein Gespräch mit Janusz Korczak. Bad Heilbrunn.

Beiner, F. (2008): Was Kindern zusteht. Janusz Korczaks Pädagogik der Achtung. Inhalt – Methoden – Chancen. Gütersloh.

Beiner, F. (2013): Zur Rezeption der Pädagogik der Achtung. Eine Bestandsaufnahme der deutschsprachigen Rezeption anlässlich des Korczak-Jahres 2012. In: Godel-Gaßner, R./Krehl, S. (Hg.): Facettenreich im Fokus. Janusz Korczak und seine Pädagogik – Historische und aktuelle Perspektiven (S. 25–32). Jena.

Beiner, F. (2015): Janusz Korczaks Weg zur »Pädagogik der Achtung« und Maria Falskas Beispiel einer »Konstitutionellen Erziehung«. In: Bartosch, U./Maluga, A./Bartosch, C./Schieder, M. (Hg.): Konstitutionelle Pädagogik als Grundlage demokratischer Entwicklung (S. 59–81). Bad Heilbrunn.

Beiner, F. (2017): Janusz Korczak – Anwalt des Kindes. Referat, gehalten im Bildungswerk Bonn. URL: https://bildung.erzbistum-koeln.de/bw-bonn/.content/.galleries/Archiv_Downloads/J.-K.-Anwalt-des-Kindes-2.pdf (Zugriff am: 02.10.2020).

Beiner, F./Ungermann, S. (1996): Zur Rezeption der Pädagogik Janusz Korczaks in der deutschen Erziehungswissenschaft. In: Himmelstein, K./Keim, W. (Hg.): Die Schärfung des Blicks. Pädagogik nach dem Holocaust (S. 95–109). Frankfurt a. M./New York.

Beiner, F./Ungermann, S. (Hg.) (1999): Janusz Korczak in der Erinnerung von Zeitzeugen. Mitarbeiter, Kinder und Freunde berichten. Gütersloh.

Berding, J. (2018): Janusz Korczak and Hannah Arendt on what it means to become a subject. Humanity, appearance and education. In: Michalak, M. (Hg.): The rights of the child, yesterday, today, tomorrow. The Korczak perspective. Part II (S. 432–449). Warschau.

Berding, J. (2020): Janusz Korczak and John Dewey on Re-Instituting Education. In: Tsyrlina-Pady, T./Renn, P. (Hg.): Nurture, Care, Respect, and Trust: Transformative Pedagogy Inspired by Janusz Korczak (S. 197–208). Bloomfield.

Berding, J./Smit, I./van Rijn, I. (2010): Janusz Korczak for Workers in Child-Care and After-School-Care. Amsterdam.

Bernfeld, S. (1927/1996): Die Formen der Disziplin in Erziehungsanstalten. In: Bernfeld, S. (Hg.): Sämtliche Werke, Bd. 11, Sozialpädagogik (S. 197–225). Weinheim/Basel.

Beudels, W./Haderlein, R./Herzog, S. (Hg.) (2012): Handbuch Beobachtungsverfahren in Kindertageseinrichtungen. Dortmund.

Böcher, H. (Hg.) (2017): Erziehen, bilden und begleiten. Die sechs Lernfelder für Erzieherinnen und Erzieher in Ausbildung, Studium und Beruf. Köln.

Brumlik, M. (2010): Ethische Gefühle: Liebe, Sorge und Achtung. In: Moser, V./Pinhard, I. (Hg.): Care – wer sorgt für wen? (S. 29–46). Opladen u. a.

Brumlik, M. (2014): Interaktion und Kommunikation. In: Wulf, C./Zirfas, J. (Hg.): Handbuch Pädagogische Anthropologie (S. 215–226). Wiesbaden.

Brumlik, M. (2017): Advokatorische Ethik. Zur Legitimation pädagogischer Eingriffe (Neuausgabe, 3. Aufl.). Hamburg.

Brumlik, M. (2019): Bildung und Glück. Versuch einer Theorie der Tugenden (aktual. Neuausgabe). Hamburg.

Cierpka, M. (2011): Faustlos. Wie Kinder Konflikte gewaltfrei lösen lernen. Freiburg i. Br.

Danner, H. (2010): Verantwortung in Ethik und Pädagogik. Oberhausen.

Dauzenroth, E. (2002): Ein Leben für Kinder. Janusz Korczak. Leben und Werk (5., völlig neu bearb. Aufl.). Gütersloh.

DB – Deutscher Bildungsserver (2017): Janusz Korczak und seine Pädagogik. URL: https://www.bildungsserver.de/Janusz-Korczak-5084-de.html (Zugriff am: 02.10.2020).

Dietermann, J. (2019): Ihr müsst ein bisschen Angst um das Kind haben. In: TPS (Theorie und Praxis der Sozialpädagogik), Spezial 4/2019, S. 20–23.

Dietrich, C./Wedemann, J. (2019): Betreuung – ein pädagogisch unterbestimmter Begriff. In: Dietrich, D./Stenger, U./Stieve, C. (Hg.): Theoretische Zugänge zur Pädagogik der frühen Kindheit. Eine kritische Vergewisserung (S. 452–464). Weinheim/Basel.

DKP – Deutscher Kita-Preis (2020a): Qualitätsdimensionen. URL: https://www.deutscher-kita-preis.de/qualitaetsdimensionen (Zugriff am: 02.10.2020).

DKP – Deutscher Kita-Preis (2020b): Auswahlkriterien. URL: https://www.deutscher-kita-preis.de/auswahlkriterien (Zugriff am: 02.10.2020).

Dobrick, M. (2016): Demokratie in Kinderschuhen. Partizipation & KiTas. Göttingen.

Dollase, R. (2015): Gruppen im Elementarbereich. Stuttgart.

Dornes, M. (1993): Der kompetente Säugling. Die präverbale Entwicklung des Menschen. Frankfurt a. M.

Efron, S. E. (2020): Responsibility for Self, Others, and the Community: Practical Implications of Korczak's Educational Vision. In: Tsyrlina-Pady, T./Renn, P. (Hg.): Nurture, Care, Respect, and Trust: Transformative Pedagogy Inspired by Janusz Korczak (S. 169-184). Bloomfield.

Elschenbroich, D. (2005): Weltwunder. Kinder als Naturforscher. München.

Frankl, V. E. (2020): Über den Sinn des Lebens (3. Aufl.). Weinheim/Basel.

Fröbel, F. (1826): Die Menschenerziehung. Keilhau.

Fuhr, T. (2002): Das Glück des Kindes. In: Zeitschrift für Pädagogik, 4/2002, S. 514–533.

Godel-Gaßner, R./Krehl, S. (Hg.) (2013a): Facettenreich im Fokus. Janusz Korczak und seine Pädagogik – Historische und aktuelle Perspektiven. Jena.

Godel-Gaßner, R./Krehl, S. (2013b): Die Frauen im Schatten Korczaks. In: Godel-Gaßner, R./Krehl, S. (Hg.): Facettenreich im Fokus. Janusz Korczak und seine Pädagogik – Historische und aktuelle Perspektiven (S. 49–132). Jena.

Goffman, E. (2003): Wir alle spielen Theater. Die Selbstdarstellung im Alltag. München.

Goleman, D. (1996): Emotionale Intelligenz. München/Wien.

Göppel, R. (2004): Janusz Korczak und die Kindheitsforschung in seiner und unserer Zeit. In: Ungermann, S./Brendler, K. (Hg.): Janusz Korczak in Theorie und Praxis. Beiträge internationaler Interpretation und Rezeption (S. 136–165). Gütersloh.

Grossmann, K. E./Grossmann, K. (2007): Die Entwicklung zwischenmenschlicher Moral in Bindungsbeziehungen. In: Hopf, C./Nunner-Winkler, G. (Hg.): Frühe Bindungen und moralische Entwicklung. Aktuelle Befunde zu psychischen und sozialen Bedingungen moralischer Eigenständigkeit (S. 151–175). Weinheim/München.

Gundar-Goshen, A. (2017): Lügnerin. Zürich/Berlin.

Günther, H./Fritsch, S./Trömer, W. (2016): Kita von A bis Z. Weinheim/Basel.

Hansen, R./Knauer, R. (2016): Beschwerdeverfahren für Kinder in Kindertageseinrichtungen. Annäherung an Standards für die Umsetzung des § 45 SGB VIII. In: Knauer, R./Sturzenhecker, B. (Hg.): Demokratische Partizipation von Kindern (S. 47–73). Weinheim/Basel.

Hebenstreit, S. (2017): Janusz Korczak. Leben – Werk – Praxis. Ein Studienbuch. Weinheim/Basel.

Hentschel, G./de Vincenz, A. (2010): Wörterbuch der deutschen Lehnwörter in der polnischen Hochsprache: von den Anfängen bis in die heutige Zeit. URL: http://diglib.bis.uni-oldenburg.de/bis-verlag/wdlp/polnisch/szacunek.pdf (Zugriff am: 02.10.2020).

Kerber-Ganse, W. (2009): Die Menschenrechte des Kindes. Die UN-Kinderrechtskonvention und die Pädagogik von Janusz Korczak. Versuch einer Perspektivenverschränkung. Opladen/Farmington Hills.

Kirchner, M. (1997): Von Angesicht zu Angesicht. Janusz Korczak und das Kind. Heinsberg.

Kirchner, M. (2003): Janusz Korczak – Das Kind als »Hieroglyphen-Text«. In: Evangelische Theologie, 4/2003, S. 288–296.

Kirchner, M. (2004): Über Trauer, Einsamkeit und Tragik im Lebenswerk Korczaks. In: Ungermann, S./Brendler, K. (Hg.): Janusz Korczak in Theorie und Praxis. Beiträge internationaler Interpretation und Rezeption (S. 67–92). Gütersloh.

Kirchner, M. (2013a): Janusz Korczak als Kinder- und Kindheitsforscher. In: Liebel, M. (Hg.): Janusz Korczak. Pionier der Kinderrechte (S. 193–202). Münster.

Kirchner, M. (2013b): Das Lebenswerk Janusz Korczaks. In: Liebel, M. (Hg.): Janusz Korczak. Pionier der Kinderrechte (S. 13–28). Münster.

Kirchner, M. (2013c): »Du, Erzieher, sei ein Fabre in der Welt der Kinder!« (Janusz Korczak), Vortrag Bielefeld. URL: https://www.korczak-forum.de/wp-content/uploads/2020/03/Korczak_Fabre.pdf (Zugriff am: 02.10.2020).

Kleinow, M./Noack Napoles, J. (2019): Wie wird man eine gute Schwimmerin? Für einen eudaimogenetischen Blickwechsel in der Pädagogik der frühen Kindheit. In: TPS (Theorie und Praxis der Sozialpädagogik), Spezial 10/2019, S. 34–37.

Knauer, R. (2015): Zur Bedeutung gemeinsamen Entscheidens in pädagogischen Einrichtungen. In: Bartosch, U./Maluga, A./Bartosch, C./Schieder, M. (Hg.): Konstitutionelle Pädagogik als Grundlage demokratischer Entwicklung. Annäherungen an ein Gespräch mit Janusz Korczak (S. 82–88). Bad Heilbrunn.

Knauer, R./Hansen, R./Sturzenhecker, B. (2016): Demokratische Partizipation in Kindertageseinrichtungen. Konzeptionelle Grundlagen. In: Knauer, R./Sturzenhecker, B. (Hg.): Demokratische Partizipation von Kindern (S. 31–46). Weinheim/Basel.

Kobelt-Neuhaus, D. (2012): Achtsamkeit im Dialog mit Kleinstkindern. Orientierung zwischen Kindern und Bezugspersonen gestalten. In: klein & groß, 6/2012, S. 24–26.

Kohlberg, L. (2017): Die Psychologie der Moralentwicklung (8. Aufl.). Frankfurt a. M.

Köhler, P. (2011): Kranke Kinder in der Kita. Professionelles Handeln bei Erkrankungen und Unfällen. Weinheim/Basel.

Krappmann, L. (1992): »Nun spielt doch endlich etwas Schönes!« Aushandeln, Streit und Freundschaft in der Kinderwelt. In: Diskurs, 2 (1), S. 44–50.

Krenz, A./Klein, F. (2012): Bildung durch Bindung. Frühpädagogik: inklusiv und beziehungsorientiert. Göttingen.

Kümmerling-Meibauer, B. (Hg.) (2011): Emergent Literacy. Children's books from 0 to 3. Amsterdam/Philadelphia.

Langhanky, M. (1993): Die Pädagogik von Janusz Korczak. Dreisprung einer forschenden, diskursiven und kontemplativen Pädagogik. Neuwied/Kriftel/Berlin.

Langhanky, M. (2017): Auf der Suche nach einem anderen Wir. Kleine Narrative zu einer kritischen Sozialen Arbeit. Weinheim/Basel.

Leidinger, B. (2003): Freundschaft und Liebe bei Mädchen und Jungen im Grundschulalter. Eine empirische Untersuchung. Marburg.

Leu, H. R./Flämig, K./Frankenstein, Y./Koch, S./Pack, I./Schneider, K./Schweiger, M. (2007): Bildungs- und Lerngeschichten. Bildungsprozesse in früher Kindheit beobachten, dokumentieren und unterstützen. Weimar/Berlin.

Lewin, A. (1998): So war es wirklich. Die letzten Lebensjahre und das Vermächtnis Janusz Korczaks. Gütersloh.

Liebel, M. (Hg.) (2013a): Janusz Korczak – Pionier der Kinderrechte. Ein internationales Symposium. Berlin/Münster.

Liebel, M. (2013b): »Weiße« Kinder – »schwarze« Kinder. Nachdenkliche Anmerkungen zu Janusz Korczaks Kinder-Roman vom kleinen König Maciuś. In: Liebel, M. (Hg.): Janusz Korczak – Pionier der Kinderrechte. Ein internationales Symposium (S. 105–136). Berlin/Münster.

Liebel, M. (2020): Unerhört. Kinder und Macht. Weinheim/Basel.

Liebel, M./Markowska-Manista, U. (2017): Mit Hoffnung der Verzweiflung und Hilflosigkeit widerstehen. Nachdenken über Janusz Korczak. In: Göppel, R./Zander, M. (Hg.): Resilienz aus der Sicht der betroffenen Subjekte. Die autobiografische Perspektive (S. 83–109). Weinheim/Basel.

Liebel, M./Markowska-Manista, U. (2018): Pädagogik der Achtung. URL: https://www.socialnet.de/lexikon/Paedagogik-der-Achtung (Zugriff am: 02.10.2020).

Lifton, B. J. (1995): Der König der Kinder. Das Leben von Janusz Korczak (2. Aufl.). München.

Lipiner, L. (2015): Taking Root: My life as a child of Janusz Korczak—the father of children's rights—The biography of Shlomo Nadel. Toronto.

Lorber, K. (2012): Erziehung und Bildung von Kleinkindern. Historische Entwicklungen und elementarpädagogische Handlungskonzepte (2., überarb. Aufl.). Hamburg.

Lutz, R. (2016): Zusammenhänge von Partizipation und Resilienz. In: Knauer, R./Sturzenhecker, B. (Hg.): Demokratische Partizipation von Kindern (S. 90–105). Weinheim/Basel.

Maywald, J. (2019a): 30 Jahre UN-Kinderrechtskonvention. Eine Zwischenbilanz. In: Diskurs Kindheits- und Jugendforschung, 3/2019, S. 370–375.

Maywald, J. (2019b): Kinderrechte und Demokratiepädagogik: Den Kinderrechtsansatz in der Kita verwirklichen. In: Schneider, A./Jacobi-Kirst, C. (Hg.): Demokratiepädagogik in Kindertageseinrichtungen. Partizipation von Anfang an (S. 35–48). Opladen/Berlin/Toronto.

Maywald, J. (2019c): Kindeswohl in der Kita. Leitfaden für die pädagogische Praxis (überarb. Neuausgabe). Freiburg i. Br.

Medvedeva-Nathoo, O. (2012): May their lot be lighter … Of Janusz Korczak and his pupil. Poznań.

Merżan I. (1987): Auf dass nichts in Vergessenheit gerät. Warschau (Rohübersetzung im Korczak-Archiv Beiner, Mainz).

Merżan, I. (1999): Bewunderung und Kontroversen. In: Beiner, F./Ungermann, S. (Hg.): Janusz Korczak in der Erinnerung von Zeitzeugen. Mitarbeiter, Kinder und Freunde berichten (S. 190–209). Gütersloh.

Montessori, M. (1952): Kinder sind anders. Stuttgart.

Mortkowicz-Olczakowa (1961): Janusz Korczak. Arzt und Pädagoge. München/Salzburg.

Mührel, E. (2019): Verstehen und Achten. Professionelle Haltung als Grundlegung Sozialer Arbeit (4. Aufl.). Weinheim/Basel.

Münch, J./Wyrobnik, I. (2011): Pädagogik des Glücks. Wann, wo und wie wir da Glück lernen (2. Aufl.). Baltmannsweiler.

Nentwig-Gesemann, I./Walther, B./Thedinga, M. (2017): Qualität aus Kindersicht – die Quaki-Studie. Abschlussbericht. Deutsche Kinder- und Jugendstiftung & Institut für Demokratische Entwicklung und Soziale Integration. Berlin.

Nentwig-Gesemann, I./Walther, B./Bakels, E./Munk, L.-M. (2019): Achtung Kinderperspektiven! Mit Kindern KiTa-Qualität entwickeln – Begleitbroschüre. Bertelsmann Stiftung. Gütersloh.

Neumann, C./Niederwestberg, L./Wenning, M. (2019): Erziehen – Bilden – Betreuen im Kindesalter. Lehrbuch für Lernende an Berufsfachschulen (5., aktual. Aufl.). Hamburg.

Neuß, N./Schäfer, S. (2017): Sandkastenliebe. Frühe emotionale Beziehungen unter Kindern. Weinheim/Basel.

Oelkers, J. (1982): War Korczak Pädagoge? In: Beiner, F. (Hg.): Janusz Korczak. Zeugnisse einer lebendigen Pädagogik (S. 42–60). Heinsberg.

Oelkers, J. (2017): »War Korczak Pädagoge?« Ein Nachtrag. In: Steiger, S./Maluga, A./Bartosch, U. (Hg.): Der Blick ins Freie. Im Diskurs mit Janusz Korczak (S. 157 f.). Bad Heilbrunn.

Pelzer, W. (2002): Janusz Korczak (8. Aufl.). Reinbek b. Hamburg.

Pfisterer, A. (2019): Pädagogik der Wertschätzung – Eine Chance für die Schule der Gegenwart? Grundlagen und Möglichkeiten. Weinheim/Basel.

Portmann, A. (1956): Zoologie und das neue Bild vom Menschen. Hamburg.

Prengel, A. (2019): Pädagogik der Vielfalt, Verschiedenheit und Gleichberechtigung in Interkultureller, Feministischer und Integrativer Pädagogik (4. Aufl.). Wiesbaden.

Prengel, A. (2020): Ethische Pädagogik in Kitas und Schulen. Weinheim/Basel.

Rauh, H. (2008): Vorgeburtliche Entwicklung und frühe Kindheit. In: Oerter, R./Montada, L. (Hg.): Entwicklungspsychologie (6., vollst. überarb. Aufl., S. 149–224). Weinheim/Basel/Berlin.

Regner, M./Schubert-Suffrian, F. (2018): Partizipation in der Kita. Projekte und den Alltag demokratisch mit Kindern gestalten. Freiburg/Basel/Wien.

Rehmann, Y. (2016): Partizipation in der Krippe. In: Knauer, R./Sturzenhecker, B. (Hg.): Demokratische Partizipation von Kindern (S. 132–156). Weinheim/Basel.

Remsperger, Regina (2011): Sensitive Responsivität. Zur Qualität pädagogischen Handelns im Kindergarten. Wiesbaden.

Remsperger-Kehm, R. (2019): Magische Momente. Resonanz und Lerngeschichten. In: TPS (Theorie und Praxis der Sozialpädagogik), 6/2019, S. 36–39.

Richter, E./Lehmann, T./Sturzenhecker, B. (2017): So machen Kitas Demokratiebildung. Empirische Erkenntnisse zur Umsetzung des Konzepts »Die Kinderstube der Demokratie«. Weinheim/Basel.

Richter, S. (2013): Adultismus: die erste erlebte Diskriminierungsform? Theoretische Grundlagen und Praxisrelevanz. URL: https://www.kita-fachtexte.de/de/fachtexte-finden/adultismus-die-erste-erlebte-diskriminierungsform-theoretisch-grundlagen-und-praxisrelevanz (Zugriff am: 02.10.2020).

Ritz, M. (2017): Adultismus – (un)bekanntes Phänomen: »Ist die Welt nur für Erwachsene gemacht?« In: Wagner, P. (Hg.): Handbuch Inklusion. Grundlagen vorurteilsbewusster Bildung und Erziehung, (überarb. Neuausgabe, 4. Gesamtaufl., S. 185–193). Freiburg i. Br.

Ruempler-Wenk, M./Schad, K. (2016): Jüngere Kinder, Kindergärten und Museen. In: Commandeur, B./Kunz-Ott, H./Schad, K. (Hg.): Handbuch Museumspädagogik. Kulturelle Bildung in Museen (S. 255–261). München.

Sachs, S. (1989): Stefa. Stefania Wilczyńskas pädagogische Alltagsarbeit im Waisenhaus Janusz Korczaks. Weinheim/München.

Schäfer, G. E. (2008): Bildung beginnt mit der Geburt. Ein offener Bildungsplan für Kindertageseinrichtungen in Nordrhein-Westfalen (2., erw. Aufl.). Berlin.

Schäfer, G. E. (2019a): Bildung durch Beteiligung. Zur Praxis und Theorie frühkindlicher Bildung. Weinheim/Basel.

Schäfer, G. E. (2019b): Eintauchen in eine andere Welt. In: TPS (Theorie und Praxis der Sozialpädagogik), 6/2019, S. 16–19.

Schäfer, S./Neuß, N. (2017): Verliebt, verlobt, verheiratet. Die Bedeutung der Sandkastenliebe. In: TPS (Theorie und Praxis der Sozialpädagogik), 9/2017, S. 32–35.

Schneider, A. (2015): Wir machen mit. Beteiligung. In: Schneider, A. (Hg.): Die Kita als Türöffner – Wege zur Sozialraumorientierung (S. 44–55). Berlin.

Schonig, B. (1999): Die Kinderbande oder wie Janusz Korczak und Erich Kästner Selbstorganisationsweisen von Kindern darstellen. In: Schonig, B.: Auf dem Weg zur eigenen Pädagogik. Annäherungen an Janusz Korczak (S. 172–200). Baltmannsweiler.

Schubert-Suffrian, F./Regner, M. (2014): Beschwerdeverfahren für Kinder. kindergarten heute praxis kompakt. Freiburg i. Br.

Selman, R. L. (1984): Die Entwicklung des sozialen Verstehens. Entwicklungspsychologische und klinische Untersuchungen. Frankfurt a. M.

Singer, W. (2003): Ein neues Menschenbild? Gespräche über Hirnforschung. Frankfurt a. M.

Sobecki, M. (2008): Janusz Korczak neu entdeckt. Pädologe und Erziehungsreformer. Bad Heilbrunn.

Stamer-Brandt, P. (2012): Partizipation von Kindern in der Kindertagesstätte. Praktische Tipps zur Umsetzung im Alltag. Köln/Kronach.

Steiger, S./Maluga, A./Bartosch, U. (Hg.) (2017): Der Blick ins Freie. Im Diskurs mit Janusz Korczak. Bad Heilbrunn.

Stenger, U. (2011): Janusz Korczak: Jak kochać dziecko. In: Böhm, W./Fuchs, B./Seichter, S. (Hg.): Hauptwerke der Pädagogik (S. 236–238). Paderborn.

Stern, D. N. (1991): Tagebuch eines Babys. Was ein Kind sieht, spürt, fühlt und denkt. München.

Stoffels, K. (1999): Mojsche und Rejsele (3. Aufl.). Weinheim/Basel.

Szagun, G. (2010): Sprachentwicklung beim Kind. Ein Lehrbuch (3., aktual. Aufl.). Weinheim/Basel.

Thesing, T. (2014): Leitideen und Konzepte bedeutender Pädagogen. Ein Arbeitsbuch für den Pädagogikunterricht (4., durchges. und aktual. Aufl.). Freiburg i. Br.

Ungermann, S. (2006): Die Pädagogik Janusz Korczaks. Theoretische Grundlegung und praktische Verwirklichung 1896–1942. Gütersloh.

Vogt, H. (2017): Editorial. In: TPS (Theorie und Praxis der Sozialpädagogik) »Herzensbildung«, 9/2017, S. 1.

Waaldijk, K. (2002): Janusz Korczak. Vom klein sein und groß werden. Weinheim/Basel.

Wadepohl, H. (2017): Die Gestaltung wertschätzender Interaktionen als eine Facette der Beziehungsqualität in der Kita. In: Wadepohl, H./Mackowiak, K./Fröhlich-Gildhoff, K./Weltzien, D. (Hg.): Interaktionsgestaltung in Familie und Kindertagesbetreuung (S. 171–198). Wiesbaden.

Wagner, P. (Hg.) (2017): Handbuch Inklusion. Grundlagen vorurteilsbewusster Bildung und Erziehung (überarb. Neuausgabe, 4. Gesamtaufl.). Freiburg i. Br.

Weyers, S. (2015): Grundkonzepte und Spannungsfelder demokratischer Erziehung in der Schule. In: Asdonk, J./Hahn, S./Pauli, D./Zenke, C. T. (Hg.): Differenz erleben – Gesellschaft gestalten. Demokratiepädagogik in der Schule (S. 21–40). Schwalbach/Ts.

Winkler, M. (2012): Klassiker der Sozialpädagogik – einige grundsätzliche Überlegungen mit Verweisen auf einen vergessenen Fall. In: Zeitschrift für Sozialpädagogik, 1. Beiheft/2012, S. 31–50.

Winkler, M. (2013): Demokratie, Pädagogik und Soziale Arbeit. Irritationen bei der Lektüre von Janusz Korczak. In: Mührel, E./Birgmeier, B. (Hg): Menschenrechte und Demokratie. Perspektiven für die Entwicklung der Sozialen Arbeit als Profession und wissenschaftliche Disziplin (S. 183–204). Wiesbaden.

Wróblewski, M. (1999): Doktor Korczak hat die Medizin nicht verraten. In: Beiner, F./Ungermann, S. (Hg.): Janusz Korczak in der Erinnerung von Zeitzeugen. Mitarbeiter, Kinder und Freunde berichten (S. 185–190). Gütersloh.

Wüst, R./Wüst, J. (2014): Der professionelle Umgang mit Kindern. In: Neuß, N. (Hg.): Grundwissen Elementarpädagogik. Ein Lehr- und Arbeitsbuch (2. Aufl., S. 168–178). Berlin.

Wyrobnik, I. (2004): Zwischen Fiktion und Authentizität. Janusz Korczaks Person und Pädagogik in Karlijn Stoffels Roman »Mojsche und Rejsele«. In: Korczak-Bulletin, 2/2004, S. 36–51.

Wyrobnik, I. (2007): Über »die Liebe« in Janusz Korczaks Schriften. In: Bilstein, J./Uhle, R. (Hg): Liebe. Zur Anthropologie einer Grundbedingung pädagogischen Handelns (S. 155–169). Oberhausen.

Wyrobnik, I. (2010): Elementarpädagogische Theorien. In: Neuß, N. (Hg.): Grundwissen Elementarpädagogik. Ein Lehr- und Arbeitsbuch (S. 117–128). Berlin.

Wyrobnik, I. (2014a): Aus »Hans im Glück« lernen? Oder: zur Bedeutung von Glück im Erwachsenenalter. In: Erwachsenenbildung. Vierteljahresschrift für Theorie und Praxis, 2/2014, S. 17–19.

Wyrobnik, I. (2014b): Glück. In: Friesenhahn, G. J./Braun, D./Ningel, R. (Hg.): Handlungsräume Sozialer Arbeit. Ein Lern- und Lesebuch (S. 383–391). Opladen/Toronto.

Wyrobnik, I. (2015): Macht »gut« auch »glücklich«? Zum Verhältnis zwischen Glück und Qualität in der Kita. In: KiTa aktuell. Fachzeitschrift für die Leitung von Kindertageseinrichtungen. KiTa spezial, 1/2015, S. 16–18.

Wyrobnik, I. (Hg.) (2016): Wie man ein Kind stärken kann. Ein Handbuch für Kita und Familie (2. Aufl.). Göttingen.

Wyrobnik, I. (2018): Wald – Kinder – Garten. Zur Bedeutung des Waldes für Kinder – im Märchen und »in natura«. In: Blaschke-Nacak, G./Stenger, U./Zirfas, J. (Hg.): Pädagogische Anthropologie der Kinder. Geschichte, Kultur und Theorie (S. 96–111). Weinheim/Basel.

Wyrobnik, I. (2019a): Zertifizierte Demokratie-Kitas. Chancen und Grenzen eines Konzepts. In: Schneider, A./Jacobi-Kirst, C. (Hg.): Demokratiepädagogik in Kindertageseinrichtungen. Partizipation von Anfang an (S. 153–159). Opladen.

Wyrobnik, I. (2019b): Ein Plädoyer für mehr Alltagspartizipation in der Kita. In: KiTa aktuell. Fachzeitschrift für die Leitung von Kindertageseinrichtungen/Hessen, Rheinland-Pfalz, Saarland, 3/2019, S. 56–58.

Wyrobnik, I. (2019c): Kommunikation, Interaktion und Partizipation als Grundlagen einer guten Qualität in der Kita. In: Schneider, A. (Hg.): Qualität im Diskurs entwickeln. Erfahrungen und Perspektiven im kompetenten System der Kindertagesbetreuung (S. 11–17). Weimar.

Wyrobnik, I. (2020a): Janusz Korczak als Sozialpädagoge – oder: wie lautete für Korczak die Soziale Frage? In: Birgmeier, B./Mührel, E./Winkler, M. (Hg.): Sozialpädagogische SeitenSprünge. Einsichten von außen, Aussichten von innen: Befunde und Visionen zur Sozialpädagogik (S. 250–256). Weinheim/Basel.

Wyrobnik, I. (2020b): Übergehen. In: Krebs, M./Noack Napoles, J. (Hg.): Bewegungen denken – Pädagogisch-anthropologische Skizzen (S. 109–116). Weinheim/Basel.

Wyrobnik, I./Krause, S. (2016): Kinder durch Partizipation stärken. In: Wyrobnik, I. (Hg.): Wie man ein Kind stärken kann. Ein Handbuch für Kita und Familie (2. Aufl., S. 119–130). Göttingen.

Youniss, J. (1994): Soziale Konstruktion und psychische Entwicklung. Frankfurt a. M.

Zaborowski, H. (2016): Menschlich sein. Philosophische Essays. Freiburg/München.

Zirfas, J. (1993): Präsenz und Ewigkeit. Eine Anthropologie des Glücks. Berlin.

Zylberberg, M. (1999): In der Chłodna-Straße 33. In: Beiner, F./Ungermann, S. (Hg.): Janusz Korczak in der Erinnerung von Zeitzeugen. Mitarbeiter, Kinder und Freunde berichten (S. 508–519). Gütersloh.

Sachregister